WEKA

PRAXISLÖSUNGEN

Dr. Petra Gallmeister · Christine Pappenberger · Georg Büttel

Die 100 besten Traureden

für Standesbeamte und Bürgermeister

IMPRESSUM

Bibliografische Information der Deutschen Nationalbibliothek
Die Deutsche Nationalbibliothek verzeichnet diese Publikation in der Deutschen Nationalbibliografie; detaillierte bibliografische Daten sind im Internet über http://dnb.d-nb.de abrufbar.

Wichtiger Hinweis:
Die WEKA MEDIA GmbH & Co. KG ist bemüht, ihre Produkte jeweils nach neuesten Erkenntnissen zu erstellen. Deren Richtigkeit sowie inhaltliche und technische Fehlerfreiheit werden ausdrücklich nicht zugesichert. Die WEKA MEDIA GmbH & Co. KG gibt auch keine Zusicherung für die Anwendbarkeit bzw. Verwendbarkeit ihrer Produkte zu einem bestimmten Zweck. Die Auswahl der Ware, deren Einsatz und Nutzung fallen ausschließlich in den Verantwortungsbereich des Kunden.

WEKA MEDIA GmbH & Co. KG
Sitz in Kissing
Registergericht Augsburg
HRA 13940

Persönlich haftende Gesellschafterin:
WEKA MEDIA Beteiligungs-GmbH
Sitz in Kissing
Handelsregister Augsburg
HRB 23695
Geschäftsführer: Stephan Behrens, Michael Bruns, Werner Pehland

WEKA MEDIA GmbH & Co. KG
Römerstraße 4, D-86438 Kissing
Fon 0 82 33.23-40 00
Fax 0 82 33.23-74 00
service@weka.de
www.weka.de

Umschlag geschützt als Gebrauchsmuster der
WEKA MEDIA GmbH & Co. KG
Satz: Satzstudio 90 (A. Kretschmer), D-86556 Kühbach
Druck: WIRmachenDRUCK GmbH, D-71522 Backnang
Printed in Germany 2020

ISBN: 978-3-8111-0251-4

Vorwort

Liebe Leserinnen,
liebe Leser,

schon der römische Philosoph Seneca wusste die Bedeutung des Theaters zu schätzen. Er sagte einmal:

„Mit dem Leben ist es wie mit einem Theaterstück.
Es kommt nicht darauf an, wie lang es ist, sondern wie bunt."

Wirft man einen Blick auf die Theaterstücke oder auch Opern, die die Menschheit seit der Antike begleiten und begeistern, so finden sich immer wieder Zitate über die Liebe. Mal geht es romantisch zu, mal geraten sich Paare sprichwörtlich in die Haare, mal endet die Liebe unglücklich, dann wieder herrscht Harmonie und zwei Menschen finden am Ende eines Dramas endlich zueinander. Natürlich kommen die Autorinnen und Autoren auch immer auf die Ehe zu sprechen – sowohl aus Sicht der Frau als auch der des Mannes.

Deshalb stellen wir der neunten Version unseres „Traureden"-Bands Zitate aus Schauspiel und Oper voran, die Sie als Hintergrundmaterial und Textbausteine verwenden können. In dieser Neuauflage finden Sie thematisch geordnet wieder bewährte Reden für Brautpaare. Allerdings ist es auch die Aufgabe einer solchen Publikation, gesellschaftliche Veränderungen und Trends aufzuspüren und diese in neuen Texten zu formulieren, die Sie in Ihrer täglichen Praxis unterstützen.

In diesem Sinne sagen wir: „Vorhang auf!"

Ihr

Andreas Backoefer

vom WEKA-Produktmanagement

Inhalt

⊙ *Diese Inhalte finden Sie vollständig auf Ihrer CD.*

Um Ihnen Ihre Suche zu erleichtern, haben wir die Reden in verschiedene Grundstimmungen unterteilt:

 Neutral

 Feierlich

 Nachdenklich

 Heiter

 Romantisch

Kapitel 1
Gedichte und Zitate

Kapitel 2
Ansprachen für jüngere Brautpaare

Kapitel 3
Ansprachen für reifere Brautpaare

Kapitel 5
Ansprachen für Brautpaare unterschiedlicher bzw. fremdländischer Herkunft

Kapitel 6
Ansprachen mit thematischen Schwerpunkten

Bezug zum Beruf der Brautpaare

Bezug zu einem Hobby der Brautpaare

Bezug zu besonderen Umständen am Hochzeitstag

Religiöser Bezug

Bezug zur Ehe als Institution

Zitate aus Oper und Schauspiel

Von der Antike bis ins 17. Jahrhundert

Ungeheuer ist viel, doch nichts ungeheurer als der Mensch.
Sophokles, Antigone

Ich mag nicht Liebe, die mit Worten liebt.
Sophokles, Antigone

Ein Weib sieht ihrem Gatten alles nach, wenn sie Vernunft hat.
Euripides

Wer der Liebe ganz entsagt, ist nicht weniger krank als der, der ihrer allzu sehr begehrt.
Euripides

Gewaltige Macht ist Weib und Kind für einen Mann.
Euripides

Die Liebe bewegt die Sonn' und andre Sterne.
Dante Alighieri, Die göttliche Komödie

Die Liebe von Natur kann niemals irren;
Die andre kann es wegen schlechten Zieles
Und allzu schwacher und zu großer Kraft.
Dante Alighieri, Die göttliche Komödie

Love sought is good, but given unsought is better.
(Gesuchte Liebe ist gut; aber ungesucht geschenkt, ist sie noch besser.)
William Shakespeare, Was ihr wollt

Wie Schatten flieht die Lieb', indem man sie verfolgt.
Sie folgt dem, der sie flieht, und flieht den, der ihr folgt.
William Shakespeare, Die lustigen Weiber von Windsor

So grenzenlos ist meine Huld, die Liebe so tief ja wie das Meer.
Je mehr ich gebe, je mehr hab' ich: Beides ist unendlich.
William Shakespeare, Romeo und Julia

For stony limits cannot hold love out,
and what love can do, that dares love attempt.

(Kein steinern Bollwerk kann der Liebe wehren,
und Liebe wagt, was Liebe irgend kann.)
William Shakespeare, Romeo und Julia

Ich meinte nur, mein Herz sei Eurem so verbunden, dass nur EIN Herz in beiden wird gefunden. Verkettet hat zwei Busen unser Schwur: So wohnt in zweien eine Treue nur.

William Shakespeare, Ein Sommernachtstraum

Die Liebe erzeugt die Gleichheit, doch sie sucht sie nicht.
Pierre Corneille

Die Art, wie man gibt, bedeutet mehr, als was man gibt.

Pierre Corneille, Der Lügner

Am Ende des Lebens wird es die Liebe sein, nach der beurteilt wird.
Molière

Neue Liebe lockert stets das alte Band.

Molière, Don Juan oder Der steinerne Gast

Man muss zugeben, die Liebe ist eine große Lehrmeisterin:
Sie bildet uns zu einem Wesen, das wir nie waren.
Molière, Die Schule der Frauen

Das Böse liegt im Aufsehn, das es macht,
Im Lärmen, das die Welt darüber schlägt;
Die Sünde im Geheim ist keine Sünde.
Molière, Tartuffe oder Der Betrüger

Die „Klassiker"

Es eifre jeder seiner unbestochen von Vorurteilen freien Liebe nach!
Gotthold Ephraim Lessing, Nathan der Weise

Die fürchtende Liebe sieht weit.
Gotthold Ephraim Lessing, Emilia Galotti

Gleichheit ist immer das festeste Band der Liebe.
Gotthold Ephraim Lessing, Minna von Barnhelm

Es ist kein Verbrechen, geliebt zu haben;
noch viel weniger ist es eines, geliebt worden zu sein.
Gotthold Ephraim Lessing, Miss Sara Sampson

In einem Augenblick gewährt die Liebe,
Was Mühe kaum in langer Zeit erreicht.
Johann Wolfgang von Goethe, Torquato Tasso

Ein Blick von dir, ein Wort mehr unterhält
Als alle Weisheit dieser Welt.
Johann Wolfgang von Goethe, Faust – Der Tragödie erster Teil

So ist es die allmächtige Liebe,
Die alles bildet, alles hegt.
Johann Wolfgang von Goethe, Faust – Der Tragödie zweiter Teil

Und was hat mehr das Recht, Jahrhunderte
Zu bleiben und im Stillen fortzuwirken,
Als das Geheimnis einer edlen Liebe,
Dem holden Lied bescheiden anvertraut?

Johann Wolfgang von Goethe, Torquato Tasso

Wenn sich zweie lieben sollen,
Braucht man sie nur zu scheiden.
Johann Wolfgang von Goethe, Faust – Der Tragödie erster Teil

Das ist der Liebe heil'ger Götterstrahl,
Der in die Seele schlägt und trifft und zündet.
Wenn sich Verwandtes zum Verwandten findet,
Da ist kein Widerstand und keine Wahl;
Es löst der Mensch nicht, was der Himmel bindet.

Friedrich von Schiller, Die Braut von Messina

Wer sieht so scharf, so tief,
Wer anders, als der Falkenblick der Liebe?
Friedrich von Schiller, Don Carlos

Das Spiel des Lebens sieht sich heiter an,
Wenn man den sichern Schatz im Herzen trägt.

Friedrich von Schiller, Wallenstein (Trilogie)

Die Liebe will ein freies Opfer sein.
Friedrich von Schiller, Wilhelm Tell

Auch der Olymp ist öde ohne Liebe.

Heinrich von Kleist, Amphitryon

Das 19. Jahrhundert

Doch ich liebe dich von Herzen,
Darauf geb ich dir mein Wort.
Teurer weit als meine Seele
Bist du, o Geliebte, mir!

Und keiner andern soll's jemals gelingen,
Mir auch entfernt nur gefährlich zu sein;
Konnt' ich dein Herz, deine Liebe erringen,
Kann ich auch ewige Treue dir weihn!

Albert Lortzing, Zar und Zimmermann

Sieh, das sind nur alles Spiele
Unbefangner Jugendlust;
Fern von liebendem Gefühle
Schlägt das Herz in unsrer Brust.

Albert Lortzing, Zar und Zimmermann

Für hohen Lohn
Kann Liebe schon
Auch hohe Leiden tragen.

Ludwig van Beethoven, Fidelio

Wer bei Tisch nur Liebe findet,
Wird nach Tische hungrig sein.

Ludwig van Beethoven, Fidelio

Das heißt Leben und Liebe eins sein lassen,
dass die Liebe das Leben ist und das Leben die Liebe.

Georg Büchner, Leonce und Lena

Ich bin nur in Krieg gegangen, um mich in meiner Liebe zum Leben zu befestigen.

Georg Büchner, Woyzeck

Zitate aus Oper und Schauspiel

Laben wir uns vor Wonne bebend
an dem, was Liebe hervorruft,
weil das Feuer jenes Auges allmächtig
ins Herz gedrungen ist.

Trinken wir mit Genuss;
die Liebe wird durch das Trinken noch heißere Küsse erlangen.
Giuseppe Verdi, La Traviata

Ich fühlte, dass die Liebe
der Herzschlag des ganzen Universums ist,
geheimnisvoll und stolz,
Qual und Glückseligkeit des Herzens!

Giuseppe Verdi, La Traviata

Liebe, Liebe, o Glück, o Beben,
Süße Berauschung, grausame Pein,
In deinen Qualen find' ich mein Leben,
Ach, lächelnd zum Himmel führst du mich ein.
Giuseppe Verdi, Aida

Der Gott der Liebe ließ mich dich finden – Liebe ist Seligkeit.

Giuseppe Verdi, Rigoletto

In dem wogenden Schwall,
in dem tönenden Schall,
in des Welt-Atems
wehendem All –
ertrinken,
versinken –
unbewusst –
höchste Lust!
Richard Wagner Tristan und Isolde

Nie sollst du mich befragen,
noch Wissens Sorge tragen,
woher ich kam der Fahrt,
noch wie mein Nam' und Art!
Richard Wagner, Lohengrin

Giovinette, che fate all'amore,
non lasciate che passi l'età!
Se nel seno vi bulica il core,
il remedio vedetelo qua. Ah!
Che piacer, che piacer che sarà!

(Ihr Mädchen, die ihr mit der Liebe spielt,
lasst nicht den Frühling vorübergehen!
Wenn in der Brust das Herz hüpft,
dann findet ihr hier die Heilung. Ah!
Welche Freude, welche Freude wird das sein!)
Wolfgang Amadeus Mozart, Don Giovanni

Mein Retter, der mir Heil gebracht!
Mein Held, in dem ich muss vergeh'n!
Hoch über alles Zweifels Macht
soll meine Liebe steh'n.
Richard Wagner, Lohengrin

L'amour est un oiseau rebelle
que nul ne peut apprivoiser,
et c'est bien en vain qu'on l'appelle,
s'il lui convient de refuser.
Rien n'y fait, menace ou prière,
l'un parle bien, l'autre se tait:
Et c'est l'autre que je préfère,
Il n'a rien dit mais il me plaît.
L'amour! L'amour! L'amour! L'amour!

(Die Liebe ist ein wilder Vogel,
den kein Mensch jemals zähmen kann,
ganz umsonst wirst du ihn rufen,
er löst sich stets aus deinem Bann.
Kein Schmeicheln hilft und keine Wut,
der eine spricht, der andere schweigt:
Es ist der andere, den ich bevorzuge,
er sagte nichts, doch gefällt er mir.
Liebe! Liebe! Liebe! Liebe!)

Georges Bizet, Carmen

Man braucht nichts, wo sich Herz zu Herz gefunden;
Man lebt schon halb, wenn man sich täglich sieht.

Henrik Ibsen, Komödie der Liebe

Die Blume der Liebe braucht kleine und große Regenschauer,
um ihre Frische zu bewahren.

Henrik Ibsen

Das hat man doch nicht in seiner Macht, in wen man sich verliebt.

Henrik Ibsen, Baumeister Solness

Eine Frau ist das Mächtigste auf Erden,
und in ihrer Hand liegt es, den Mann dahin zu leiten, wo Gott ihn haben will.

Henrik Ibsen, Frau Inger auf Östrot

Es gibt Menschen, die man über alles liebt,
und Menschen, mit denen man am liebsten zusammen ist.

Henrik Ibsen, Nora oder Ein Puppenheim

O wär' ein Mensch mir nur beschieden,
Und brächte Ruhe mir und Frieden!

Henrik Ibsen, Brand – Ein dramatisches Gedicht

Sollte es wirklich einmal zu einem Kampf zwischen den Geschlechtern kommen,
dann werden die Frauen siegen,
weil die Männer die Frauen mehr lieben als die Frauen die Männer.
August Strindberg

Die Hochzeitsreise ist der erste Versuch, der Realität der Ehe zu entgehen.
August Strindberg

Verliebte singen aus demselben Grunde, aus dem ein Kind im Dunkeln pfeift.
August Strindberg

Am liebsten erinnern sich die Frauen an die Männer, mit denen sie lachen konnten.
Anton Tschechow

All das Kleinliche, Trügerische abstreifen, das uns hindert, glücklich zu sein – das ist der Sinn und das Ziel unseres Lebens. Nur vorwärts!
Anton Tschechow, Der Kirschgarten

Es ist zu langweilig ohne starke Liebe!
Anton Tschechow

Das wahre und interessante Leben eines menschlichen Wesens spielt sich im Verborgenen wie unter dem Schleier der Nacht ab … Jede persönliche Existenz ist ein Geheimnis.
Anton Tschechow

Das 20. Jahrhundert

O Sonne! Leben! Ewigkeit!
O Liebe, Licht der Welt!
Giacomo Puccini, Turandot

Vergebens ist die Liebe, lächelt ihr kein Glück!
Giacomo Puccini, Turandot

Sobald man sich nicht dem Moment hingibt, also an später denkt oder an früher …
na, ist es doch gleich aus.
Arthur Schnitzler, Reigen

Gefragt wird nichts. Das ist ja gerade das Schöne.
Wenn ich mit dir zusammen bin, versinkt die Welt – punktum.
Arthur Schnitzler, Liebelei

Wenn's nottut, geb' ich meine Freiheit hin
Für dich, o Muse, meine Herrscherin.
Frank Wedekind, Lulu oder Die Büchse der Pandora

Der nächste Freiheitskampf der Menschheit
wird gegen den Feudalismus der Liebe gerichtet sein.
Frank Wedekind

Welchen Sinn hat das Leben eines Menschen, der keine Zeit hat?
Frank Wedekind

Lieben, Hassen, Hoffen, Zagen,
Alle Lust und alle Qual,
Alles kann ein Herz ertragen
Einmal um das andere Mal.
Hugo von Hofmannsthal, Ariadne auf Naxos

Aufmerksamkeit und Liebe bedingen einander wechselseitig.
Hugo von Hofmannsthal

Eine Flaumfeder kann einen Kieselstein rundschleifen,
sofern sie von der Hand der Liebe geführt wird.

Hugo von Hofmannsthal

Leicht muß man sein:
mit leichtem Herz und leichten Händen,
halten und nehmen,
halten und lassen …
Hugo von Hofmannsthal, Der Rosenkavalier

Ohne Glaube, Liebe, Hoffnung gibt es logischerweise kein Leben. Das resultiert alles voneinander.

Ödön von Horváth, Glaube Liebe Hoffnung

Die Augen reden mächtiger als die Lippen.
Gerhart Hauptmann

Zitate aus Oper und Schauspiel

Ansprachen für jüngere Brautpaare

1 Mit Online-Dating den Traumpartner gefunden

Redeübersicht

Stimmung	Neutral
Adressaten	Paare, die sich durch Online-Dating kennengelernt haben
Kernaussage	Die Möglichkeiten des Online-Datings machen das gegenseitige Kennenlernen deutlich einfacher und sind daher ein Segen.
Kurzinhalt	Wenn sich zwei Menschen über das Internet kennenlernen, trotzen Sie dem sonst notwendigen Zufall. Dank heutiger Möglichkeiten lassen sich Interessen im Vorfeld abgleichen. Sobald man sich dann jedoch persönlich trifft, existieren dieselben möglichen Probleme wie in jeder anderen Ehe.
Redezeit	Ca. 5 Minuten

Ansprache

Sehr geehrte Damen und Herren, liebe Hochzeitsgäste, doch vor allem: liebes Brautpaar,

die Menschen früherer Generationen hatten es in mancherlei Hinsicht schwer. Das Kennenlernen war oft an Konventionen gebunden und außerdem musste man seinen Partner oder seine Partnerin innerhalb eines engen Radius suchen. Auch wenn manche davon sprechen, dass „früher alles besser war“, kann man das in Bezug auf menschliche Begegnungen bestimmt nicht sagen. Hinzu kamen Klassen- und Standesunterschiede, die manche Liebe bereits im Keim erstickten.

Und wie sieht es heute aus? Der US-amerikanische Zukunftsforscher, Bestsellerautor und Erfinder des Begriffs Globalisierung, John Naisbitt, orakelte einst:

Im Zeitalter des Computers haben wir es mit der Überwindung geistiger Entfernungen mittels der Elektronik zu tun, statt dass wir, wie im Zeitalter der Industrieproduktion, physikalische Entfernungen mithilfe des Automobils überwinden mussten.

Zum Teil hat Herr Naisbitt recht, denn in der Tat ist der Computer zu einem selbstverständlichen Medium zur Überwindung von Distanz geworden. In früheren Jahren hätten Sie sich vermutlich nicht kennen- und lieben gelernt. Wer wäre schon auf die Idee gekommen, „einfach so“ an den Wohnort des künftigen Ehepartners zu fahren? Und wie groß hätte der Zufall sein müssen, um sich am selben Tag am selben Ort zu befinden und dann auch noch den Mut aufzubringen, einander anzusprechen? Sie werden zugeben, dass Ihre Chancen aufeinander „abseits der Tastatur“ nicht gut gewesen wären.

Unter diesem Aspekt hat der Computer, hat das Online-Dating eher eine physikalische, tatsächliche Entfernung als eine geistige Distanz überwunden. Das Schöne an dieser neuen Methode besteht in einem vorherigen Abgleich der Interessen und dem Ausschließen allzu großer geistiger Distanz. Es mag unromantisch klingen, doch existieren für jeden Menschen bestimmte Vorstellungen, die einfach erfüllt sein müssen. Was aber, wenn man sich in jemanden „verguckt“, mit dem ein Zusammenleben aufgrund der beruflichen Bindung, vorhandener oder nicht vorhandener Tierliebe oder anderer Facetten der Persönlichkeit schlichtweg nicht möglich ist?

Da haben Sie einen sichereren und erfolgversprechenderen Weg gewählt. Der Auftakt in Ihr gemeinsames Glück erfolgte noch physikalisch getrennt vor zwei entfernten Bildschirmen. Doch haben Sie schnell erkannt, dass in geistiger und seelischer Hinsicht keinerlei Distanz existiert.

So war das Automobil, von dem im Zitat die Rede ist, schnell bei der Hand, und Sie konnten sich bald auch abseits der Bildschirms kennenlernen. Die Phase des Verliebtseins, das Ausloten einer gemeinsamen Zukunft oder auch der Entschluss, die kommenden Jahre gemeinsam zu verbringen, verliefen dann wie in jeder anderen Beziehung auch.

Dasselbe gilt, das möchte ich Ihnen nicht verheimlichen, auch für Probleme, die in der Ehe auftreten können. Im Zusammenleben befindet sich zum Glück kein schützender Bildschirm zwischen Ihnen beiden, und so werden gelegentlich die Interessen aufeinanderprallen.

Mit fällt hierzu ein Zitat des französischen Geistlichen Michel Quoist [Aussprache: Mischèl Kwa] ein, der einmal sagte:

Wer den anderen liebt, lässt ihn gelten, so wie er ist, wie er gewesen ist und wie er sein wird.

Tragen Sie diesen Satz immer im Herzen, damit Ihnen eine gelungene und einander zugewandte Ehe gelingt. Mit dem nötigen Quentchen Toleranz und Verständnis für das Gegenüber wird Ihnen ein harmonisches und erfülltes Zusammenleben bevorstehen.

Für Ihre gemeinsame Zukunft wünsche ich Ihnen alles Gute und möchte Sie nun bitten, sich für die bevorstehende Trauzeremonie zu erheben.

2 Die Trutzburg

Redeübersicht

Stimmung	Neutral
Adressaten	Diese Rede ist geeignet für junge, ernsthaft wirkende Leute, die man mit einer bildreichen Rede ansprechen will.
Kernaussage	Die Ehe ist wie eine Trutzburg, in die man sich zurückziehen kann, die aber auch auf festen Fundamenten stehen muss.
Kurzinhalt	Eine Eheschließung ist ein weittragender Entschluss, da die Ehe auf Lebenszeit geschlossen sein sollte. Jeder Einzelne ist tagtäglich in Beruf und Alltag gefordert. Zur Erholung muss man sich dann nach getaner Arbeit zurückziehen können. Da kann die Ehe dann sein wie eine Trutzburg, bei der man die Hängebrücke hochgezogen hat. Wie eine Burg auf Felsen gebaut ist, so muss auch die Ehe ein festes Fundament haben, bestehend aus gegenseitiger Zuneigung, Achtung und Treue. Ab und zu öffnet man seine Trutzburg, um Freunde zu treffen.
Redezeit	Ca. 5 Minuten

Ansprache

Liebes Brautpaar, sehr geehrte Gäste, ich heiße Sie hier in unserem Trausaal herzlich willkommen.

Das Wesen der Ehe zielt darauf ab, dass die Ehegatten ein Leben lang zusammenbleiben. So weiß man es aus seiner eigenen Erfahrung, so sieht es aber auch der Staat. Das Bundesverfassungsgericht hat die Ehe definiert als eine umfassende, grundsätzlich unauflösliche Lebensgemeinschaft von Mann und Frau. Wohl gibt es Möglichkeiten der Auflösung, doch das Ideal von der Unauflöslichkeit der Ehe bleibt.

Wenn sich nun junge Menschen, wie Sie, Frau …, und Sie, Herr …, aus freiem Entschluss für die verbindlichere Lebensform entscheiden, haben Sie sich dies wohl sehr gut überlegt. Sie haben sich in einer gewissen Zeit gut kennen gelernt, sie spürten, dies ist ein Partner, der zu mir passt, mit dem ich leben möchte. Die Gefühle, die Sie füreinander empfinden, hatten vielleicht einen gewissen Vorrang gegenüber den Verstandesargumenten. Doch sowohl Verstand, als auch Gefühl sprachen sich dafür aus, dem Partner das Jawort für immer zu geben. Heute, am Beginn Ihrer Ehe, stellt sich dieser Schritt wohl auch als ein Wagnis heraus, da Sie die nächsten Jahrzehnte nicht überblicken können. Ein Wagnis, das sich jedoch einzugehen lohnt.

Denn eine Ehe kann sich wie eine Trutzburg in der Gesellschaft erweisen. Täglich werden an uns vielerlei Anforderungen gestellt, ob zu Hause oder im Beruf. Die Arbeit stresst uns, oft steckt man unter Zeitdruck. Manchmal gibt es auch Meinungsverschiedenheiten mit Kollegen oder Vorgesetzten. Während wir unserer Arbeit nachgehen, gibt es kaum Rückzugsmöglichkeiten. Wir haben unsere Pflichten zu erfüllen, komme was da wolle.

In solchen Zeiten erweist sich die Ehe dann als eine Trutzburg, in die man sich nach getaner Arbeit zurückziehen kann. Da ist dann ein Partner da, der zu einem hält, der einen versteht, mit dem man seine Erlebnisse und Sorgen teilt. Man zieht einfach die Hängebrücke hoch und ist bis zum nächsten Tag für sich.

So wie eine Trutzburg oft auf einen hohen Felsen gebaut wurde, so muss auch Ihr Eheleben auf festen Fundamenten ruhen, zum Beispiel auf tiefer Zuneigung, Treue und Achtung gegenüber dem anderen.

Ihre Burg ist in erster Linie für Sie da. Es ist ein Ort, wo Sie sich gemeinsam zurückziehen können. Doch schon zu Zeiten der Ritter und Burgfräulein gab es zwischendurch Feste. Auch Sie werden ab und zu die Hängebrücke herunterlassen, um Freunde oder Verwandte zu einem gemütlichen Beisammensein oder einem Fest in ihr trautes Heim einzuladen.

Mit diesem bildhaften Vergleich möchte ich zum Ausdruck bringen, wie wichtig es einerseits für den Menschen ist, eine Rückzugsmöglichkeit zu haben, andererseits aber auch das Leben in geselliger Runde zu genießen – gemeinsam zu lachen, zu plaudern, Meinungen auszutauschen.

Zum Abschluss meiner kleinen Ansprache wünsche ich Ihnen, dass Ihre Ehe wie eine Trutzburg standhält, bei allem, was im Leben so auf Sie zukommen wird.

Trauformel

Nun frage ich Sie, Herr … *(Vor- und Familienname)*, wollen Sie mit der hier anwesenden Frau … *(Vor- und Familienname)* die Ehe schließen, dann antworten Sie mit „Ja".

Ich richte meine Frage nun an Sie, Frau …: Ist es auch Ihr freier Wille, mit dem hier anwesenden Herrn … die Ehe einzugehen, dann antworten Sie ebenfalls mit „Ja".

Da Sie beide meine Frage (vor Ihren beiden Trauzeugen) übereinstimmend mit „Ja" beantwortet haben, stelle ich fest, dass Sie nun kraft Gesetzes rechtlich verbundene Eheleute sind.

Sie können sich nun Ihre Ringe anstecken, die auch heute immer noch ein Symbol dafür sind, dass Sie nunmehr fest verbundene Ehegatten sind.

Ich wünsche Ihnen beiden ein langes, glückliches Eheleben.

3 Der Ehepartner als Freund und Vertrauensperson

Redeübersicht

Stimmung	Feierlich
Adressaten	Brautpaare, die bereits eine langjährige Freundschaft verbindet
Kernaussage	Gegenseitiges Sichannehmen, Verständnis füreinander und gemeinsames Erleben in der Ehe
Kurzinhalt	In jeder Ehe ist es wichtig, dass man den anderen nicht nur als Ehepartner, sondern auch als guten und zuverlässigen Freund ansieht, dem man sein volles Vertrauen entgegenbringen kann. Toleranz gegenüber den Eigenarten des Ehepartners ist nötig, sonst verliert das Zusammensein seinen Reiz.
Redezeit	Ca. 4 Minuten

Ansprache

Sehr geehrte Damen und Herren, liebe Freunde und Verwandte, doch vor allem: liebes Brautpaar,

der bekannte Philosoph Friedrich Nietzsche sagte einmal: *„Nicht der Mangel an Liebe, sondern der Mangel an Freundschaft macht die unglücklichen Ehen."*

In Ihrem Fall erscheint mir dieses Zitat überaus passend. Schließlich habe ich erfahren, dass Sie sich bereits seit vielen Jahren kennen und aus einer langjährigen Freundschaft schließlich Liebe wurde. Wie aber lässt sich Nietzsches Satz verstehen. Sind Liebe und Freundschaft am Ende nicht ein und dasselbe?

In meinen Augen ist es in jeder Ehe wichtig, dass man den anderen nicht nur als Ehepartner, sondern auch als guten und zuverlässigen Freund ansieht. Als einen Freund, dem man all seine Sorgen und Bedürfnisse anvertrauen und an den man sich auch in schwierigen Situationen anlehnen kann. Anders ausgedrückt, sollten Sie die freundschaftlichen Gefühle, die Sie so lange füreinander gehegt haben, niemals aufgeben und stets lebendig halten.

Der amerikanische Dichter Ralph Waldo Emerson sagte einmal, dass ein Freund ein Mensch ist, vor dem man laut denken kann.

Das laute Denken bzw. das Aussprechen von Gefühlen ist auch eine der Grundlagen für eine funktionierende Ehe. Nur wenn beide Partner miteinander sprechen und den ständigen Austausch suchen, werden auch die Bedürfnisse des Gegenübers ausreichend berücksichtigt.

Dies schließt selbstverständlich auch ein, dass die eigenen Wünsche in ausreichender Weise deutlich gemacht werden. Schließlich ist die Ehe immer ein Geben und Nehmen, und nur wenn sich beide Bereiche die Waage halten, führt das Zusammensein zur Zufriedenheit, zum Glück.

Im Laufe des gemeinsamen Alltags kommt allerdings leicht die Gefahr auf, dass man den anderen nach dem eigenen Wunschbild formt. Das umgekehrte Risiko besteht darin, zu sehr auf die Wünsche des Gegenübers einzugehen.

Beides dürfte sich als der falsche Weg herausstellen. Passt sich einer der Partner zu sehr an die Vorstellungen des anderen an, so droht die Beziehung bald langweilig zu werden. Das sprichwörtliche Prickeln und die zuvor vorhandene Reibung gehen verloren und nehmen dem Zusammensein einen Teil seines Reizes. Außerdem besteht bei zu viel Anpassung und Veränderung die Gefahr, dass man nicht mehr dieselbe Person vorfindet, die man doch gerade aufgrund ihrer Einzigartigkeit geheiratet hat.

Auf der anderen Seite ist auch zu viel Entfernung nicht der richtige Weg. Liegen die Interessen in manchen Punkten zu weit auseinander, so entsteht Streit oder – noch schlimmer – gegenseitige Entfremdung. Das ist vor allem dann der Fall, wenn jeder versucht, die eigene Person zu behaupten.

DAS Patentrezept für eine funktionierende Ehe gibt es leider – oder glücklicherweise – nicht. Doch diesen Rat möchte ich Ihnen auf Ihrem gemeinsamen Weg mitgeben: Betrachten Sie jeden Tag als Geschenk, und nehmen Sie die Anwesenheit des anderen nicht als selbstverständlich hin. Versuchen Sie zudem, sich selbst und einander treu zu bleiben, auch in schweren Lebenslagen.

Wenn ich Sie beide hier in Anwesenheit Ihrer Familie und Freunde vor mir sitzen sehe, bin ich der festen Überzeugung, dass Ihnen eine gelungene Ehe und eine harmonische Zukunft bevorstehen. Schließlich hatten Sie bereits ausreichend Zeit, die kleinen und großen Marotten des anderen kennen-, akzeptieren und sogar lieben zu lernen.

In diesem Sinne möchten wir uns nun von unseren Plätzen erheben, um den Bund der Ehe auch formal zu beschließen.

4 Jedem Anfang wohnt ein Zauber inne

Redeübersicht

Stimmung	Feierlich
Adressaten	An ein lediges Paar, das festlich gekleidet und froh gestimmt den Trausaal betritt; mit dabei ist eine größere Hochzeitsgesellschaft, einschließlich der Eltern des Brautpaares, sodass der Standesbeamte den Eindruck gewinnen kann, dass ein besonderes Flair, eine angenehme, freudige Stimmung im Trausaal herrscht.
Kernaussage	„Jedem Anfang wohnt ein Zauber inne": diesen Eindruck vermittelt die ganze Hochzeitsgesellschaft.
Kurzinhalt	In dieser Rede wird das besondere Flair, das am Hochzeitstag herrscht, zum Thema gemacht. Alle anwesenden Gäste wirken mit, dass dieser Eindruck entstehen kann. Die Situation der Eltern wird angesprochen. Sie gewinnen einen Schwiegersohn oder eine Schwiegertochter mit dazu.
Redezeit	Ca. 5 Minuten
Besondere Hinweise	Jeder Standesbeamte hat sicher schon oft diese Aufregung und in die besondere Stimmung miterlebt, die herrscht, wenn eine Braut im weißen, rauschenden Hochzeitskleid zur Trauung kommt und auch eine große Hochzeitsgesellschaft mitfeiern will. Leicht fällt einem da der Vergleich mit einem Zauber ein. Das Zitat von Hermann Hesse trifft in dieser Situation den Nagel auf den Kopf. Die Rede empfehle ich dagegen nicht für Geschiedene. Es besteht die Gefahr, dass das Paar das

Zitat missversteht und meint, der Standesbeamte will sich lustig machen. Es soll nicht der Eindruck entstehen, dass am Anfang noch ein Gefühl von Zauber vorherrscht, dass dieses Gefühl aber sehr schnell verschwindet und dann die nächste Scheidung ansteht.

Ansprache

Sehr geehrtes Brautpaar, werte (Trauzeugen und) Gäste,

ich begrüße Sie recht herzlich zu der heutigen Eheschließung im Standesamt von …

(Für die, die mich noch nicht kennen, mein Name ist …)

Sie sind heute zahlreich erschienen, um bei diesem wichtigen Ereignis, der Hochzeit von Frau … und Herrn …, mit dabei zu sein.

Solch ein Anlass soll auch im Standesamt einen festlichen Rahmen haben, darum möchte ich vor der eigentlichen Trauung ein paar persönliche Worte an Sie richten.

In dem Gedicht „Stufen" von Hermann Hesse kommt der Satz vor:

Und jedem Anfang wohnt ein Zauber inne.

Dieser Satz hat viel Wahres. Wenn eine große Hochzeitsgesellschaft, so wie heute, hier hereinkommt, alle festlich gekleidet sind, schöne Blumen mitgebracht werden und nicht zuletzt Sie, Frau …, mit einem so wunderschönen Brautkleid (Kostüm) anwesend sind, habe ich immer den Eindruck, es liegt ein gewisser Zauber, ein besonderes Flair in der Luft und ein bisschen Aufregung.

Und so soll es auch sein! Schon als Kind haben viele Träume von einer wundervollen Hochzeit. Und heute ist es schließlich so weit: Der beziehungsweise die Richtige ist in Ihr Leben getreten, den beziehungsweise die Sie so lieben, dass Sie sich zur Eheschließung vor versammelter Hochzeitsgesellschaft entschlossen haben.

Für Sie ist es keine Angelegenheit, die Sie im Stillen feiern wollen, sondern es sollen alle an Ihrem Glück teilhaben. Alle tragen dazu bei, dass heute so eine festliche Stimmung herrscht. Viele Vorbereitungen waren für dieses Fest zu treffen, um es zu einem herausragenden Tag in Ihrem Leben zu machen.

Aus meiner Erfahrung ist es auch immer ein besonderes Fest für die Eltern des Brautpaares. Sie freuen sich besonders mit, dass die Tochter oder der Sohn einen Partner, eine Partnerin gefunden hat. Ich hoffe, Sie fassen die Hochzeit nicht als Verlust der Tochter oder des Sohnes auf, sondern als Erweiterung der Familie. Sie gewinnen eine Schwiegertochter beziehungsweise einen Schwiegersohn dazu.

Aber nun noch einmal zurück zum Zauber, der heute in der Luft liegt.

Dieser Zauber sollte nicht gleich verpuffen. Aus meiner Erfahrung hat die Ehe für die meisten Menschen heute immer noch eine so große Bedeutung, dass sie hoffen und sich wünschen, aber auch danach streben, diesen Zauber, der heute herrscht, für ein ganzes Leben zu bewahren.

Manchmal ist das keine leichte Sache, das wissen wir alle, darum möchte ich noch einmal Hermann Hesse zitieren:

In dem Gedicht „Stufen" heißt es weiter:

Und jedem Anfang wohnt ein Zauber inne, der uns beschützt und der uns hilft zu leben.

Zum Abschluss meiner kleinen Ansprache, wünsche ich Ihnen, dass dieser Satz für Ihr Eheleben wahr wird. Dass dieser Zauber, der heute zu spüren ist, aber auch die Liebe, die Sie füreinander empfinden, bewahrt bleibt und Ihnen hilft, das Leben gemeinsam zu meistern …

(Trauformel)

5 Bald zu dritt

Redeübersicht

Stimmung	Heiter
Adressaten	Junge Brautpaare, die bald ein Kind erwarten und sich darauf freuen
Kernaussage	Die Liebesbeziehung als Paar sollte gepflegt werden, auch wenn schon bald das Kind im Mittelpunkt stehen wird
Kurzinhalt	Liebe lässt Freude wachsen. Diese Liebe gilt es zu pflegen, vor allem auch im Hinblick darauf, dass das Paar bald nicht nur füreinander, sondern auch für ein Kind verantwortlich sein wird. Zu dieser Verantwortung gehört auch, den Boden zu bereiten, um dem Kind Wurzeln zu schenken. Und die wachsen am besten im Klima von gegenseitiger Liebe.
Redezeit	Ca. 5 Minuten

Ansprache

Liebes Brautpaar,

liebe Trauzeugen und Gäste,

ich darf Sie ganz herzlich bei uns im Standesamt willkommen heißen.

Wir sind hier, weil Sie, liebes Brautpaar, sich zu einem ganz wichtigen Schritt entschlossen haben: Sie möchten Ihre Liebe durch die Eheschließung besiegeln und auch ganz offiziell Ja zueinander sagen. Bevor ich Ihnen die alles entscheidende Frage stelle und die Trauung vollziehe, möchte ich noch ein paar Worte über diese Liebe und Ihren Start ins gemeinsame Leben sagen.

Wo man Liebe aussät, da wächst Freude empor.

Diesen Satz schrieb William Shakespeare bereits vor langer Zeit nieder, doch der Ausspruch hat nichts von seiner Schönheit verloren und auch nichts von seiner Aktualität. Wer Liebe verschenkt, der merkt, dass es nicht nur dem Beschenkten guttut, sondern auch ihm selbst. Liebe macht glücklich, Liebe schenkt Freude. Sicher haben auch Sie diese Freude schon oft gespürt und spüren sie jeden Tag aufs Neue. Bewahren Sie sich diese Freude, indem Sie immer wieder ein wenig nachsäen und diese Liebe hegen und pflegen.

Doch Freude ist ganz offensichtlich nicht das Einzige, was da aus Ihrer Liebe emporwächst – Sie gestatten, dass ich das so sage, und ich hoffe, es klingt nicht allzu anzüglich. Doch es ist ja nicht mehr zu übersehen: Sie werden schon bald zu dritt sein, eine richtige kleine Familie. Wenn ich hier zwei Menschen traue, dann spreche ich oft darüber, dass sie mit der Eheschließung Verantwortung füreinander übernehmen. Das trifft natürlich auch auf Sie zu, doch bei Ihnen dauert es nicht lange, dann kommt bereits eine weitere große Verantwortung hinzu, nämlich die gemeinsame Verantwortung für Ihr Kind. Viele Herausforderungen und Aufgaben warten auf Sie. Die Hauptaufgaben, die Eltern haben, fasst ein bekanntes chinesisches Sprichwort sehr anschaulich in Worte:

Wenn die Kinder klein sind, gib ihnen Wurzeln. Wenn sie groß sind, gib ihnen Flügel.

Bis zur Flügelzeit Ihres Kindes wird es wohl noch etwas dauern, doch den Boden zu bereiten, damit es gute Wurzeln schlagen kann, das sollte in der nächsten Zeit Ihr Ziel sein. Guten Boden, aus dem Ihr Kind viel Kraft und Vertrauen ziehen kann. Wie kann das gelingen? Nun, eine der besten Voraussetzungen dafür schaffen Sie heute. Sie bekennen sich zueinander, Sie gehen miteinander die Ehe ein und gehen gemeinsam weiter in die Zukunft. Und das bedeutet dann nicht nur gegenseitige Verantwortung, das bedeutet auch gegenseitige Hilfe, Ermutigung, Stärkung und viel Freude, die aus Ihrer Liebe wachsen wird, wie wir vorhin gehört haben. Und was könnte ein besserer Nährboden für die Wurzeln Ihres Kindes sein als ein Klima der Liebe und gegenseitigen Unterstützung?

Deshalb ist mein Wunsch für Sie, dass Sie bei aller Freude auf Ihr Kind und bei allem Vorbereiten auf Ihre Elternzeit sich selbst als Paar nicht aus den Augen verlieren. Auch wenn Sie nur noch eine kurze Zeit der Zweisamkeit vor sich haben: Nutzen Sie diese ganz bewusst und genießen Sie Ihre neue Daseinsform „Ehepaar“. Wenn Sie den Gedanken an das Kind dann ab und zu einmal hintenanstellen und Ihre Liebe als Mann und Frau in den Mittelpunkt rücken und genießen, dann handeln Sie nicht egoistisch, ganz im Gegenteil: Sie pflegen und düngen damit den Boden, in dem Ihr Kind dann fest und sicher Wurzeln schlagen kann.

Und nun möchte ich Sie bitten, sich zu erheben, damit ich die Trauung vollziehen kann.

(Trauformel)

6 Der Weg zum Glück

Redeübersicht

Stimmung	Heiter
Adressaten	Brautpaare jüngeren, auch mittleren Alters
Kernaussage	Die Ehe ist eine Lebensform, die einem hilft, das Leben besser zu bewältigen, und die eine Quelle der Zufriedenheit darstellt. Denn geteiltes Leid ist halbes Leid und geteilte Freude ist doppelte Freude.
Kurzinhalt	In der Beziehung zu dem Menschen, den man liebt, findet man sein Glück auf vielfältige Weise: Man möchte den anderen glücklich machen und ist auch selber glücklich, wenn es einem gelingt; und man erlebt Glück intensiver, wenn man es gemeinsam erlebt, es verdoppelt sich, wenn man es teilt. Leid dagegen schwächt sich ab oder ist leichter zu ertragen, wenn man es mit jemandem teilen kann. Und so ergibt sich noch ein drittes scheinbares Paradox: Man hat mehr vom Leben, wenn man es mit jemandem teilt.
Redezeit	Ca. 5 Minuten

Ansprache

Liebes Brautpaar, sehr geehrte Gäste, ich begrüße Sie ganz herzlich hier in unserem Trausaal.

Wenn ein Paar sich das Jawort gibt, dann hat es wahrscheinlich eine ganze Reihe von Gründen für diesen Schritt. Aber ein Motiv wird sicher in der Überzeugung liegen, miteinander glücklich werden zu können.

Denn nach Glück sehnen wir uns doch alle, und zu den Bereichen, von denen wir uns Glück erhoffen, gehört vor allem eine Liebesbeziehung beziehungsweise die Partnerschaft. Deshalb möchte ich meine kleine Ansprache auch mit ein paar Worten über das Glück beginnen. Und dazu möchte ich Ihnen einen Ausspruch von Albert Schweitzer, dem berühmten Theologen und Tropenarzt, zitieren, der einmal sagte:

Das Glück ist das Einzige, das sich verdoppelt, wenn man es teilt.

Wenn man andere an seinem Glück teilhaben lässt, gibt man also nichts weg, sondern bekommt etwas hinzu: Man wird glücklicher. Schweitzer hat sich bei diesem Ausspruch vielleicht auf sein Wirken in Afrika bezogen. Doch vermutlich hat er auch seine Ehe gemeint. Denn das, was er anspricht, trifft ja genau auf eine Paarbeziehung zu, in der beide ihr Glück miteinander teilen wollen.

Wer selber glücklich ist, möchte dem anderen etwas von seinem Glück abgeben. Er möchte ihn glücklich sehen, ihn glücklich machen, und ist auch selber glücklich, wenn ihm das gelingt. Wenn zwei sich gemeinsam freuen, erleben sie dieses Gefühl viel intensiver.

Das Glück erfährt also eine Steigerung, wenn wir den anderen daran teilhaben lassen oder wenn wir es gemeinsam empfinden.

Geteilte Freude ist doppelte Freude

heißt es deshalb so treffend in einem Sprichwort. Dieses Sprichwort beginnt, wie Sie sicher wissen, mit einem anderen, ähnlich paradox klingenden Ausspruch, nämlich:

Geteiltes Leid ist halbes Leid.

Hier geht es nun darum, dass etwas weniger wird, wenn man es teilt. Und auch dies trifft vor allem zu, wenn zwei Menschen eng miteinander verbunden sind. Denn wenn jemand Kummer mit einem trägt, Sorgen oder Probleme mit einem durchsteht, oder wenn zwei Menschen schwierige Zeiten zusammen durchleben, dann ist das Leid leichter zu ertragen oder kommt einem nicht mehr so schwerwiegend vor.

Die enge Verbindung zu einem anderen Menschen ist also eine Lebensform, die das Leben leichter machen und die zu einer Quelle des Glücks werden kann.

Denn gemeinsam lässt sich mit Problemen und Konflikten viel besser fertig werden, und gemeinsam erlebt jeder die schönen Seiten des Lebens viel intensiver. Und beides, die dunklen wie die hellen Zeiten, hält das Leben nun mal für einen bereit. So wie jeder erwarten darf, dass die Liebe ihm schöne Stunden schenkt, so muss jeder auch damit rechnen, dass im Leben nicht immer alles glatt läuft. Und dann ist es immer gut, nicht allein dazustehen.

Denn wie für das Glück trifft auch für die Zweisamkeit eine Art von Paradox zu: Jeder hat mehr vom Leben, wenn er es mit einem anderen teilt. Wenn er jemanden hat, mit dem er die Sorgen und Freuden des Lebens teilt. Wir gewinnen an Lebensqualität, wenn wir nicht allein dastehen, sondern unser Leben mit jemandem zusammen verbringen.

Denn beim anderen finden wir Verständnis sowie Rückhalt und Unterstützung, und das Zusammenleben mit dem Menschen, den man liebt und dem man vertraut, gewährt Glück und Zufriedenheit.

Das Zusammenleben ist also ein Weg, ein zufriedenes Leben zu führen. Zum einen, weil es hilft, mit schwierigen Phasen fertig zu werden, und zum anderen natürlich, weil es selbst zu einer Quelle des Glücks wird.

Ich wünsche Ihnen jedenfalls, dass Sie in Ihrer Ehe Ihr Glück finden.

Um Ihre Ehe nun zu schließen, bitte ich Sie, sich von den Plätzen zu erheben …

(Trauformel)

7 Jede Ehe ist einzigartig

Redeübersicht

Stimmung	Romantisch
Adressaten	Brautpaare jüngeren und mittleren Alters, an deren Trauung Trauzeugen und Gäste teilnehmen
Kernaussage	Wer heiratet, hat gute Chancen auf Zufriedenheit und Gesundheit. Freunde und Familie sind wichtig, um das Paar auf seinem gemeinsamen Weg zu unterstützen.
Kurzinhalt	Es gibt viele Statistiken über die Ehe und viele sinnreiche oder amüsante Traditionen, wie Hochzeiten in verschiedenen Ländern der Welt geschlossen werden. Eines gilt aber überall: Jede Ehe ist einmalig, und jedes Paar geht seinen ganz eigenen Weg. Damit das in guten und in schwierigen Zeiten gelingt, sollte das Brautpaar Unterstützung von Freunden und Familie erfahren.
Redezeit	Ca. 6 Minuten

Ansprache

Liebes Brautpaar, liebe Trauzeugen, liebe Familie und Freunde!

Herzlich willkommen! Ich freue mich, dass ich Sie durch die wichtige Zeremonie der standesamtlichen Eheschließung geleiten darf. Sie besiegeln heute Ihre Liebe zueinander und geben offiziell Ihrem Wunsch Ausdruck, dass Sie gemeinsam durchs Leben gehen wollen. Was für ein schönes Ereignis, zu dem wir hier zusammengekommen sind!

Dass Ihre Hochzeit auch ein besonders kluger Entschluss ist, legen verschiedene Studien nahe, die es über die Ehe gibt. Wussten Sie zum Beispiel, dass Ehepaare in der Regel glücklicher sind als Paare ohne Trauschein? 30.000 Menschen aus 30 europäischen Ländern wurden für dieses Ergebnis befragt. Und ist Ihnen bekannt, dass glücklich verheiratete Menschen gesünder sind und länger leben als ledige? Statistisch gesehen gehen Sie als Ehepaar also gesunden, zufriedenen Zeiten entgegen.

Und Sie sind damit natürlich nicht allein. Menschen aller Kulturen und Länder geben sich das Jawort – aus Liebe, aus Vernunftgründen oder weil es die Tradition will. Sie tun das auf die unterschiedlichste Art. In Nigeria bietet die Braut ihrem Bräutigam Palmwein an. Sobald er davon trinkt, sind die beiden verheiratet. Ungarische Bräute zerbrechen während der Hochzeitszeremonie ein Ei, weil sie sich davon gesunde Kinder versprechen. In den Niederlanden pflanzt das Brautpaar zu diesem Zweck einen Baum. Auf den Philippinen ist es üblich, die Frischvermählten zu kämmen, damit ihre Ehe glücklich wird. Und in Dänemark schneidet man dem Bräutigam ein Loch in seine rechte Socke, um zu symbolisieren, dass er nun vergeben ist.

Sie sehen, es gibt viel Wissen über das Hochzeitsfest und die Ehe. Eines sollten wir dabei aber nicht aus dem Auge verlieren: Jede Ehe ist einmalig. Sie beide gestalten Ihre Partnerschaft auf Ihre ganz persönliche Weise. Zu zweit entwickeln Sie den einzigartigen Charakter Ihrer Ehe und tragen dafür gleichermaßen Verantwortung. Sie entscheiden miteinander, wie Sie den Alltag bestehen wollen. Im Lauf der Jahre wird sich Ihre Ehe formen und verändern. Viele Ereignisse werden von außen auf Sie einstürmen. Wie Sie darauf reagieren, wird Sie als Ehepaar ausmachen. Sie werden Ihren ganz eigenen Weg finden.

Was aber nicht heißt, dass Sie sich sämtlichen Anforderungen des Lebens allein stellen müssen. Liebe Familie, liebe Freunde von … und …: Sie begleiten das Brautpaar heute bei seinem wichtigen Schritt in die Ehe und zeigen damit Ihre große Verbundenheit mit den beiden. Sie alle sind gekommen, um diese fröhlichen Stunden mit den Brautleuten zu teilen. Begleiten Sie die beiden auch weiterhin! Die Unterstützung von Verwandten und nahen Freunden stärkt eine Ehe – in guten und auch in schwierigen Situationen. Ihnen, den Trauzeugen, kommt dabei eine besondere Vertrauensstellung zu. Aber auch andere Freunde oder Familienmitglieder können in stürmischen Zeiten Rat oder Beistand anbieten. Eine gute Ehe braucht ein zugewandtes, unterstützendes Umfeld.

Und da ich gerade davon sprach, die guten Zeiten miteinander zu feiern: Genau das sollten Sie nun tun. Lassen Sie uns deshalb jetzt zu Ihrer Trauzeremonie kommen.

(Trauformel)

8 Miteinander alt werden

Redeübersicht

Stimmung	Romantisch
Adressaten	Junge Brautpaare, eventuell auch Brautpaare mittleren Alters, die einen verliebten Eindruck machen
Kernaussage	Einen Menschen lieben bedeutet, mit ihm sein ganzes weiteres Leben teilen zu wollen.
Kurzinhalt	Liebe ist auf Dauer angelegt, schließt also ein, mit dem geliebten Menschen alt zu werden. Sein Leben teilen heißt, an den Interessen und Problemen des anderen Anteil zu nehmen, sich ihm zu öffnen und alle Lebensphasen gemeinsam zu bewältigen.
Redezeit	Ca. 5 Minuten

Ansprache

Liebes Brautpaar, sehr geehrte Gäste, ich begrüße Sie herzlich hier in unserem Standesamt.

Sie beide, Frau ... und Herr ..., wollen sich heute Ihr Jawort geben. Sicher hat Ihre gegenseitige Zuneigung Sie zu diesem Schritt bewogen, und wahrscheinlich haben Sie auch schon mal darüber nachgedacht, was Liebe eigentlich bedeutet. Das ist natürlich ein unerschöpfliches Thema. Ich möchte Ihnen heute nur ein paar Worte zu einer Definition von Liebe mit auf den Weg geben, die mir sehr passend erscheint, wenn ein Paar sein weiteres Leben gemeinsam verbringen will.

Der Ausspruch, den ich Ihnen jetzt zitieren möchte, stammt von dem französischen Schriftsteller und Philosophen Albert Camus. Er lautet:

Einen Menschen lieben heißt einwilligen, mit ihm alt zu werden.

Vielleicht sind Sie von dieser Definition überrascht, denn wahrscheinlich denken Sie beide noch gar nicht ans Alter – haben Sie doch Ihr Leben eigentlich erst noch vor sich. Doch ein Leben zu zweit bedeutet ja, auch miteinander älter zu werden. Und eine Definition von Liebe, die diesen Aspekt erfasst, kann deshalb ein ganzes Leben lang Gültigkeit behalten.

Jedenfalls meint Camus, dass die Liebe zu einem anderen Menschen etwas ist, das auf Dauer angelegt ist. Wenn ich einen Menschen liebe, dann will ich mit ihm mein Leben lang zusammen sein.

Ich fühle mich nicht nur zu ihm hingezogen, solange er jung und strahlend schön ist, sondern auch dann noch, wenn die ersten Falten kommen. Das heißt, was ich am anderen schätze, ist seine ganze Persönlichkeit. Sein Wesen, seine Verhaltensweisen, auch seine Art, auf mich einzugehen. Also Eigenschaften, die altersunabhängig sind.

Wenn ich einen Menschen liebe, dann lasse ich mich ganz auf ihn ein. Ich akzeptiere ihn so, wie er ist, und ich bin neugierig darauf, wie er sich weiterentwickeln wird. Einen Menschen lieben heißt, nie das Interesse an ihm zu verlieren.

Und wenn ich einwillige, mit ihm alt zu werden, ist damit auch gemeint, ebenso die dunklen Tage des Lebens mit ihm teilen zu wollen. Bereit zu sein, auch die leidvollen Zeiten gemeinsam zu überstehen, so wie man auch die schönen Seiten des Lebens gemeinsam genießt.

Denn Lieben bedeutet, sein Leben wirklich miteinander teilen zu wollen.

Lieben heißt, am anderen immer Anteil zu nehmen, an seinen Interessen und Problemen, an seinen Gedanken und Gefühlen. Es heißt, sich auch dem anderen zu öffnen, ihn an den eigenen Vorstellungen und Empfindungen Anteil nehmen zu lassen. Und es bedeutet, eine gemeinsame Basis zu entwickeln, sich im Zusammenleben zusammenzuraufen und zusammenzuwachsen.

Dann durchlaufen zwei Menschen alle Lebensphasen gemeinsam und werden so allmählich auch zusammen alt. Sie erleben es mit dem anderen, wie sich ein Lebensabschnitt an den anderen reiht, und teilen die Höhen und Tiefen des Lebens miteinander. Und schließlich können sie auf lange Jahre gelebter Zweisamkeit zurückblicken.

Sie beide sind heute hier, weil Sie Ihr Leben miteinander teilen wollen.

Um nun zur eigentlichen Trauungszeremonie zu kommen, möchte ich Sie bitten, sich von den Plätzen zu erheben …

(Trauformel)

Ich möchte Ihnen zum Schluss noch viel Glück für Ihren gemeinsamen Lebensweg wünschen.

9 „Tausendmal berührt ..."

Redeübersicht

Stimmung	Romantisch
Adressaten	Brautpaare, die sich schon in der Kindheit kennen gelernt haben und seit langem befreundet sind
Kernaussage	Die Werte, die eine Freundschaft ausmachen, Vertrauen, Verständnis, Respekt und Offenheit, sie bilden auch ein stabiles Fundament für Liebe und eine dauerhafte Lebensgemeinschaft.
Kurzinhalt	Das Zusammengehörigkeitsgefühl des Brautpaares beruht auf einer Sandkastenbeziehung, die sich zur langjährigen Freundschaft und schließlich zu einer tiefen Zuneigung entwickelt hat. Die Liebe bedeutet eine neue Erfahrung; sie unterscheidet sich von bloßer Freundschaft, setzt jedoch die Werte der Freundschaft voraus und vertieft sie. Aufgrund der vorangegangenen Freundschaft besitzt das Braupaar eine solide Basis für die eheliche Lebensgemeinschaft.
Redezeit	Ca. 5 Minuten

Ansprache

Liebes Brautpaar, sehr geehrte Hochzeitsgäste, ich darf Sie alle ganz herzlich im Trausaal von … begrüßen.

Der Hochzeitstag, der für Sie beide, liebes Brautpaar, heute gekommen ist, stellt für jeden Menschen einen besonderen Tag im Leben dar. Sie möchten diesen Tag sicher groß feiern, und auch wir Standesbeamte möchten einer Trauung einen schönen Rahmen geben. Dazu gehört für mich auch, dem Brautpaar vor dem Jawort noch einige Worte mit auf den Weg zu geben.

Liebes Brautpaar! Als Sie mir in unserem Vorgespräch Ihre erste Begegnung und den Werdegang Ihrer Beziehung geschildert haben, kam mir ein bekanntes Lied des Rockmusikers Klaus Lage in den Sinn. Es heißt „Tausendmal berührt" und handelt von dem, was allgemein als Sandkastenbeziehung bezeichnet wird. Eine Sandkastenbeziehung beginnt schon in der Kindheit, meist im Kindergarten oder in der Grundschule. Es handelt sich zunächst um eine Spielkameradschaft, eine Vorstufe oder erste Form von Freundschaft.

Je länger aber diese Freundschaft dauert, desto anspruchsvoller wird sie, denn sie verändert sich und wächst mit den beiden Partnern. Sie setzt sich in der Schule fort oder im gemeinsamen Bekanntenkreis, in der Ausbildungszeit oder im Studium und schließlich in der Zeit, wo aus den Kindern von einst längst berufstätige Erwachsene geworden sind.

Und plötzlich, irgendwann während dieses gemeinsam erlebten Reifungsprozesses, kommt es zu einer einschneidenden Veränderung. Zwei Menschen sind sich schon lange nahe gewesen, haben sich, wie Klaus Lage es ausdrückt, schon *„tausendmal berührt"* – und plötzlich ist aus der Freundschaft Liebe geworden.

Ihnen, Frau … und Herr …, ist genau dies geschehen. Aus Ihrer beider Freundschaft ist Liebe geworden, und aus Ihrer Lebensfreundschaft ist der Wunsch nach einer wirklichen Lebensgemeinschaft entsprungen. Sie haben sich nun entschlossen, diesen Wunsch durch eine standesamtliche Trauung zu bekräftigen.

Denn Sie haben den Unterschied erlebt, der zwischen einer langen Freundschaft und dem Gefühl besteht, durch eine tiefe Zuneigung verbunden zu sein. Denn wenn die Liebe ins Spiel kommt, wird alles ganz anders.

Die Nähe zum anderen – sie und noch vieles mehr wird jetzt von beiden neu und in intensiverer Form erlebt. Doch wie groß der Unterschied zwischen Freundschaft und Liebe auch sein mag, so haben beide doch auch Wesentliches gemeinsam.

Vertrauen, Verständnis, Offenheit, Respekt vor den Eigenarten des anderen – all diese Werte, die eine Freundschaft zwischen zwei Menschen begründen, sie sind auch in einer Liebesbeziehung nicht wegzudenken.

Im Gegenteil: Gerade, wenn zwei Menschen nicht nur Freundschaft, sondern auch tiefe Zuneigung füreinander empfinden und sich durch die Ehe binden wollen, gewinnen diese Werte noch einmal an Bedeutung. Das liegt nicht zuletzt daran, dass die Gestaltung einer lange währenden Lebensgemeinschaft größerer Umsicht und Pflege, eines größeren Verantwortungsbewusstseins bedarf, als dies bei der Freundschaft bereits der Fall ist. Liebe und insbesondere die durch Heirat bekräftigte Liebe stellt, so könnte man sagen, die anspruchsvollste Form der Freundschaft dar.

Wie die langjährige Freundschaft, die Sie beide, liebes Brautpaar, zusammengeführt hat, wird sich auch die Lebensgemeinschaft, die Sie heute mit Ihrer Trauung eingehen, mit der Zeit verändern. In dieser Gemeinschaft werden Sie neue Erfahrungen sammeln und sich neuen Aufgaben gegenübersehen, Sie werden viel Freude erleben und vielleicht auch die eine oder andere Mühsal auf sich nehmen müssen. Doch immer dürfen Sie zuversichtlich sein, dass sich das Vertrauen, die Offenheit und der Respekt, all die Werte, die Sie in den Jahren Ihrer Freundschaft ausgebildet haben, dass sie sich auch in der vor Ihnen liegenden Zukunft bewähren. In ihnen besitzen Sie eine feste Grundlage für Ihre gemeinsame Lebensplanung.

Abschließend möchte ich Ihnen die besten Wünsche mit auf den gemeinsamen Lebensweg geben. Mögen sich die Erwartungen und Hoffnungen erfüllen, die Sie mit dem heutigen Tag verbinden.

Um Ihre Ehe nun zu schließen, bitte ich Sie, sich von Ihren Plätzen zu erheben …

(Trauformel)

10 Charlie Chaplin irrt

Redeübersicht

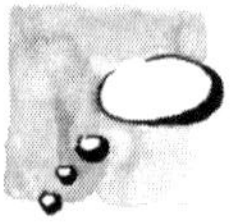

Stimmung	Nachdenklich
Adressaten	Brautpaare jüngeren Alters
Kernaussage	Die Jugend ist keine Frage des Alters, sondern der Einstellung. Eine verantwortungsvolle Bindung für das künftige Leben können zwei Menschen auch in jungen Jahren eingehen.
Kurzinhalt	Das statistische Hochzeitsalter steigt kontinuierlich. Es ist allerdings so, dass man sich auch innerhalb einer Ehe ausreichende Freiheit bewahren kann und nicht vor diesem Schritt zurückschrecken muss. Eine Bindung und damit ein Bekenntnis zum „Wir“ anstelle der „Ichs“ kann sehr erfüllend und auch für ein junges Paar der richtige Weg sein.
Redezeit	Ca. 7 Minuten

Ansprache

Sehr geehrte Damen und Herren, liebe Freunde und Verwandte,

liebes Brautpaar,

der berühmte englische Schauspieler Charlie Chaplin sagte einmal:

„Die Jugend wäre eine schönere Zeit, wenn sie erst später im Leben käme."

Dieser Satz wurde an vielen Stellen zitiert und wird vor allem sehr unterschiedlich interpretiert. Keine Sorge: Ich werde an dieser Stelle nicht darüber nachdenken, was „Jugend" überhaupt bedeutet und wie sich diese genießen lässt. Es ist allerdings so, dass ich Herrn Chaplin an einer Stelle widersprechen möchte, denn es ist keineswegs so, dass ein späterer Zeitpunkt im Leben bessere Entscheidungen oder eine größere Fähigkeit zum Genießen mit sich bringt.

Nehmen wir Ihre Hochzeit, die hier und heute geschlossen wird. In Ihrem jungen Alter mag – statistisch betrachtet – das Jawort ungewöhnlich sein und doch treffen Sie eine voll und ganz richtige Entscheidung, da diese von Herzen kommt. Wirft man einen Blick auf die eben erwähnte Statistik, so hat sich das durchschnittliche Heiratsalter lediger Männer in den Jahren zwischen 1991 und 2018 von 28,5 Jahren auf 34,6 Jahre erhöht. Bei Frauen liegt das Alter bei 32,1 Jahren; doch sagen diese Zahlen in meinen Augen nichts aus. Natürlich ließe sich davon sprechen, dass manche Menschen in jungen Jahren spontaner und flexibler sind. Doch der Schluss, dass sich diese geistige Beweglichkeit nicht mit einer Ehe verträgt, ist aus meiner Sicht schlichtweg unzutreffend.

Jugend wird heutzutage immer wieder mit falsch verstandener Freiheit und vielen Wahlmöglichkeiten gleichgesetzt. Die Wahl zu einer tieferen Bindung zwischen zwei Menschen und die Wahl, Verantwortung füreinander zu übernehmen, bleibt dabei leider vielfach außen vor. Es ist allerdings so, dass die „Spaßgesellschaft" mit ihrer teilweise doch allzu großen Unverbindlichkeit keineswegs den Maßstab für das Leben aller jungen Menschen abgeben kann.

Sie, liebe Braut und lieber Bräutigam,

möchten mit dem heutigen Tag ein klein wenig Ihrer Freiheit aufgeben und in Zukunft ein „Wir" an die Stelle von zweimaligem „Ich" setzen. Sie werden mit Sicherheit feststellen, dass diese Entscheidung einen Gewinn für Ihr gemeinsames Leben bedeutet und bei gegenseitigem Respekt nur mit wenigen Einschränkungen einhergeht. Natürlich bleibt Ihnen Ihre Individualität auch in einer Ehe erhalten und natürlich kann man auch als verheiratete Frau oder verheirateter

Mann noch Partys feiern und sich an den „jugendlichen" Dingen des Lebens freuen.

Vielleicht ist es auch gar nicht so sinnvoll, allzu sehr auf das Alter Bezug zu nehmen. Wie sagte es schon der Dichter Jean Paul, der im 18. und 19. Jahrhundert lebte:

„Man ist jung, solange man sich für das Schöne begeistern kann
und nicht zulässt, dass es vom Nützlichen erdrückt wird."

Genau diese Fähigkeit und dieser eventuell vorhandene Schuss an Unvernunft ist ein guter Nährboden für eine gelingende Ehe. Achten Sie daher darauf, dass Sie sich gemeinsam für das Schöne begeistern und das Nützliche wohl wahrnehmen, aber noch nicht in den Vordergrund stellen.

Natürlich bedeutet Ehe immer auch Alltag mit jeder Menge organisatorischer Fragen. Vielleicht wünschen Sie sich ja auch Kinder, die noch einmal eine komplette Neuorganisation Ihres Lebens bewirken. Die Begeisterung für das Schöne und das Miteinanderteilen sollte jedoch auch darüber niemals in den Hintergrund treten. Anders formuliert: Bleiben Sie auch in Zukunft spontan.

So komme ich zum Schluss meiner Ansprache und wünsche Ihnen aus ganzem Herzen eine erfüllte und lange währende Ehe. Aufgrund Ihrer Jugend haben Sie gute Chancen, nicht nur die goldene, sondern auch die diamantene Hochzeit nach 60 Jahren zu feiern.

Doch lassen Sie uns in der Gegenwart bleiben und erfreuen wir uns erst einmal an diesem Tag und an der Liebe zweier Menschen, die einen mutigen Schritt in die richtige Richtung getan haben.

(Trauformel)

11 Ehering als Symbol für Liebe und Verbundenheit

Redeübersicht

Stimmung	Nachdenklich
Adressaten	Junge Brautpaare, die einen verliebten Eindruck machen und für die es passend erscheint, in der Traurede vom Ehering als Symbol für Verbundenheit wie Dauer zu sprechen
Kernaussage	In einer guten Ehe gibt es kein Ende, sondern immer neue Anfänge, neue Ziele, neue Lebensphasen mit neuen Formen der Partnerschaft.
Kurzinhalt	Ein Ring symbolisiert Liebe und Dauer, er verknüpft Ende und Anfang. Eheschließung ist Happy End und zugleich Neuanfang in der gemeinsamen Lebensreise. In der Ehe wird es noch viele Neuanfänge geben, denn beide entwickeln sich weiter und setzen sich in verschiedenen Lebensphasen neue Ziele.
Redezeit	Ca. 5 Minuten

Ansprache

Liebes Brautpaar, sehr geehrte Hochzeitsgäste, ich begrüße Sie herzlich hier in unserem Trausaal.

Heute ist er gekommen, der große Tag, an dem Sie, liebes Brautpaar, sich Ihr Jawort geben. Mit diesem kleinen Wort bekräftigen Sie, dass Sie zusammengehören und dass Sie Ihr weiteres Leben miteinander teilen möchten. Und diese Verbundenheit bekunden Sie gleich auch damit, sich gegenseitig einen Ring anzustecken.

Was dieser Trauring, was ein Ehering symbolisiert, kommt besonders schön in einem alten russischen Sprichwort zum Ausdruck, das ich Ihnen, liebes Brautpaar, heute mit auf den Weg geben möchte. Es lautet: *Die Liebe gleicht einem Ring und der Ring hat kein Ende.*

Die Liebe hat Sie zusammengeführt, sie umringt Sie und trägt Sie in eine gemeinsame Zukunft. Sie haben eine Basis gefunden, um allem, was das Leben Ihnen künftig bringen mag, gemeinsam zu begegnen, den guten wie den weniger guten Tagen. Sie haben sich für dieses gemeinsame Leben, Sie haben sich füreinander entschieden. Und Ihre Trauringe sind das Zeichen Ihrer Zusammengehörigkeit.

Den Brauch, bei der Hochzeit Ringe zu wechseln, kennen wir bereits seit vielen Jahrhunderten. Und meist sind es Ringe aus Gold, einem Material, das wertvoll und dauerhaft ist wie auch die Ehe selbst. Ringe galten immer schon als Symbol, ihnen wurden sogar magische Kräfte zugesprochen. Denn ein Ring ist endlos, in einem Ring gehen Ende und Anfang ineinander über.

Und auch ein Hochzeitstag verknüpft Ende und Anfang. Ihr Jawort, liebes Brautpaar, beendet die Zeit des Überlegens und Abwartens. Heute sind Sie am Ziel; Ihr Wunsch, getraut zu werden, geht in Erfüllung. Happy End hieße es jetzt, wären wir in einem klassischen Liebesfilm.

In Ihrer realen Liebesgeschichte hingegen sind Sie heute nicht nur an einem Ziel angekommen, sondern zugleich an einem Anfang. Sie stehen am Beginn Ihrer Ehe, Ihres gemeinsamen Weges. Sie feiern heute nicht nur Happy End, sondern auch einen glücklichen Anfang.

Und der heutige Tag wird nicht der einzige Tag bleiben, an dem Sie gemeinsam etwas Neues beginnen.

Denn in einer guten Ehe gibt es kein Ende, sondern viele neue Anfänge. Ein Paar begibt sich auf eine Lebensreise, auf der es zusammen immer wieder neue Ziele ansteuert.

Liebes Brautpaar, Sie sind schon ein Stück weit zusammen gereist und haben erfahren, dass Sie einander gute Reisebegleiter sind. Nun geben Sie Ihrer gemeinsamen Lebensfahrt ein neues Fundament, um weiterhin zusammen zu neuen Ufern aufzubrechen. Vor Ihnen liegt eine Zukunft, in der Sie sich weiterentwickeln, immer wieder neue Ziele setzen und immer mal wieder Neues wagen werden.

Sie sind ja noch jung und erst dabei, sich Ihr Leben aufzubauen. Wahrscheinlich haben Sie im Moment Pläne für Ihr berufliches Fortkommen oder denken an Familiengründung. Und wenn Sie ein Ziel erreicht haben, wenn sich eine Hoffnung erfüllt hat, werden Sie nach neuen Orientierungen suchen. Denn jedes Lebensalter kennt eigene Wünsche, Ziele und Anforderungen. Und damit sieht auch die Form des Zusammenlebens in jeder Lebensphase etwas anders aus.

Aber etwas bleibt natürlich: Sie, das Paar, das diese Lebensphasen gemeinsam erlebt und gestaltet; Sie, das Paar, das auf seiner Lebensreise zusammen Schönes erfährt und Schwieriges bewältigt. Und es bleibt das Gefühl, zusammenzugehören und sich aufeinander verlassen zu können. So kann sich immer wieder alles runden – wie die Ringe, die Sie in Ihrer Ehe begleiten.

Mit der Gewissheit zusammenzugehören haben Sie ein stabiles Fundament für Ihre weitere Lebensreise. Und die Trauringe, die Sie gleich wechseln, versinnbildlichen das Band, das Sie heute mit Ihrem Jawort bekräftigen.

Um Ihren Ehebund nun zu schließen, bitte ich Sie, sich von Ihren Plätzen zu erheben.

(Trauformel)

Zum Schluss möchte ich Ihnen noch viel Glück und eine lange gemeinsame Lebensreise wünschen.

12 Ehe als Echo

Redeübersicht

Stimmung	Nachdenklich
Adressaten	Brautpaare jüngeren, auch mittleren Alters, die bereit sind, einander viel zu geben
Kernaussage	Die Ehe ist ein Austausch von Geben und Nehmen.
Kurzinhalt	Ein Paar, das heiratet, will sich ein gemeinsames Leben aufbauen und zusammen sein Glück finden. Zwei Menschen, die sich nahe stehen, können sich viel geben und viel aus ihrer Partnerschaft machen. In diesem Sinne ist die Ehe ein Austausch von Geben und Nehmen. Eheleute geben sich Zuneigung, Verständnis und Vertrauen. Sie geben sich Rückhalt und können sich aufeinander verlassen. Dadurch können sie Widrigkeiten besser überwinden, ihrem Leben mehr abgewinnen und ihr Glück vergrößern.
Redezeit	Ca. 6 Minuten

Ansprache

Liebes Brautpaar, sehr geehrte Gäste, ich begrüße Sie ganz herzlich hier im …er Standesamt.

Heute ist er gekommen, der Tag, an dem Sie beide, liebes Brautpaar, auch offiziell „Ja" zueinander sagen. Sie sind vermutlich ein bisschen aufgeregt angesichts der Formalitäten und Festivitäten, die jetzt vor Ihnen liegen. Aber Sie blicken auch erwartungsvoll und glücklich in die Zukunft und haben wahrscheinlich schon viele Pläne für den weiteren gemeinsamen Weg geschmiedet.

Dieser Weg wird Sie auf manche Höhenpfade führen, doch manchmal werden Sie wohl auch holprige Strecken zu bewältigen haben. Denn das Leben hält ja für jeden gute wie schlechte Zeiten bereit. Sie beide wollen diese Zeiten gemeinsam bestehen, ganz gleich, was kommt. Denn Sie wollen sich ein gemeinsames Leben aufbauen. Sie haben sich gefunden und wollen nun auch in Zukunft zusammenhalten. Sie glauben, dass Sie zusammen glücklich werden können.

Sie wissen, dass zwei Menschen, die sich schätzen, einander viel geben können. Der russische Schriftsteller Alexander Herzen hat dafür folgendes schöne Bild gefunden:

Liebe und Freundschaft sind wie ein Echo, sie geben zurück, was sie erhalten.

Und was für Liebe und Freundschaft gilt, das gilt natürlich auch für die Ehe, die ja auf Liebe und Freundschaft basiert. Die Ehe lässt sich deshalb als ein Austausch von Geben und Nehmen verstehen.

Beide Partner geben sich viel, weil sie sich mögen und sich durch gemeinsame Ziele und Interessen verbunden fühlen. Sie geben sich viel, weil sie den anderen und ihre Partnerschaft wichtig nehmen. Und dadurch bekommen beide auch viel zurück.

Heute herrscht ja manchmal die Einstellung vor, es stünde einem alles Mögliche zu oder man müsse erst mal an sich denken und sehen, wo man selbst bleibt. Doch in zwischenmenschlichen Beziehungen geht es um ein Miteinander, um Glück für beide. Die Ehe ist nichts Einseitiges, sondern ein Unterfangen auf Gegenseitigkeit.

Die Eheleute beziehen sich aufeinander, sie antworten einander. Nicht bloß wie ein Echo, das nur dann reagiert, wenn jemand etwas gesagt hat, und nur das zurückgibt, was es sozusagen gehört hat, sondern Eheleute werden auch von sich aus initiativ. Bei ihnen gehen Geben und Nehmen ineinander über. Beide geben dem anderen viel und bekommen daher auch viel. Beide machen etwas aus ihrer Verbindung, und dadurch kann ihnen die Partnerschaft viel geben.

Was Eheleute sich geben, mag sich im Einzelnen unterscheiden. Schließlich hat jedes Paar eine etwas andere Vorstellung davon, wie seine Ehe aussehen soll; schließlich hat jedes Paar etwas andere Erwartungen. Dennoch gibt es einiges, was wohl in jeder Ehe eine Rolle spielt.

Da ist zunächst einmal die Zuneigung – denn Liebe ist ja das, was zwei Menschen zusammenführt und was sie auch Schwierigkeiten überwinden lässt. Liebe ist das, was Farbe in ihr Leben bringt. Sie ist die Basis der Beziehung, auf der sich viel aufbauen lässt.

Wichtige Bestandteile des Zusammenlebens sind zudem das Verständnis und das Vertrauen, das Eheleute sich geben. Sie haben ein offenes Ohr für alles, was den anderen beschäftigt und bewegt; sie sind bereit, sich in den anderen hineinzuversetzen. Sie können sich ihre Gedanken und Gefühle anvertrauen und sich aufeinander verlassen.

Sie geben sich emotionalen Rückhalt und unterstützen sich in der Bewältigung des Alltags oder bei der Durchführung ihrer Pläne. Sie sind füreinander da, weil sie zusammen durch dick und dünn gehen wollen.

Weil sie vom anderen oder in ihrer Ehe viel bekommen, können sie dem Leben gut gegenübertreten. In einer funktionierenden Partnerschaft, in der beide auftauchenden Problemen gemeinsam begegnen, können Schwierigkeiten leichter überwunden und traurige Stunden besser überstanden werden. Eine Partnerschaft, in der beide Zuneigung und Rückhalt finden, wird das Lebensglück beider vergrößern. Zusammen mit einem Partner beziehungsweise einer Partnerin, die einem viel bedeutet, lässt sich dem Leben mehr abgewinnen.

Der Dichter Matthias Claudius schrieb einst an seine Frau Rebecca:

Ich war wohl klug, dass ich dich fand …

Das ist vielleicht das Beste, was Eheleute zu Beginn und während einer Ehe einander sagen können. Dass es gelungen ist, den Menschen zu entdecken, mit dem sich ein gemeinsames Leben aufbauen lässt und ein Austausch von Geben und Nehmen möglich ist. Und dass es gelungen ist, eine stabile Partnerschaft, in der beide viel geben und viel bekommen, zu entwickeln und zu erhalten.

Ich jedenfalls wünsche Ihnen beiden, dass Ihre Ehe Ihnen viel geben möge.

Um Ihre Ehe nun zu schließen, bitte ich Sie, sich von den Plätzen zu erheben …

(Trauformel)

Ansprachen für reifere Brautpaare

1 Vertrauen, Respekt und Ehrlichkeit

Redeübersicht

Stimmung	Neutral
Adressaten	Brautpaare mittleren, auch jüngeren Alters, welche die Heirat nicht nur romantisch sehen
Kernaussage	Vertrauen ineinander, Achtung voreinander und Ehrlichkeit zueinander bilden eine gute Basis für eine stabile Beziehung.
Kurzinhalt	Vertrauen bedeutet, sich aufeinander verlassen zu können sowie darauf, den Höhen und Tiefen, die jedes Leben mit sich bringt, am besten gemeinsam zu begegnen. Mit Vertrauen, Ehrlichkeit und Achtung voreinander haben beide eine gute Basis für ihre Ehe.
Redezeit	Ca. 5 Minuten

Ansprache

Liebes Brautpaar, sehr geehrte Hochzeitsgäste, ich heiße Sie im Trausaal unserer Stadt (Gemeinde) herzlich willkommen.

Sie beide, liebes Brautpaar, wollen sich heute Ihr Jawort geben. Sie wollen auch ganz offiziell bekräftigen, dass Sie es ernst miteinander und mit Ihrer Beziehung meinen.

Sie lassen sich trauen, weil Sie einander trauen und weil Sie darauf vertrauen, gemeinsam gut durch Ihr Leben zu kommen.

Und mit diesem Vertrauen, liebes Brautpaar, haben Sie ein gutes, ein verlässliches Fundament für Ihre Ehe gefunden.

Wenn zwei Menschen, wie jetzt Sie, ihr Leben miteinander teilen wollen, dann fühlen sie sich zusammengehörig, dann empfinden sie viel füreinander. Nun wissen wir alle natürlich, dass wir nicht immer auf Wolken schweben, dass der Gefühlsüberschwang der ersten Begegnungen nicht ein Leben lang anhält.

Doch das Gefühl der Zusammengehörigkeit, das hält und trägt. Und seine Basis sind Vertrauen, Ehrlichkeit und Respekt.

Zwei Menschen, die sich auf einen gemeinsamen Weg begeben, brauchen Vertrauen zueinander und zu ihrer Beziehung. Sie, liebes Brautpaar, werden es bald nach dem Kennenlernen erlebt haben, dass Sie sich aufeinander verlassen, dass Sie einander trauen können. Und Sie vertrauen darauf, dass Ihr Partner, Ihre Partnerin zu Ihnen hält und die Ehe genauso wichtig nimmt, wie Sie selbst es tun.

Sie möchten zusammen etwas aus Ihrem Leben machen, Sie wollen allem, was die Zukunft Ihnen bringen mag, zu zweit begegnen, den Erfahrungen und Herausforderungen, den glücklichen wie den traurigen Momenten. Denn das Leben hält nun mal für jeden Höhen und Tiefen bereit, niemand – auch ein glückliches Paar nicht – kennt nur schöne Stunden. Doch zwei Menschen, die sich füreinander entscheiden, vertrauen darauf, dunkle Stunden am besten gemeinsam zu meistern und zu zweit mehr helle Stunden zu erleben.

Dieses Vertrauen ist mit Ehrlichkeit verbunden. Ohne Aufrichtigkeit kann kein Vertrauen wachsen. Ehrlichkeit bedeutet ja nicht nur, offen zu sein und dem anderen nichts vorzumachen, Aufrichtigkeit ist auch ein Kennzeichen dafür, den anderen zu schätzen. Ehrlichkeit bringt Verlässlichkeit. Vertrauen und Ehrlichkeit bieten zudem die große Chance, keine Rolle spielen zu müssen, wie oft im Leben außerhalb der Familie, sondern so sein zu können, wie man ist.

Und damit bin ich schon beim Respekt oder der Achtung voreinander. Denn einander respektieren heißt, den Partner, die Partnerin so zu nehmen, wie er beziehungsweise sie ist, mitsamt allen Stärken und allen Schwächen, als eigenständige Person. In einer guten Ehe akzeptieren beide, dass der oder die andere manchmal anders denkt, etwas anderes anstrebt oder den Alltag anders regelt als man selbst.

Auch ein Ehepaar besteht aus zwei Individuen. Zwei miteinander verheiratete Menschen werden von ihrer Umwelt oft als Paar gesehen, aber sie bleiben natürlich zwei eigenständige Persönlichkeiten. Beide haben ihre eigenen Meinungen und Angewohnheiten, ihre eigenen Interessen und Ziele.

Die kann und braucht keiner der beiden aufzugeben. Aber beide können und dürfen auch darauf vertrauen, dass beiden viel an ihrem gemeinsamen Weg liegt.

Vertrauen, Ehrlichkeit, Respekt – das mag für einen Hochzeitstag wenig romantisch klingen. Aber Vertrauen, Aufrichtigkeit und Achtung voreinander schaffen und stärken das Zusammengehörigkeitsgefühl. Und dieses Gefühl der Zusammengehörigkeit gibt Rückhalt, Sicherheit und Geborgenheit. Wenn zwei Menschen sich vertrauen und wertschätzen, dann bleibt die Ehe auch in ungewissen Zeiten, auch im Wandel der Jahre etwas, worauf sie sich verlassen können.

Liebes Brautpaar, Sie lassen sich heute trauen. Sie trauen sich und Ihrer Verbindung viel zu. Sie trauen es sich, Ihr Leben gemeinsam zu meistern. Und mit Ihrem Vertrauen zueinander, mit Ihrer Gewissheit zusammenzugehören haben Sie eine gute Basis für diesen Ihren weiteren gemeinsamen Lebensweg.

Um Ihre Ehe jetzt zu schließen, bitte ich Sie, sich von Ihren Plätzen zu erheben.

(Trauformel)

Ich darf Ihnen noch zu Ihrer Trauung gratulieren und wünsche Ihnen viel Glück sowie alles Gute für Ihren gemeinsamen Lebensweg.

2 Die richtige Entscheidung

Redeübersicht

Stimmung	Neutral
Adressaten	Diese Rede wendet sich an ein Brautpaar mittleren Alters, egal mit welchem Personenstand. Es ist eine Standardansprache, die sich sehr gut für dem Standesbeamten unbekannte Brautleute eignet, denen man nicht zu nahe treten will.
Kernaussage	Der Entschluss, die Ehe einzugehen, basiert in erster Linie auf Gefühlen. Das Leben ist geprägt von einer Vielzahl von Entscheidungen.
Kurzinhalt	Das Kernthema dieser Ansprache ist die Entscheidung. Das Paar hat nun den Entschluss gefasst zu heiraten. Egal, ob sie sich lang oder kurz kannten, die Partner haben das Gefühl, den Richtigen bzw. die Richtige gefunden zu haben. Im Eheleben gibt es dann viele Entscheidungen zu treffen, die zum Teil Kompromisse erfordern oder das Nachgeben eines Partners. Wichtige Entscheidungen müssen zusammen getroffen werden, nicht so wichtige kann einer allein treffen, aber immer im Hinblick auf die Partnerschaft.
Redezeit	Ca. 5 Minuten
Besondere Hinweise	Diese Ansprache, die sich an reifere Brautpaare richtet, ist besonders gut für junge Standesbeamte geeignet. In der Regel hat das Brautpaar wohl mehr Lebenserfahrung als der junge Beamte, und es wäre unpassend für ihn, Ratschläge für ein Zusammenleben zu geben. Allgemein gilt: Für Brautleute, die nicht persönlich bekannt sind, fällt es oft leichter, eine Rede ohne viel

Tiefgang vorzutragen. Manchmal lässt sich auch zu den Verlobten „kein Draht finden". In solchen Situationen liegt man am besten, wenn man thematisch an der Oberfläche bleibt.

Ansprache

Sehr geehrte Frau ..., sehr geehrter Herr ..., (werte Trauzeugen) und Gäste,

wir sind heute hier zusammengekommen, um die Ehe von Ihnen, Frau ..., mit Ihnen, Herrn ..., zu schließen. Ich darf Sie alle recht herzlich willkommen heißen im Standesamt von ...

Ich hoffe, Sie hatten eine gute Anfahrt.

Heute ist für alle ein außergewöhnlicher Tag, auch für mich. Eine Eheschließung ist neben den sonstigen Aufgaben, die ich zu erfüllen habe, immer etwas Besonderes, auf das ich mich immer freue. Bis heute ist es für mich noch nicht zu einer x-beliebigen Routineaufgabe geworden, (obwohl ich schon viele Ehen geschlossen habe).

Jede Eheschließung stellt für mich eine neue Situation dar. Es stehen immer wieder andere Hochzeitsgesellschaften vor mir. Jedes Brautpaar bringt seine eigene Geschichte mit. Manche kennen sich schon sehr lange und wollen nach reiflicher Überlegung nun eine Bindung mit Trauschein eingehen. Andere kennen sich nur kurze Zeit, aber auch diese wissen, spüren es, ich habe den richtigen Partner, die richtige Partnerin gefunden. Viele, die vor mir stehen, haben schon einmal zusammengelebt, ihre Partnerschaft getestet. Andere sind schnell entschlossen und die Flitterwochen werden der erste gemeinsame Urlaub sein.

Was aber alle Paare betrifft, ob sie sich nun lang oder kurz kennen, sie haben einen Entschluss gefasst, einen Entschluss, der im wesentlichen auf Gefühlen basiert. Der Verstand allein kann nicht entscheiden, ob man einen bestimmten Partner stets an seiner Seite haben will. Die Sympathie, die Zuneigung, ja die Liebe entscheidet in erster Linie darüber. So wird das Thema zu einer Herzensentscheidung.

Sie begründen sogleich eine Lebensgemeinschaft. Das bedeutet auch, dass Sie in Zukunft viele Entscheidungen gemeinsam treffen werden. Die richtige Abwägung im Alltag zu treffen, heißt auch auf die Bedürfnisse des anderen

Rücksicht zu nehmen und manchmal seine eigenen Interessen hintenanzustellen.

In einer guten Partnerschaft wird es ein Wechselspiel sein, mal gibt der eine nach, mal der andere, oder man trifft sich in der Mitte, schließt einen Kompromiss, dem beide gleichermaßen zustimmen können.

Ich möchte heute keine 1.000 Eheratschläge geben, das steht mir in meiner Funktion als Standesbeamter auch gar nicht zu (und ich wäre zudem nicht in der Lage, sie mit der nötigen Überzeugungskraft vorzutragen). Doch ich wünsche Ihnen, dass es Ihnen in Ihrer Ehe immer gelingen möge, die richtigen Entscheidungen zu treffen. Große Entscheidungen, Ihre gemeinsamen Zukunftspläne, werden Sie zusammen treffen. Manche weniger bedeutenden mag manchmal auch einer alleine treffen. Doch dies geht nur gut mit einem Auge auf die Partnerschaft.

Möge Ihre Zuneigung zueinander bei jeder Entscheidungsfindung großes Gewicht haben.

Sie sind sich gewiss, ich habe den richtigen Partner fürs Leben gefunden, mit dem Sie gerne alt werden wollen. Sie schlagen damit einen gemeinsamen Weg ein, der manche Weggabelung hat, an der Sie vor der Frage stehen, welche Richtung Ihr Leben nehmen soll.

Ich wünsche Ihnen stets eine glückliche Hand, die richtigen Entscheidungen zu treffen, sodass Sie im Alter auf ein erfülltes gemeinsames Leben zurückblicken können. Ihren Entschluss, heute die Ehe einzugehen, bringen Sie auch mit Ihren Eheringen zum Ausdruck, die Sie sich gleich gegenseitig anstecken können …

(Trauformel)

3 Hochzeit im Herbst des Lebens

Redeübersicht

Stimmung	Feierlich
Adressaten	Trauung zweier sehr alter Ehepartner, die beide im Altersheim sind
Kernaussage	Wenn sich zwei Menschen lieben, spielt die Anzahl an gelebten Jahren keine Rolle.
Kurzinhalt	Bei einer Ehe zwischen zwei älteren Menschen lässt sich genauso in die Zukunft blicken wie bei jeder anderen Verbindung. Dank der abgesicherten Existenz und des Wegfalls vieler alltäglicher Pflichten haben die Ehepartner zudem deutlich mehr Zeit füreinander.
Redezeit	Ca. 6 Minuten

Ansprache

Sehr geehrte Damen und Herren, liebe Hochzeitsgäste, liebes Brautpaar,
die US-amerikanische Dichterin Emily Dickinson sagte einmal:
Wir werden nicht jeden Tag älter, sondern jeden Tag neu.

Gewiss: das mag ein wenig feierlich klingen, doch finde ich, dass die Dichterin im Großen und Ganzen recht hat. Sie beide sind der lebendige Beweis für die im Zitat aufgestellte These. Wären Sie lediglich älter oder sogar alt geworden, hätten Sie sich vermutlich nicht noch zu einem Schritt wie dem heutigen entschieden.

Der Wille zu etwas Neuem, zur Erneuerung ist es, der uns jung erhält und mit dem wir dem Alter trotzen. Mit einer Ehe betreten wir immer wieder Neuland und lassen uns auf die Welt des anderen ein. Es ist im besten Sinne des Wortes der Start in eine Entdeckungsreise, bei der die Ziele der Reise vorerst unbekannt sind. Die Anzahl der gelebten Jahre spielt dabei keine Rolle und ändert nichts am Glanz in Ihrer beider Augen und der spürbar frischen Liebe zueinander.

Was bedeutet Alter überhaupt? Keine Sorge: ich möchte an dieser Stelle nicht mit gelehrten Thesen aufwarten und die Beantwortung der Frage offenlassen. Sie beide strafen sowieso alle gängigen Vorurteile und Zuschreibungen in positiver Weise Lügen. Da ist zum Beispiel die weitverbreitete Vermutung, dass Menschen ab einem bestimmten Alter nur noch in die Vergangenheit blicken. Gewiss, bei einer Goldenen, einer Diamantenen oder gar der sogenannten „Gnadenhochzeit" wird dies womöglich der Fall sein. In Ihrem Fall werden aber die Gegenwart und die Zukunft gefeiert.

Dass Sie dabei Ihre Lebenserfahrung in die gemeinsame Ehe einbringen, darf getrost als Vorteil und Garant für ein gelingendes Zusammenleben angesehen werden. Doch aufgepasst: Erfahrung bedeutet keineswegs, dass man den anderen nicht noch überraschen kann. Auch wenn Sie beide wohlmöglich im Herbst Ihres Lebens angekommen sind, fehlt es nicht an Frische und Ideen, um das gemeinsame Leben spannend und interessant zu machen.

Ein chinesisches Sprichwort sagt:

„Fürchte dich nicht vor dem langsamen Vorwärtsgehen, fürchte dich nur vor dem Stehenbleiben."

Die Langsamkeit, liebes Brautpaar, mag Ihren Lebensumständen geschuldet sein. Doch bringt das Leben unter Gleichaltrigen auch ein hohes Maß an Gelassenheit und viel Zeit füreinander mit sich. Den teilweise lästigen Pflichten des Alltags sind Sie beide enthoben, und auch Ihre materielle Existenz ist gesichert.

Damit fallen schon einmal zwei der häufigsten Streitpunkte in jüngeren Ehen weg.

Darüber hinaus können Sie sicher sein, dass Sie Ihr „Ja-Wort" weder übereilt noch unüberlegt gegeben haben. Schließlich hatten Sie genügend Zeit, einander kennen- und lieben zu lernen und zeigen sich mit dem heutigen Schritt nur konsequent. Sich Zeit füreinander zu nehmen, das ist überhaupt einer der zentralen Pfeiler einer Ehe und daran mangelt es Ihnen beiden wahrlich nicht.

Ihre Angehörigen werden sich vielleicht gewundert haben, dass noch einmal zwei Familien zusammenwachsen. Doch wenn ich hier und heute in die Runde blicke, sehe ich vor allem Zuspruch und Freude über Ihren Entschluss.

Ihre Ehe bringt auch mit sich, dass sich Ihre Kinder, Verwandten und Freunde untereinander kennenlernen. Sie führt dazu, dass Familienfeiern wieder mit Leben gefüllt werden und viel Raum für interessante Gespräche bieten. Und wer weiß: Vielleicht ergeben sich aus dem heutigen Tag ja auch neue Freundschaften zwischen zuvor unbekannten Menschen.

Für die Zukunft wünsche ich Ihnen alles nur erdenklich Gute und noch viele unbeschwerte Tage. Genießen Sie, dass Sie sich gefunden haben.

Ich bitte Sie nun alle, sich für die bevorstehende Trauzeremonie zu erheben.

4 Die Suche nach dem passenden Gegenstück

Redeübersicht

Stimmung	Feierlich
Adressaten	Dies ist eine kurze Standardansprache für dem Standesbeamten unbekannte, eher zurückhaltend wirkende Brautpaare mittleren Alters.
Kernaussage	Gegenseitiges Sich-Annehmen, Verständnis füreinander und gemeinsames Erleben in der Ehe
Kurzinhalt	Jeder Mensch sucht für sich und sein Leben das passende Gegenstück, d.h. jemanden, der ihn mit seiner Persönlichkeit und seinen künftigen Erlebnissen und Entwicklungen annimmt und unterstützt und dem er im Gegenzug dasselbe Interesse und dieselbe Unterstützung gewährt. Dieser Austausch ist für beide eine Bereicherung.
Redezeit	Ca. 4 Minuten

Ansprache

Sehr geehrtes Brautpaar, werte (Trauzeugen und) Gäste,

ich darf Sie recht herzlich zu Ihrer Eheschließung begrüßen. Sie, Frau ..., und Sie, Herr ... haben die Absicht, die Ehe miteinander einzugehen, und ich habe die Aufgabe, öffentlich festzustellen und zu beurkunden, dass Sie mit dem Jawort heute rechtlich verbundene Eheleute sind.

Es ist mir eine echte Freude, Sie beide so glücklich vor mir zu sehen, um Ihre Ehe zu schließen.

Jeder Mensch ist auf der Suche nach dem passenden Gegenstück, einem Partner, der einen als ganze Persönlichkeit annimmt, der viele Bilder von einem sieht, und nicht nur eine Momentaufnahme, der die Entwicklung des Partners nachvollzieht, der einen unterstützt und reifen lässt, Zuneigung, aber auch Achtung, entgegenbringt.

Heute sind Sie glücklich am Ende Ihrer Suche, stehen aber auch am Anfang einer großen Herausforderung.

Das Leben ist ein Prozess ständiger Entwicklung. Jeder Tag prägt uns auf irgendeine Weise neu. Wir machen Erfahrungen, sind eingebunden in ein Netz von Beziehungen verschiedenster Art. Der Beziehung zum Partner kommt dabei eine große Bedeutung zu. Und nicht, weil Sie viel Zeit miteinander verbringen, sondern auch, weil sich zwischen Ihnen beiden enge Vertrautheit entwickelt hat. Bestimmt haben Sie sich einen Teil Ihrer Lebensgeschichte gegenseitig erzählt. Verständnis für das Wesen des anderen ist daraus erwachsen, tiefe Zuneigung hat sich mit der Zeit entwickelt, die zum Entschluss führte, den Bund fürs Leben zu schließen.

Ich fand kürzlich einen Spruch in einem Kalender:

Wer allein reist, bringt sich um das Schönste, was uns Reisen schenken können: Das: „Weißt Du noch?"

Eben die Möglichkeit, sich Jahre später zurückzuerinnern und den anderen anzustupfen und zu fragen: „Weißt Du noch?"

Unser Leben ist ja wie eine große Reise und die Eheschließung – weil ihr eine weitreichende Entscheidung zugrunde liegt – ist wie ein Meilenstein auf Ihrem gemeinsamen Lebensweg. Vielleicht werden Sie sich ja manches Mal an heute zurückerinnern und zu Ihrem Partner sagen: „Weißt Du noch, wie das damals war im Standesamt?"

Ihre gemeinsame Reise durchs Eheleben beginnt nun heute und ich möchte Ihnen an dieser Stelle das Quäntchen Glück wünschen, das neben dem eigenen Dazutun in einer Partnerschaft nie fehlen darf …

(Trauformel)

5 Liebe ist wie ein Garten

Redeübersicht

Stimmung	Heiter
Adressaten	Brautpaare, die Sinn für die Natur oder das Gärtnern haben
Kernaussage	Wie ein Garten brauchen auch Liebe und Ehe Pflege.
Kurzinhalt	Eine gute Partnerschaft lässt sich mit einem blühenden Garten vergleichen. Wie ein schöner Garten braucht auch die Liebe Pflege, ein Sich-umeinander-Bemühen, den gemeinsamen Einsatz für gemeinsame Ziele. Wie ein Garten verändert sich auch die Beziehung von Jahr zu Jahr. Alte Pflanzen tauchen nicht mehr auf, dafür kommen neue hinzu. Gerade für eine Beziehung ist es wichtig, immer mal neue Akzente zu setzen, um der Liebe neue Impulse zu geben. So ein Neuanfang ist der Umzug in ein neues Zuhause, aber auch der Entschluss zu heiraten.
Redezeit	Ca. 7 Minuten

Ansprache

Liebe Frau …, lieber Herr …, sehr geehrte Gäste, ich freue mich, dass ich Sie heute hier begrüßen und Ihre standesamtliche Trauung vollziehen darf.

Eine Trauung ist für das Brautpaar stets mit Vorfreude und Spannung, aber auch mit genauer Planung verbunden. Sie fordert die ganze Aufmerksamkeit. Und ein Teil dieser Aufmerksamkeit gilt stets der Auswahl des Brautstraußes. Denn etwas Grünes oder Blühendes soll an diesem schönen Tag doch dabei sein.

Ich erwähne das, weil ich Ihnen ein paar Worte aus einer schönen Geschichte von Ruth Rau zitieren möchte, in der die Autorin eine gute Partnerschaft mit einem blühenden Garten vergleicht.

Ruth Rau stellt zunächst fest, dass man mit einem Garten immer wieder Überraschungen erlebt. Jedes Jahr sieht er etwas anders aus: Einige Pflanzen tauchen nicht mehr auf, dafür treten neue hinzu, alles wächst, in die Höhe, in die Breite oder in die Tiefe. Und so ähnlich läuft es auch in einer Beziehung: Auch sie verändert sich von Jahr zu Jahr; sie wächst und gedeiht, wenn wir uns um sie bemühen.

Und was für eine Beziehung gilt, das gilt natürlich auch für die Liebe. Bei Ruth Rau heißt es deshalb:

Liebe ist wie ein Garten … wir entscheiden, was darin wachsen und gedeihen soll. Die schönsten Blüten – vergleichbar vertrauten Gesprächen oder innigen Stunden zu zweit – sind verletzlich … Wir müssen immer wieder Raum schaffen für sie.

Genau wie ein Garten Pflege braucht, meint die Autorin, so brauchen auch Liebe und Ehe Pflege. Denn Liebe und Ehe sind das, was wir daraus machen.

Sie erhalten die notwendige Nahrung, indem sich die Eheleute Zeit füreinander nehmen. Indem sie ihren Gefühlen Raum schaffen, damit diese im Alltag mit seiner Hektik und seinen vielen Verpflichtungen ihren Platz behalten. Wenn es Frust oder Missverständnisse gibt, können klärende Gespräche die Atmosphäre reinigen. Selbst das Gewitter eines Streits kann die Luft wieder frisch und klar machen.

Pflege im Garten bedeutet darüber hinaus, immer von neuem zu säen und zu pflanzen. Auch eine Beziehung braucht eine intensive Bemühung. Der gemeinsame Einsatz für etwas, das beiden wichtig ist, erhält eine Partnerschaft lebendig. Sie werden staunen, was sie im Laufe der Jahre alles hervorbringt.

Vergessen Sie auch nicht, den Partner beziehungsweise die Partnerin immer wieder mit kleinen Gesten der Zuneigung zu überraschen. All das lässt Ihre Beziehung zu einer harmonischen, festen Partnerschaft wachsen.

Manchmal muss man einen Garten auch mit neuen Pflanzen, mit neuen Wachstums- und Blütenformen anreichern, um ihn neu zu beleben. Man muss auf bisherige – vielleicht schon zur Gewohnheit gewordene – Pflanzen verzichten und neue säen. Bei manchen Pflanzenarten ist das sogar für einen guten, gesunden Boden notwendig. Und auch in einer Beziehung tut es gut, miteinander etwas ganz Neues zu erleben.

Für jede Partnerschaft ist es wichtig, neue Akzente zu setzen, um das Zusammenleben interessant und abwechslungsreich zu gestalten. Manchmal sollten beide von alten Gewohnheiten abweichen, um etwas anderes kennen zu lernen, womit sie der Beziehung neue Impulse geben können. Ein Neuanfang erscheint einem manchmal riskant, doch bringt es stets viel, neue Wege zu gehen, sich immer wieder auf etwas Neues einzulassen.

Einen solchen Schritt tun Sie auch heute. Denn heute erhält Ihre Partnerschaft einen neuen Rahmen: Sie haben sich entschieden zu heiraten.

Ich wünsche Ihnen von Herzen, dass Sie in Ihrer Partnerschaft immer wieder viele neue Blüten und Farbtupfer entdecken werden.

Damit möchte ich zum wesentlichen Teil der Trauung kommen und darf Sie bitten, sich von Ihren Plätzen zu erheben …

(Trauformel)

6 Ehe als Begegnung

Redeübersicht

Stimmung	Heiter
Adressaten	Brautpaare mittleren, auch jüngeren Alters, die Wert auf gegenseitigen Austausch legen
Kernaussage	Die Ehe gibt die Form menschlicher Nähe, die wir brauchen.
Kurzinhalt	Vieles in unserem Leben hat sich in den letzten Jahrzehnten stark gewandelt, doch die Ehe ist geblieben. Denn sie hat den Menschen viel zu geben. In der Ehe sind die menschliche Nähe, die Begegnung von Mensch zu Mensch zu finden, die die Menschen brauchen, um sich nicht einsam und unausgefüllt zu fühlen, um glücklich zu sein. Mit dem Jawort bekräftigen zwei Menschen, dass sie sich verstehen und zueinander halten, dass sie miteinander durch dick und dünn gehen wollen. Und auch wenn es mal nicht so gut läuft, können sie durch das Gespräch, durch eine neue Begegnung wieder zueinander finden.
Redezeit	Ca. 6 Minuten

Ansprache

Ich freue mich, Sie alle hier im Standesamt von … zur Trauung von Ihnen, Frau … und Herr …, begrüßen zu dürfen. Denn auch für mich als Standesbeamter (Standesbeamtin) ist es immer ein schöner Moment, ein Paar auf dem Weg in die Ehe begleiten zu dürfen.

Vieles in unserem Leben hat sich in den letzten Jahrzehnten stark gewandelt, doch der Tag der Eheschließung ist immer noch ein besonderer Tag im Leben eines Paares. Und viele frisch Vermählte begehen ihn nach wie vor oder wieder mit einer schönen Feier.

Wie gesagt, wir leben in Zeiten, in denen sich alles rasch verändert. Was jedoch geblieben ist, das ist die Ehe. Sicher, auch hier hat es Veränderungen gegeben, beispielsweise was das Heiratsalter oder die Aufgabenverteilung zwischen Mann und Frau angeht. Doch nach wie vor geben sich zwei Menschen, die sich füreinander entschieden haben, das Jawort. Das eheliche Zusammenleben ist für die Menschen also nach wie vor erstrebenswert.

Denn die Ehe hat den Menschen viel zu bieten. Sie gibt die menschliche Nähe, die wir für unser Wohlbefinden brauchen.

Menschen sind soziale Wesen, sie sind auf Begegnungen von Mensch zu Mensch angewiesen. Der Philosoph Martin Buber meinte sogar einmal:

Alles wirkliche Leben ist Begegnung.

Wir haben mehr vom Leben, wenn wir eine enge Beziehung zu einem anderen Menschen aufnehmen. Sind wir allein beziehungsweise vereinsamt, dann fehlt uns etwas, dann empfinden wir eine Leere in unserem Leben. Um wirklich glücklich zu sein, brauchen wir andere Menschen.

Wir brauchen einen Menschen, der uns zuhört und uns versteht, der unsere Sorgen und unsere Freuden mit uns teilt. Und wo könnten wir ihn besser finden als in dem Menschen, den wir mögen und mit dem wir uns ein gemeinsames Leben vorstellen können?

Mit dem Jawort bekräftigen zwei Menschen, dass sie sich sehr nah gekommen sind und dass sie sich diese Nähe, die Wärme und das Verständnis erhalten wollen, die sie beim jeweils anderen gefunden haben. Mit dem Jawort bekräftigen zwei Menschen, sich ein gemeinsames Leben aufbauen und ihr Leben miteinander teilen zu wollen.

Denn in der Begegnung mit dem anderen haben sie das gefunden, was sie suchen. Sie haben den Lebensgefährten beziehungsweise die Lebensgefährtin entdeckt, die sie versteht und die zu ihnen hält; sie haben einen Menschen getroffen, mit dem sie lachen und etwas Schönes unternehmen können; sie sind dem Menschen begegnet, der mit ihnen durch dick und dünn geht.

Das gemeinsame Leben gibt beiden Rückhalt für die Kälte der Welt draußen; denn der andere hat Verständnis für einen und kann einen aufbauen, wenn es mal nicht so gut läuft. In der Ehe können sich beide über alles austauschen, was sie beschäftigt und bewegt, vom kleinen Alltagskram bis zu hoch fliegenden Plänen und Hoffnungen. Hier braucht niemand dem anderen etwas vorzuspielen, vielmehr können beide offen reden und einander vertrauen.

Klar, immer funktioniert es nicht so ganz mit dem gegenseitigen Verständnis oder der gemeinsamen Lebensplanung. Manchmal gibt es Missverständnisse oder Auseinandersetzungen; manchmal geht man sich auch auf die Nerven. Doch auch dann oder gerade dann kommt es auf die Begegnung von Mensch zu Mensch an. Darauf, miteinander zu reden und sich um ein neues Verständnis füreinander zu bemühen und zu Kompromissen bereit zu sein. Darauf, auf die Bindung, die zwischen den Eheleuten entstanden ist, zu vertrauen und weiter am Haus des gemeinsamen Lebens zu bauen.

Denn beide wissen ja, was sie aneinander haben und dass sie im Zusammenleben ihr Glück finden können.

Nicht von ungefähr heißt es ja, dass menschliche Nähe, die Nähe, die eine Ehe bietet, das beste Rezept dafür ist, gesund zu bleiben und lange zu leben.

In diesem Sinne wünsche ich Ihnen, liebes Brautpaar, eine lange und glückliche Ehe.

Und damit komme ich zur eigentlichen Trauungszeremonie und bitte Sie, mit mir aufzustehen …

(Trauformel)

7 Sandkastenliebe

Redeübersicht

Stimmung	Romantisch
Adressaten	Paare, die sich schon als Kinder oder Jugendliche gut kannten, dann aus den Augen verloren und später bei einer Wiederbegegnung zueinander fanden
Kernaussage	Freundschaft in Kindheit oder Jugend bildet den Grundstein für die spätere Liebe.
Kurzinhalt	Zwei Menschen, die sich schon in der Kindheit oder Jugend gut verstanden haben, besitzen viele Grundlagen für eine glückliche Beziehung.
Redezeit	Ca. 5 Minuten

Ansprache

Ich begrüße Sie alle recht herzlich in den Räumen des Standesamts.

Als Sie beide, liebes Brautpaar, vor kurzem hier waren, um die Formalitäten für Ihre Eheschließung zu besprechen, haben Sie mir erzählt, dass Sie beide sich schon lange kennen.

Sie haben sozusagen bereits im Sandkasten miteinander gespielt und sind als Kinder zusammen durch dick und dünn gegangen. Sicher dachten Sie damals, das würde das ganze Leben so bleiben. Schließlich sind Kinderfreundschaften sehr intensiv. Aber wie das Leben so spielt – trotz aller Nähe haben Sie sich in späteren Jahren aus den Augen verloren. Ausbildung und Beruf haben Sie in neue, voneinander getrennte Lebensumfelder geführt.

Aber wie der Zufall so spielt – eines Tages standen Sie sich plötzlich wieder gegenüber. Nach ersten Fragen, wie es so geht, was man macht und in den letzten Jahren erlebt hat, kamen sogleich die Erinnerungen: Weißt du noch, damals ...? Und die gemeinsamen Erinnerungen riefen die alte Vertrautheit wieder hervor. Und die alten Gefühle – oder vielmehr neue Gefühle, intensivere, mit anderen Wünschen verbundene. So dass aus dem Vorsatz, sich nicht wieder aus den Augen zu verlieren, der Wunsch wurde, sich immer vor Augen zu haben.

Sie haben gemeinsame Erinnerungen, die bis in Ihre Kindheit zurückreichen. Sie haben in Ihren frühen Lebensjahren, die für das weitere Leben prägend sind, gemeinsame oder ähnliche Erfahrungen gemacht. Sie wissen deshalb viel voneinander und haben von daher vielleicht mehr Verständnis füreinander als Paare, die sich erst später kennen lernen und denen manche Hintergrundinformation fehlt.

Sie haben das Gefühl, dass Sie etwas verbindet, was für Ihr ganzes weiteres Leben reichen wird. Sie knüpfen an eine Freundschaft aus Kindertagen an, die Sie nie ganz vergessen haben.

Als Sie sich wiedertrafen, waren Sie deshalb bald wieder vertraut miteinander. Doch Sie waren sich auch etwas fremd und haben sich mit ganz anderen Augen gesehen als früher. Denn Sie beide haben sich in all den Jahren verändert, nicht nur äußerlich. Sie sind, seit Ihre Kinderfreundschaft im Sande verlief, in jeder Beziehung gewachsen. Sie haben eine Menge vom Leben gelernt, auch einige bittere Erfahrungen gemacht. Sie haben also beim Wiedersehen eine vertraute Person gefunden, die zugleich eine fremde war. Diesen Menschen mussten Sie neu kennen lernen. Und das hat bei Ihnen beiden auch neue Empfindungen geweckt.

Sicher hatten Sie sich nie ganz vergessen, sonst hätten Sie sich nicht so schnell und so intensiv wieder aufeinander eingelassen. Sie konnten an alte Gefühle anknüpfen, die neue Nahrung erhielten. Und mittlerweile wissen Sie auch, was Sie vom Leben wollen oder wen Sie suchen.

Damals konnte von Heirat noch keine Rede sein. Aber jetzt ist der Zeitpunkt gekommen. Sie haben sich wieder gefunden und wollen sich nicht noch einmal verlieren. Und deshalb wollen Sie heute auch ganz offiziell „Ja" zueinander sagen.

Darum darf ich Sie jetzt bitten, mit mir aufzustehen …

(Trauformel)

Ich wünsche Ihnen für Ihren gemeinsamen Weg alles Gute.

8 Liebe ohne Grenzen

Redeübersicht

Stimmung	Romantisch
Adressaten	Brautpaare mit Sinn für Romantik und Philosophie
Kernaussage	Die wahre Heimat, die wir uns selbst schaffen können, ist das Zusammensein mit geliebten Menschen.
Kurzinhalt	Unterschiedliche Herkunft ist kein Hinderungsgrund für eine Ehe. Im Gegenteil: Eine solche Partnerschaft beweist, dass Liebe alles Trennende überwinden kann.
Redezeit	Ca. 5 Minuten

Ansprache

Verehrtes Brautpaar, sehr geehrte Verwandte und Freunde,

herzlich willkommen in …!

Liebe/-r …, liebe/-r …! Als … freue ich mich ganz besonders, dass Sie beide heute hier Ja zueinander sagen wollen! Denn so verschieden Ihre Lebenswege bisher zum Teil waren, ab heute wird daraus ein gemeinsamer Weg. Und den weist Ihnen das Wichtigste, was Menschen einander zu geben haben – die Liebe!

Nicht die Kennzahlen in unseren Pässen bestimmen, wer wir sind. Wovon wir träumen, wonach wir uns sehnen, was wir werden wollen – das macht aus, was wir wirklich sein können. Und wie viel schöner ist es, dieser Bestimmung zu folgen, wenn wir das in selbst gewählter Gemeinschaft tun können!

Ich kenne keinen besseren Ausdruck solcher Art von Verbundenheit als folgendes Zitat aus dem Roman-Welterfolg „Der englische Patient" des kanadischen Autors Michael Ondaatje (Aussprache: Meikäl Ondatschi). Darin notiert die große Liebe des Helden in ihr Tagebuch:

„Wir sind die wahren Länder, nicht die Grenzen auf den Karten, mit den Namen mächtiger Männer. Ich weiß Du wirst kommen und mich hinaustragen in den Palast der Winde. Mehr habe ich mir nicht gewünscht als mit Dir an einem solchen Ort herumzulaufen, mit Freunden, auf einer Erde ohne Landkarten."

Diesem Gedanken folgend möchte ich sagen: Sie, wie Sie hier vor mir sitzen, „sind die wahren Länder". Und auch wenn eine „Erde ohne Landkarten" vielleicht für immer ein unerreichbarer Traum bleiben wird, so verweist doch die konkrete Tatsache, dass die Liebe von zwei Menschen Grenzen überwinden kann, auf eine bessere Zukunft.

Natürlich folgt eine Ehe nicht immer nur romantischen Idealen. Verschiedene Traditionen, (wenn der Fall: Sprachen) und Sichtweisen können nicht einfach zur Kenntnis genommen und im Weiteren übergangen werden. Im Gegenteil: Die mit dem Jawort versprochene Gemeinsamkeit verpflichtet dazu, sich besonders intensiv darüber auszutauschen, was der Partner tatsächlich denkt und fühlt.

Je mehr Sie sich dieser Herausforderung stellen, desto spannender und intensiver wird Ihre Reise durchs Leben werden.

Dass Sie beide sich für diese Reise bereit fühlen, das bringen Sie heute zum Ausdruck. Und bei Ihnen sind die Menschen, die Sie auf dem Weg begleiten werden. An Sie (die Trauzeugen, Familienmitglieder, Freunde) darf ich mich heute mit einer besonderen Bitte wenden: Tragen Sie, wann immer es Ihrer Unterstützung bedarf, zum Gelingen dieser Partnerschaft bei! Helfen Sie diesen beiden stets, das Trennende zu überwinden und das Verbindende zu finden – und Sie werden sehen, dass das Glück der Brautleute auf Sie zurückstrahlt.

Bitte erheben Sie sich nun alle von den Plätzen, um die Trauung zu vollziehen!

(Trauformel)

Ich wünsche Ihnen von Herzen, dass Sie aneinander und miteinander viel Wunderbares entdecken dürfen!

9 Besser spät als nie!

Redeübersicht

Stimmung	Romantisch
Adressaten	Reiferes Brautpaar, das sich schon sehr lange kennt, aber jetzt erst zueinandergefunden hat.
Kernaussage	Lange Freundschaft ist eine tragfähige Basis für eine verlässliche und vertrauensvolle Partnerschaft.
Kurzinhalt	Über viele Jahre erwuchs aus Freundschaft Liebe. Nun können zwei Menschen, die sich bestens kennen, gemeinsam den weiteren Lebensweg beschreiten.
Redezeit	Ca. 6 Minuten

Ansprache

Liebe Hochzeitsgäste, liebe Freunde und Verwandte,

liebes Brautpaar,

kaum (Anzahl der Jahre seit der ersten Begegnung einsetzen) Jahre kennen Sie sich – und schon wagen Sie den Schritt zur Trauung! Respekt!

Und dieser Respekt ist völlig ernst gemeint, denn Sie haben die wichtigste Entscheidung, die zwei Menschen gemeinsam treffen können, wirklich reiflich erwogen und einander für gut befunden. Nicht Hals über Kopf kam Ihre Liebe, sie wuchs und gedieh über Jahre; sie reifte wie guter Wein, sorgsam gehegt und gepflegt, um schließlich ihre ganze Fülle zu offenbaren.

Am heutigen Tag feiern wir diese Liebe – gewiss ein guter Augenblick, um die Stationen Ihres Kennen- und Liebenlernens Revue passieren zu lassen: Wie verlief Ihre erste Begegnung? Welche Erlebnisse haben Sie als Bekannte, als Freunde geteilt? Und wann wurde Ihnen bewusst, dass Sie noch Größeres und Tieferes verbindet?

Vielleicht finden sich ja unter Ihren heutigen Gästen Vertraute, die verschmitzt lächelnd sagen können: „Ich hab's schon immer gewusst!" – vielleicht sogar schon, ehe Sie selbst festgestellt haben, dass Sie einander das schönste Geschenk sein können, das dieses Leben bereithält!

Der unschätzbare Vorteil Ihrer Verbindung ist dabei, dass Sie genau wissen, wie sehr Sie sich aufeinander verlassen können. Sie wissen, dass Sie gemeinsam für gute wie für schwere Tage gewappnet sind. So können Sie das Glück, das Sie nach langer Suche nunmehr miteinander gefunden haben, wahrhaft ermessen und Tag für Tag genießen.

Sie wissen, auf wen Sie sich einlassen, wenn Sie sich aufeinander einlassen, ganz gemäß dem Filmzitat aus der unsterblichen Hollywood-Komödie „Manche mögen's heiß":

„Es kommt nicht darauf an, wie lange man wartet, sondern auf wen."

Mit dem heutigen Tag, dem Tag Ihrer Eheschließung, hat das Warten ein Ende. Die künftigen Herausforderungen werden Sie für sich und vor aller Welt als Paar bestehen – als ein Duo, das Zeit hatte, sich bestens einzuspielen, und alle Vorzüge des Partners kennt.

Vertrauen und Verlässlichkeit – Werte, die sich andere Neuvermählte möglicherweise erst erarbeiten müssen – sind bei Ihnen bereits als solides Fundament vorhanden, auf das sich für die Ziele Ihrer gemeinsamen Zukunft aufbauen lässt.

Aber – auch das wissen wir aus dem Film „Manche mögen's heiß":

„Nobody is perfect – niemand ist vollkommen."

Denken Sie daran, wenn Sie beim Partner etwas als selbstverständlich voraussetzen, weil Sie ihn ja schon so lange kennen. Wenn die Eheschließung dazu führt, dass Sie aneinander neue Seiten und Sichtweisen entdecken, akzeptieren Sie das als Teil der spannenden Lebensreise, die Sie ab dem heutigen Tage ganz offiziell gemeinsam unternehmen. Dann bin ich mir sicher, dass Sie im Zusammenleben Ihre ideale Mischung aus Verlässlichkeit und Neugier finden werden!

Bitte erheben Sie sich, den nun ist die Zeit des Wartens zu Ende und der Augenblick für Ihre Trauzeremonie gekommen!

(Trauformel)

Ich wünsche Ihnen nun, endlich vereint, von Herzen eine glückliche Zukunft als Mann und Frau!

(bzw. Mann und Mann oder Frau und Frau)

10 Liebe kennt kein Alter

Redeübersicht

Stimmung	Nachdenklich
Adressaten	Eheleute, die sich in fortgeschrittenem Alter das Jawort geben
Kernaussage	Viel Lebenserfahrung kann einer gelingenden Ehe förderlich sein.
Kurzinhalt	Menschen sind zu einem großen Teil die Summe ihrer Erfahrungen. Mit viel Lebenserfahrung wächst das gegenseitige Verständnis und das Fundament einer Ehe wird noch breiter und tragfähiger. Es ist allerdings niemals so, dass man nicht noch positive Überraschungen erleben und neue Erfahrungen machen kann. Wichtig ist hierfür der Erhalt der Neugier und eines wachen Geists.
Redezeit	Ca. 8 Minuten

Ansprache

Sehr geehrte Damen und Herren, liebe Hochzeitsgemeinde,

liebes Brautpaar,

die Zeiten, in denen zwei Menschen in meist jugendlichem Alter und teilweise vielleicht ein wenig blauäugig eine Ehe eingingen, sind lange vorbei. Wirft man einen Blick auf Statistiken, so zeigt sich, dass das Hochzeitsalter von Jahr zu Jahr steigt und mittlerweile 34,6 Jahre bei Männern und 32,1 Jahre bei Frauen erreicht hat. Der Trend mag auch damit zu tun haben, dass die Menschen in jungen Jahren lieber in ungebundener Weise Erfahrungen sammeln und erst mit einer gewissen Reife den Schritt in eine Ehe wagen.

Natürlich ließe sich über die Aussagekraft von Zahlen streiten, alldieweil es in der Liebe und einer Partnerschaft nicht auf die Lebensjahre, sondern auf gegenseitige Zuneigung ankommt. Es ist allerdings auch so, dass eine Eheschließung mit viel Lebenserfahrung verschiedene Vorteile mit sich bringt und dafür sorgt, dass man das Zusammenleben und den Umgang mit den eigenen Schwächen und denen des Gegenübers bereits eingeübt hat. Sie beide kennen sich nun schon eine ganze Weile und können aus einer Position der Freiheit heraus einschätzen, dass das Zusammenleben und das Jawort genau die richtigen Entscheidungen sind.

Der Dramatiker Eugène Ionesco sagte einmal:

„Wir glauben, Erfahrungen zu machen, aber die Erfahrungen machen uns."

Der Satz mag auf den ersten Blick trivial erscheinen und doch spricht der Verfasser ein wichtiges Thema an. Ob wir es wollen oder nicht, sorgen Erfahrungen im Leben dafür, dass wir zu den Menschen werden, die wir sind. Sie schreiben sich gleichsam in uns ein und geben uns immer wieder die Möglichkeit, zu wachsen und hinzuzugewinnen. Wohlgemerkt: Es müssen keineswegs nur schlechte Erfahrungen sein, sondern auch die schönen Momente der Vergangenheit prägen einen Menschen und das im Idealfall auch noch stärker als eventuelle Rückschläge.

Erfahrung sorgt auch dafür, dass Sie vor 10, 20 oder gar 30 Jahren möglicherweise nicht in dieser Form zueinandergefunden hätten, geschweige denn bereit gewesen wären, eine Ehe mit all ihrer Verbindlichkeit einzugehen. Die Erfahrungen Ihrer beider Leben haben Sie jedoch gelehrt, den anderen als den Richtigen oder die Richtige zu erkennen und sich füreinander zu entscheiden. Wenn man bedenkt, dass wir immer auch ein Resultat unserer Erfahrungen sind, so ist auch in all den Jahren ohne einander ein sehr stabiles und tragfähiges Fundament für Ihre Ehe entstanden.

Die Grundsteine sind also gelegt und doch bedarf es auch in fortgeschrittenem Alter gemeinsamer Arbeit, um das Gebäude der Ehe zu errichten und zu erhalten. Folgt man dem chinesischen Philosophen Konfuzius, so ist die Erfahrung dabei lediglich

„wie eine Laterne im Rücken; sie beleuchtet stets nur das Stück Weg, das wir bereits hinter uns haben".

Das mag ein wenig ernüchternd klingen, kann aber auch die Neugier aufeinander und auf ein gemeinsames Leben erhöhen. Bei allem Erwähnen von Reife, Lebenserfahrung und vielleicht sogar Abgeklärtheit geht es bei einer Ehe immer noch um eine Entdeckungsreise und um das gemeinsame Erkunden von bislang unbekanntem Terrain. So erfahren kann man zum Glück gar nicht sein, um nicht immer wieder aufs Neue vom Gegenüber oder vielleicht auch von sich selbst überrascht zu werden. Die Erfahrungen mögen es sein, die einen Menschen ausmachen, doch handelt es sich hierbei um einen Prozess, der zu Lebzeiten niemals endet.

So wünsche ich Ihnen, liebes Brautpaar,

von ganzem Herzen, dass Sie stets neugierig aufeinander bleiben und viele schöne gemeinsame Erfahrungen machen. Sie werden bereits wissen, dass eine Ehe immer auch in den Alltäglichkeiten des gemeinsamen Lebens besteht. Hierin liegt eine kleine Gefahr, denn je älter ein Mensch ist, desto stärker können Gewohnheiten ausgeprägt sein. Haben Sie daher ein wenig Geduld miteinander und verlieren Sie niemals das gegenseitige Verständnis und den Respekt für die Andersartigkeit der Partnerin oder des Partners.

In diesem Sinne wünsche ich Ihnen beiden noch viele erfahrungsreiche gemeinsame Jahre.

(Trauformel)

11 Der Schlüssel zum Anderen

Redeübersicht

Stimmung	Nachdenklich
Adressaten	Brautpaare mittleren Alters, die aufgeschlossen für ein paar Worte über das stetige Aufeinander-Zugehen in der Ehe wirken
Kernaussage	Eheleute brauchen einen Schlüssel füreinander, der es ihnen ermöglicht, sich einander zu öffnen, sich zu verstehen und zu vertrauen und sich gegenseitig neuen Lebensmut zu geben.
Kurzinhalt	Wenn zwei Menschen den Lebensweg gemeinsam gehen wollen, haben sie einen Zugang, einen Schlüssel zueinander gefunden. Er besteht aus Einfühlungsvermögen, Zuneigung und Hilfsbereitschaft. Beide bekommen ihn in die Hand, weil sie einander nah sein wollen, doch im Lauf der Ehe werden sie immer mal wieder nach dem aktuell passenden Schlüssel suchen müssen. Denn beide werden sich auch wieder voreinander verschließen, weil es eine Meinungsverschiedenheit gab oder weil sie anderswo Frustrationen erlebt haben. Doch jedes Aufeinander-Zugehen vertieft das gegenseitige Verständnis und das Vertrauen und macht es beiden leichter, die Höhen und Tiefen des Lebens gemeinsam zu meistern.
Redezeit	Ca. 7 Minuten

Ansprache

Liebes Brautpaar, sehr geehrte Gäste, ich begrüße Sie ganz herzlich hier im ...er Standesamt.

Der Hochzeitstag ist immer ein besonderer Tag im Leben eines Paares, bekräftigen beide doch an diesem Tag ganz offiziell, dass sie ihr Leben miteinander teilen wollen. Auch für mich ist eine Trauung immer noch etwas Besonderes innerhalb meines Tätigkeitsfeldes, und deshalb freue ich mich, Ihnen vor der eigentlichen Eheschließung noch ein paar Worte mit auf den Weg geben zu dürfen.

Der Entschluss, den Lebensweg gemeinsam zu gehen, der Sie beide hierher gebracht hat, setzt voraus, dass zwei Menschen zueinander gefunden haben und gut miteinander auskommen. Sie sind offen zueinander, sie sind aufgeschlossen füreinander, sie haben den Schlüssel zueinander gefunden.

Diese Metapher kommt nicht von ungefähr. Denn Schlüssel spielen in unserem Leben eine wesentliche Rolle. Jeder, der schon einmal seine Schlüssel verlegt hat, weiß das. Schlüssel öffnen uns Wohnungen und Büros, Autos und Schließfächer; sie ermöglichen uns den Zugang zu unseren Zielen. Doch nicht nur Türen sind aufgeschlossen oder verschlossen – auch Menschen sind es. Menschen ziehen sich vor anderen zurück, wenn sie frustriert oder unsicher sind, wenn man ihnen mit Kritik oder Misstrauen begegnet. Und sie öffnen sich, wenn sie sich wohl fühlen, wenn sie Sympathie empfinden und spüren.

Verschlossene Türen kann man notfalls mit Gewalt öffnen, doch der Zugang zu einem anderen Menschen lässt sich nicht erzwingen. Hier hilft nur, den richtigen Schlüssel zu finden. Und so ein Schlüssel besteht daraus, auf den anderen zuzugehen und sich in ihn einzufühlen, er besteht aus Achtung und Wertschätzung sowie aus Geduld und Hilfsbereitschaft.

Wenn zwei Menschen den Schlüssel zueinander gefunden haben, dann werden sie einander verstehen und vertrauen, dann können sie aufeinander eingehen und sich somit auch neue Kraft und neuen Lebensmut geben.

Wenn zwei Menschen sich ineinander verlieben oder füreinander interessieren, dann bekommen sie schnell den Schlüssel zum anderen in die Hand. Denn sie versuchen, dem anderen nah zu sein und viel über ihn zu erfahren. Beide öffnen sich dann gegenüber dem Partner beziehungsweise der Partnerin. Das ist allerdings kein einmaliger Vorgang mit einem endgültigen Ergebnis: dem Generalschlüssel für alle Lebenslagen. Vielmehr wird sich dieser Vorgang im Lauf ihrer Beziehung und ihrer Ehe immer mal wiederholen.

Denn es wird durchaus vorkommen, dass sich mal der eine und mal die andere wieder in sich selbst zurückzieht. Weil beide im Beruf Stress und Frustrationen erleben; weil sie mit einem Problem nicht zurechtkommen; weil sie sich über etwas Sorgen machen, mit dem sie den anderen nicht behelligen wollen. Oder auch weil beide eine Meinungsverschiedenheit haben, weil sie mal nicht miteinander klarkommen.

Dann wird es darum gehen, wieder aufeinander zuzugehen und den jetzt passenden Schlüssel zu entdecken. Doch wenn beide sich mögen und gut kennen, wenn sie schon viele Schlüssel füreinander gefunden haben, werden sie auch ein Gespür dafür haben, was für den anderen und die Beziehung jetzt am besten ist.

Manchmal braucht der andere vielleicht eine Auszeit, um erst mal mit sich selbst ins Reine zu kommen, und wird dann im gegebenen Moment von sich aus wieder aus sich herausgehen. Manchmal wartet er vielleicht darauf, auf sein Problem angesprochen oder aus seinem Versinken in Grübeleien herausgelockt zu werden. Manchmal genügen ein Blick oder eine Geste, die die weiterhin bestehende gegenseitige Sympathie andeuten, um sich auszusprechen.

Welcher Schlüssel auch passen mag, er wird dazu dienen, das Verständnis füreinander und das Vertrauen zueinander zu vertiefen. Der Schlüssel zum anderen schafft die Basis dafür, das Leben miteinander teilen und zusammen das Beste daraus machen zu können. Denn der gemeinsame Weg wird bestimmt auf einige Gipfel führen, aber auch einige Abgründe zu überwinden haben. Und dann tut es gut, sich gegenseitig zu unterstützen und aufzumuntern; dann tut es gut, Verständnis und Rückhalt zu finden; dann tut es gut zu wissen, dass keiner allein dasteht, sondern beiden jemand zur Seite steht. Dies zu erfahren gibt beiden neue Energien und neuen Lebensmut. Und damit lassen sich Hindernisse überwinden, um anschließend die nächste Höhe anzupeilen und zu erklimmen.

Die gemeinsam bewältigten Probleme festigen eine Beziehung genauso wie das gemeinsam erlebte Glück. Diese Erfahrungen werden dann zu den Schlüsselerlebnissen der Ehe. Sie sind die Erfahrungen, an denen sich das gegenseitige Verständnis und Vertrauen festmacht; an ihnen zeigt sich, wie stark die gegenseitige Bindung ist.

Um Ihre Ehe nun zu schließen, bitte ich Sie, sich von den Plätzen zu erheben …

(Trauformel)

Zum Schluss möchte ich Ihnen noch wünschen, dass Sie immer den richtigen Schlüssel füreinander haben.

Der Schlüssel zum Anderen

Ansprachen für Brautpaare mit Kind

1 Gemeinsame Kinder machen stark

Redeübersicht

Stimmung	Neutral
Adressaten	Paare mit gemeinsamen Kindern, die endlich heiraten
Kernaussage	Auch wenn Menschen bereits als Familie zusammenleben, ist die Ehe immer etwas Besonderes.
Kurzinhalt	Wenn eine bestehende Familie mit gemeinsamen Kindern durch den Bund der Ehe besiegelt wird, wächst man noch enger zusammen.
Redezeit	Ca. 6 Minuten

Ansprache

Sehr geehrte Damen und Herren, liebe Hochzeitsgäste, liebe Kinder, doch vor allem: liebe Eheleute,

in den meisten Fällen, in denen zwei Liebende vor mir stehen, geht es um die Gründung einer Familie. Die passenden Worte, die ein Standesbeamter einem frischvermählten Paar mit auf den Weg gibt, betreffen das gegenseitige Kennenlernen und die Problemchen, die im neu gegründeten Haushalt auftreten können.

Bestimmt hat das auch in Ihrem Zusammenleben eine Rolle gespielt und ist zum Teil noch aktuell. Schließlich ist eine Beziehung immer ein Aufeinanderzugehen und gegenseitiges Anpassen. Doch eine Familie sind Sie bereits seit der Geburt Ihrer Kinder. Entsprechend wird sich im täglichen Zusammensein auch durch die heutige Eheschließung und das Besiegeln Ihrer Liebe durch zwei Ringe vermutlich nichts ändern.

Der US-amerikanische Schauspieler Peter Gallagher hat einmal gesagt:

Ehe man eigene Kinder hat, hat man nicht die leiseste Vorstellung davon, welches Ausmaß die eigene Stärke, Liebe oder Erschöpfung annehmen kann.

Ich bin sicher, dass Sie sowohl Ihre Stärke als auch Ihre Liebe Tag für Tag intensiv spüren. Müde oder ermattet wirken Sie am heutigen Tag wahrlich nicht, und vermutlich geben Ihnen Ihre Kinder auch nur wenig Anlass zur zitierten Erschöpfung. Sämtliche Aspekte des familiären Zusammenlebens sind Ihnen längst vertraut, und doch betreten Sie mit der Ehe Neuland. Um dies zu verstehen, sollten wir uns den Begriff „Ehe" einmal genauer anschauen.

Schlägt man im Wörterbuch nach, so stellt sich schnell heraus, dass „Ehe" vom althochdeutschen Wort „ēwa" stammt und so viel wie Recht, Gesetz, aber auch Ewigkeit bedeutet. Recht und Gesetz sind wohlmöglich die praktischen Seiten einer Ehe. Indem Sie sich im Beisein eines Standesbeamten das Ja-Wort geben, erwerben Sie die Berechtigung zur gemeinsamen Namensführung, genießen eine andere steuerliche Behandlung und sind in manchen Situationen in der Lage, für den Ehepartner Entscheidungen zu treffen. Im Grunde genommen bedeutet Ehe unter diesen Gesichtspunkten eine zusätzliche Absicherung, die für Sie allerdings auch schon im tiefen Vertrauen in den Partner beziehungsweise die Partnerin bestanden haben dürfte.

Wie sieht es aber mit der Ewigkeit aus, die ebenfalls eine der alten Bedeutungen von Ehe ist? Früher hat die Trauformel, die ich Ihnen gleich vorlesen werde, den

Satz „bis dass der Tod euch scheidet" enthalten. Und selbst im Bürgerlichen Gesetzbuch wird darauf hingewiesen, dass eine Ehe auf Lebenszeit geschlossen wird. Es hat bestimmt gute Gründe, dass man heute auf diese strenge Formulierung verzichtet – und doch lässt sich an der Tradition ablesen, dass eine Ehe weit mehr ist als ein reines Zusammenleben.

Die österreichische Schriftstellerin Marie von Ebner-Eschenbach sagte einmal:

Soweit die Erde Himmel sein kann, soweit ist sie es in einer glücklichen Ehe.

Sie beide wissen, dass der Himmel nicht immer blau ist und sich gelegentlich die eine oder andere Wolke zeigt. In einer guten Ehe gehören aber Auseinandersetzungen einfach dazu und sorgen meistens dafür, dass man noch enger zusammenwächst.

So wünsche ich Ihnen, dass Ihre familiäre Harmonie durch den heutigen Tag noch stärker und das bereits bestehende Band der Zusammengehörigkeit noch enger geknüpft wird. Ihre Kinder werden sich bestimmt freuen, dass Mama und Papa nun auch Frau und Mann sind und Sie alle mit ein und demselben Namen auftreten.

Ich bitte Sie nun, sich für die bevorstehende Trauformel zu erheben.

2 Patchwork

Redeübersicht

Stimmung	Neutral
Adressaten	Brautpaare, die ein oder mehrere Kinder mit in die Ehe bringen
Kernaussage	Das Modell „Patchworkfamilie“ ist für alle Beteiligten eine Chance, voneinander zu lernen und gemeinsam zu wachsen.
Kurzinhalt	Eine Patchworkfamilie funktioniert dann am besten, wenn alle Mitglieder aufeinander Rücksicht nehmen, sich Freiräume gönnen und ihre Ziele gemeinsam austarieren.
Redezeit	Ca. 5 Minuten

Ansprache

Liebes Brautpaar!

(je nach Alter und Konstellation besteht hier die Möglichkeit, das Kind/die Kinder, die in die Ehe mitgebracht werden, gesondert namentlich zu begrüßen)

Liebe Verwandte der Brautleute!

Sehr geehrte Festgäste!

Herzlich willkommen hier im Standesamt von … zur Eheschließung von … und …!

Ein ganz besonderer Tag – umso mehr, als nicht nur zwei Menschen sich zu gemeinsamer Zukunft verbinden, sondern gleich eine neue Familienkonstellation entsteht!

Der gängige Begriff für eine solche Neuausrichtung lautet „Patchworkfamilie", wobei sich der englische Begriff „Patchwork" auf den Umgang mit Textilien bezieht: Aus „Patches", also verschiedenen Stoffstücken, wird ein neues Ganzes erwirkt. Die spannende Frage ist, wie alle Beteiligten sich zu dieser Aufgabe verhalten. Wird rasch und oberflächlich zusammengeflickt, was nicht zusammengehört? Oder werden wie bei unseren Brautleuten und ihrem Nachwuchs sorgsam Fäden gesponnen, um die einzelnen Elemente liebevoll zu vereinen?

Stellen Sie sich die Arbeit an einem solch sensiblen Gewebe vor: Jedes Teil hat seine eigene Geschichte, seine eigene Schönheit und Textur. Um alle Teile so zu verknüpfen, dass diese individuellen Besonderheiten erhalten bleiben, zugleich aber etwas umfassenderes Neues entsteht, braucht es viel Fingerspitzengefühl.

Am besten kann eine solche Arbeit – wie es auch bei vielen Völkern, zu deren kunsthandwerklicher Tradition das „Patchwork" gehört, üblich ist – im Familienverbund gemeistert werden. Jeder trägt das bei, was er gerade kann, und unterstützt die Übrigen nach Kräften. Und niemand versucht, die Gestaltungshoheit an sich zu reißen. Nach und nach wächst das Geflecht zusammen und die einzelnen Komponenten verstärken sich gegenseitig in ihrer Farbenfreude. Und sollte sich erweisen, dass es guttut, im Wechselspiel des Gewebes hin und wieder Neues zu versuchen, bringt auch dies das stetig werdende Werk nicht in Gefahr, sondern fordert nur heraus zu weiterer fantasievoller Anpassung.

Ich wünsche Ihnen allen, dass es Ihnen möglichst oft gelingt, diese konstruktiven Gedanken zu verfolgen – bei allem Koordinations- und Organisationsaufwand zur Bewältigung des täglichen Lebens, bei aller zusätzlichen und gewiss nicht immer leichten Kommunikation, die Ihre Familienkonstellation mit sich bringen wird.

Entscheidend ist, dass es in Ihrem Leben die Liebe gibt. Sie hat alle, zu denen ich hier heute sprechen darf, zusammengeführt. Und sie gibt allem, was aus Ihrer Eheschließung erwachsen wird, tieferen Sinn und weitere Perspektive.

Im Schlüsselsong des Filmmusicals „Moulin Rouge" heißt es:

„Das Größte, was Du jemals lernen wirst, ist zu lieben und wiedergeliebt zu werden."

So verstanden sind wir alle immer Lernende. Und Sie werden nun sich und allen Menschen, die Ihnen lieb sind, durch Ihr Jawort ein neues Kapitel auf diesem lebenslangen Weg eröffnen.

Ich bitte Sie, ... und ..., Euch (eventuell je nach Konstellation Nennung des Kindes bzw. der Kinder) und alle Hochzeitsgäste, sich zu erheben, um die Ehe zu schließen.

(Trauformel)

Ich wünsche Ihnen und den Ihren viel Glück auf dem gemeinsamen Weg in die Zukunft!

3 Kinder verbinden

Redeübersicht

Stimmung	Heiter
Adressaten	Eheleute, die sich durch ihre (nicht gemeinsamen) Kinder auf einem Spielplatz kennen gelernt haben.
Kernaussage	Die Liebe zu Kindern kann ein guter Grund für eine Ehe sein. Wenn sich auch die Kinder gut verstehen, entsteht eine liebevolle „Patchwork-Familie".
Kurzinhalt	Wenn sich zwei Menschen auf einem Spielplatz kennen lernen, ist zumindest klar, dass eine Akzeptanz und Liebe zu Kindern vorhanden ist. Auf dieser Basis kommen nicht nur zwei Erwachsene, sondern gleich ganze Teilfamilien zusammen.
Redezeit	Ca. 6 Minuten

Ansprache

Liebe Hochzeitsgäste,
liebe Freunde und Verwandte,
liebes Brautpaar, liebe Kinder,

wirft man einen Blick in die Medien, so ist immer wieder von so genannten „Patchwork-Familien" die Rede. Wirft man jedoch einen Blick auf die genaue Übersetzung des englischen Wortes, so wird schnell deutlich, dass dieser genau genommen schlichtweg „Flickwerk" bedeutet und diesen Eindruck, liebe Eheleute und liebe Kinder, vermitteln Sie nun wahrlich nicht.

Wenn ich Sie hier und heute vor mir sitzen sehen, so wirken Sie schon jetzt wie eine verschworene Einheit, wie eine echte Familie, die eng zusammenhält. Vielleicht ist es sogar so, dass sich beim Kennenlernen die Ähnlichkeit Ihrer beider Situationen anziehend ausgewirkt hat.

Der russische Dichter Lew Tolstoi sagte einmal:

Alle glücklichen Familien sind einander ähnlich

Nun, dann wird mit dem heutigen Tag aus zwei vormals glücklichen Kleinfamilien eine größere glückliche Familie, die fortan gemeinsam durchs Leben geht.

Das Zustandekommen Ihrer Beziehung lässt sich mit aller Berechtigung als ungewöhnlich bezeichnen. Auf dem Spielplatz geht es meist weniger um die Unterhaltung der Erwachsenen als um das gemeinsame Spiel der Kinder. Vielerorts sieht man die Eltern mit Ihren Mobiltelefonen herumspielen oder Zeitung und Buch lesen, sofern Sie sich nicht direkt um Ihren Nachwuchs kümmern. So war es möglicherweise auch bei Ihnen, doch scheint gleich in mehrfacher Hinsicht ein Funke übergesprungen zu sein.

Johann Nepomuk Nestroy, der jede Menge unterhaltsamer Theaterstücke verfasst hat, stellte einst fest:

Der Grundton in der Harmonie der Häuslichkeit muss immer das Kindergeschrei sein, sonst geht die wichtigste Stimme ab.

In den meisten Ehen folgt das Kindergeschrei dem Ja-Wort, doch bei Ihnen ist es genau umgekehrt. Wer möchte, kann aus dem Johlen, Jauchzen und Schreien beim Spiel Ihrer Kinder auch eine Art Lockruf für eine gemeinsame Zukunft herauslesen. Nun ist nicht überliefert, ob Ihre Kinder zuerst zueinander gefunden haben oder ob tatsächlich Sie es waren, die aufeinander zugegangen sind.

Interessanter ist da schon die Frage, wer den Impuls für ein Wiedersehen gesetzt hat. War es am Ende gar die Freundschaft Ihrer Kinder, die zu einer erwachsenen Freundschaft und schließlich zu Liebe geführt haben?

Tatsache ist, dass mit dem heutigen Tag nicht nur zwei Erwachsene zu Frau und Mann werden, sondern auch zwei oder mehr Kinder zu Geschwistern. Das mag im streng biologischen Sinne nicht ganz zutreffen, doch im Alltag müsst ihr euch schon daran gewöhnen, wenn künftig von eurem Bruder oder eurer Schwester die Rede ist.

Wahrscheinlich werdet ihr euch aber in erster Linie am Glück eurer Eltern freuen und feststellen, welche Vorteile ein neuer Spielkamerad in den eigenen vier Wänden mit sich bringt. Zudem existiert ein weiterer erwachsener Ansprechpartner, der zuhört und sicherlich auch den einen oder anderen guten Tipp auf Lager hat.

Irgendwann kommt dann der Zeitpunkt, an dem Ihre Kinder aus dem Haus gehen und ein komplett eigenständiges Leben beginnen. Auch, wenn Ihre Beziehung vordergründig durch Ihre Kinder zustande gekommen ist, werden Sie die Zeit danach ebenso genießen wie die jetzige. Vielleicht kommen in einigen Jahren oder Jahrzehnten sogar gemeinsame Enkelkinder zu Besuch und genießen es, mit den Großeltern auf den berühmten Spielplatz zu gehen, an dem alles seinen Anfang nahm.

Bevor ich jedoch allzu weit in die Zukunft schweife, wünsche Ihnen allen einen rundum gelungenen und harmonischen Hochzeitstag. Herzlichen Dank.

4 Teambildung leicht gemacht

Redeübersicht

Stimmung	Heiter
Adressaten	Paare, bei denen einer oder beide Kinder mit in die Ehe bringen
Kernaussage	Als Familie zusammenzufinden ist wichtig, aber dabei darf die Paarbeziehung nicht zu kurz kommen.
Kurzinhalt	Wenn eine Eheschließung zugleich die Gründung einer Familie ist, dann ist Teambildung angesagt. Jeder muss seinen Platz darin finden, um sich gegenseitig zu unterstützen und miteinander zu wachsen. Wichtig ist, dass das Ehepaar seine Zweierbeziehung dabei nicht aus dem Auge verliert und pflegt.
Redezeit	Ca. 6 Minuten

Ansprache

Liebes Brautpaar, liebe Trauzeugen und Gäste und ganz besonders auch liebe/-r (Namen der/des Kinder/Kindes ergänzen),

herzlich willkommen in unserem Standesamt. Ich freue mich, das Brautpaar heute Morgen in den Ehestand begleiten zu können. Und genau genommen ist es ja noch ein viel größerer Schritt als nur der in den Ehestand, den Sie miteinander gehen, denn mit Ihrer Heirat wird aus Ihnen nicht nur ein Ehepaar, sondern gleich eine ganze Familie.

„Das Glück ist das einzige, was sich verdoppelt, wenn man es teilt",

sagte Albert Schweitzer einmal und Sie sitzen jetzt vor mir als lebender Beweis dieser These. Ja, mehr noch: Sie potenzieren diese Aussage sogar noch. Da wird das Glück nicht nur verdoppelt, sondern verdreifacht (bzw. vervierfacht/verfünffacht – je nach Kinderzahl anpassen). Da wird aus zwei Solospielern nicht nur ein Doppel, sondern gleich ein ganzes Team. Das bereichert Ihr Leben, stellt Sie aber auch vor besondere Herausforderungen. Ich meine jetzt nicht, dass der Platz im Bad wesentlich enger ist als vor der Familienzusammenführung, weil jetzt insgesamt fünf (sechs/sieben – je nach Kinderzahl anpassen) Zahnbürsten dort platziert sind und die morgendlichen Badezimmerzeiten strenger getaktet werden müssen. Nein, ich denke daran, dass es ein neu gebildetes Team zunächst einmal lernen und üben muss, sich die Bälle zuzuspielen. Da muss man die Stärken und Schwächen des anderen herausfinden, um zu wissen, wann er Unterstützung braucht, was man ihm zumuten kann und was nicht. Als Teamplayer muss man lernen, den Ball auch einmal abzugeben und dem anderen den Vortritt lassen. Und dazu muss man natürlich darauf vertrauen, dass der andere seinen Job gut meistern wird. Vertrauen aufbauen, als Familie eng zusammenfinden.

(Variante auswählen)

(Familie, die jetzt frisch zusammenzieht) Das ist etwas, das Sie jetzt miteinander angehen werden und dürfen, und bei allen Herausforderungen, die daraus entstehen, können Sie sich noch viel mehr auf die Chancen freuen, die sich Ihnen und euch jetzt eröffnen. Auf die vielen wunderbaren Familien-Momente. Auf das ganz neue Wirgefühl und das Füreinander-da-Sein.

(Familie, die schon eine Weile zusammenlebt) Sie haben bereits vor einer Weile damit begonnen, sich diesen Herausforderungen zu stellen, haben im Team trainiert und vielleicht auch ein wenig miteinander gerungen. Aber Sie wissen

auch um die vielen wunderbaren Wir-Momente, die diese neue Familie Ihnen beschert und auch in Zukunft – hoffentlich – bescheren wird.

Aber vergessen wir bei aller Freude über das neue Familienteam nicht, warum wir heute hier sind: Am Anfang standen die Liebe und die Zuneigung, stand das Ja zueinander, das Sie beide, (Namen von Braut und Bräutigam), gefunden haben und das Sie hier und jetzt festmachen und vor aller Augen besiegeln wollen. Damit dieses Ja Bestand hat und wachsen kann, will es gepflegt werden und braucht Raum und Luft. Im Familienteam sind Sie als Mama und Papa wichtige Mitspieler, zudem auch noch Coach, Schiedsrichter, Sanitäter oder Platzwart. Aber nicht nur Mama und Papa sind Sie, sondern auch Mann und Frau, und auch diese Rollen wollen wahrgenommen und mit Leben gefüllt werden. Zeit zu zweit darf deshalb im Spielplan Ihres Familienteams auf keinen Fall fehlen und die sollten Sie bei allen Anforderungen des Alltagsgetümmels und den Bedürfnissen des Familienlebens hartnäckig verteidigen. Das wird vielleicht eine große Herausforderung sein, der Sie sich stellen müssen, aber auch eine der schönsten. Immer wieder.

Und nun möchte ich Sie bitten, sich zu erheben, damit ich die Trauung vollziehen kann.

(Trauformel)

5 Vom „Wir"- und „Ich"-Sagen

Redeübersicht

Stimmung	Nachdenklich
Adressaten	Brautpaare mit einem Kind oder mehreren (gemeinsamen) Kindern
Kernaussage	Eine Ehe sollte auch mit Kindern keine reine gesellschaftliche Verpflichtung darstellen, sondern freiwillig und aus Liebe geschlossen werden.
Kurzinhalt	Eine Ehe mit Kindern erfordert eine besondere Aufmerksamkeit für das Gegenüber. Man sollte nicht zu sehr in Gewohnheiten verfallen, sondern das gegenseitige Interesse wachhalten. Ein Vorteil besteht darin, dass durch die Kinder ohnehin viel Leben herrscht und Überraschungen den Alltag prägen.
Redezeit	Ca. 8 Minuten

Ansprache

Liebe Hochzeitsgemeinde, liebe Kinder,

liebes Brautpaar,

die Älteren unter Ihnen werden sich vielleicht daran erinnern, dass die Geburt eines Kindes in früheren Jahren nahezu immer eine Hochzeit nach sich zog. Das gehörte sich so und eine sogenannte „wilde Ehe" passte nicht ins gesellschaftliche Bild. Das Statistische Bundesamt weiß mittlerweile jedoch, dass bereits im Jahr 2013 mehr als ein Drittel der Kinder außerhalb einer Ehe geboren wurden – gegenüber 7,2 Prozent im Jahr 1970. Die Tendenz ist eindeutig steigend, sodass einer Eheschließung wie der heutigen nun wahrlich kein verpflichtender Charakter mehr innewohnt. „Wild" kann das Zusammenleben allerdings auch mit einem Trauschein sein, vor allem, wenn der gemeinsame Haushalt vom Jauchzen spielender Kinder erfüllt ist. Wir leben heute glücklicherweise in einer Zeit, in der zwei Menschen frei wählen können, in welcher Form sie ihr Leben gestalten und führen.

Bei einer Ehe, die nicht mehr an einengende Konventionen gebunden ist, stehen Liebe und der Wunsch nach einer Bekräftigung des Zusammenseins im Vordergrund – und das, liebes Brautpaar, ist die perfekte Voraussetzung für das Gelingen. Dass Sie beide bereits gut miteinander können und ein gemeinsames Leben führen, ist angesichts Ihres Nachwuchses unübersehbar. Es ist somit auch nicht nötig, dass ich Sie mit den sonst an dieser Stelle üblichen Tipps und Mahnungen langweile. Sie werden beide wissen, wie viel in der Vergangenheit über die Ehe geschrieben wurde und wie viele vermeintlich gute Ratschläge existieren. Was daran zutrifft oder nicht, lässt sich oft erst nach Jahren beurteilen – wenn man die Ratschläge nicht ohnehin wieder vergessen hat, denn schließlich lässt sich der Alltag niemals vorhersagen oder in enge Konventionen und Regeln pressen.

Ich möchte es mir allerdings an dieser Stelle nicht verkneifen, Ihnen ein kleines Zitat auf den gemeinsamen Weg mitzugeben. Es stammt vom französischen Schriftsteller Honoré de Balzac, der einmal feststellte:

„In der Ehe muss man einen unaufhörlichen Kampf gegen ein Ungeheuer führen, das alles verschlingt: die Gewohnheit."

Für die nächsten Jahre brauchen Sie sich zumindest hinsichtlich der Alltagsgestaltung keine Sorgen um zu viel Routine und das Entstehen eines Ungeheuers zu machen. Wer würde angesichts eines heranwachsenden Kindes schon von

Gewohnheit sprechen, wenn doch die Überraschung und die Aha-Erlebnisse den Alltag prägen?

Es ist allerdings so, dass die Zweisamkeit mit Kind deutlich mehr gepflegt werden muss und ein gehöriges Maß an Spontanität verloren geht. Die Zeiten, in denen man spontan ins Kino gehen oder ein Konzert besuchen konnte, sind erst einmal vorbei und selbst Besuche im Restaurant bedürfen mitsamt Nachwuchs einer gewissen Vorplanung. Wohlgemerkt: Das muss keinen Abstrich an Lebensqualität bedeuten, ist allerdings zu berücksichtigen.

Die Gewohnheit, die insbesondere in der Ehe mit Kind Einzug hält, muss allerdings keineswegs zum zitierten Ungeheuer heranwachsen, sondern kann auch ihre Vorteile haben. Vor allem für ein Kind ist die Sicherheit von Mama und Papa ein idealer Start ins Leben und bietet ein sicheres Fundament, um aufzuwachsen und sich selbst zu erproben. Gewohnheit kann auch Spaß machen und Sicherheit bieten. Vielleicht bauen Sie ja auch Gewohnheiten in Ihr Familienleben mit ein, in denen es um Freiräume für Sie als Eheleute oder auch um Freiheiten für jeden Einzelnen von Ihnen geht. Interessen und Hobbys verschwinden weder durch die Geburt eines Kindes noch durch die Eheschließung und so sehr man auch „Wir" sagt, bleibt das „Ich" mitsamt Freundeskreis und Neigungen in vollem Umfang erhalten. Bleiben Sie sich selber treu und haben Sie kein schlechtes Gewissen, wenn Sie auch für sich selbst Gewohnheiten einfordern.

Zu den positiven künftigen Gewohnheiten zählen die vielen juristischen und organisatorischen Vorteile einer Ehe. Das Ehegattensplitting in der Steuererklärung muss ich sicher nicht erklären und auch die erst in weiter Ferne auftauchende Frage nach Rente und Altersvorsorge oder gar dem Nachlass ergibt einige Pluspunkte für die Ehe. Natürlich ist dies allein nicht ausschlaggebend, doch kann man diese Vorteile durchaus „mitnehmen", wenn man ohnehin „Ja" zueinander sagt.

So bleibt mir zum Ende meiner Ansprache, Ihnen allen alles erdenklich Gute zu wünschen. Genießen Sie das Leben als Familie und genießen Sie bitte auch die alten und neuen Gewohnheiten.

(Trauformel)

Ansprachen für Brautpaare unterschiedlicher bzw. fremdländischer Herkunft

1 Welcome home

Redeübersicht

Stimmung	Neutral
Adressaten	(Mindestens) einer der Ehepartner ist Flüchtling/Asylbewerber.
Kernaussage	Gemeinsam neue Wurzeln schlagen; die Ehe als Zuhause
Kurzinhalt	Zwei Lebenswege haben sich gekreuzt in einer schwierigen Situation, in der der weitere Weg noch nicht feststeht. Das Woher oder Wohin ist für eine glückliche Ehe aber nicht so wichtig wie vielmehr gegenseitige Liebe und Vertrauen. Zuhause ist dort, wo der andere ist.
Redezeit	Ca. 5 Minuten

Ansprache

Dear bride, dear groom and dear guests,

it's a pleasure for me to welcome you all here at our register office.

You, bride and groom, are here to say "Yes" to each other and you others are here to witness this important step but also to share their happiness. And what could be a bigger cause for rejoicing than this wedding? Well, every wedding is indeed a cause for rejoicing but there is a special magic about this one.

One of you has come a long and exhausting way here to Germany. You had to face many barriers here. You met many challenges and you still do. The other one decided to join you on this way and this also means to leave the former life behind and start a new one.

Two lifelines collided in a way no one could have imagined before. And now you will keep on walking together on your life path, not exactly knowing where you are heading for. From now on you will share your worries as well as your lucky moments, your fear as well as your hope and your anger as well as your happiness.

"Happiness is the only thing that is doubled when you share it."

(Albert Schweitzer)

And what can be more desirable than a couple, full of double happiness and love that will face the future together from now on?

Most of the couples that sit here in front of me know where their home is, they have their families around them and can more or less tell what the next months, the next years, will bring. Your situation is not that easy and you don't know what the future will bring or where it will bring you. "Where is my home?" you may ask or "Where will our home be?"

Sitting here in front of you as one that has seen many wealthy couples coming into this room, that had big houses and high positions in the society, I can tell you:

"Home is the one place in all this world where hearts are sure of each other. It is the place of confidence."

(Frederick W. Robertson)

To feel home it is not important where you came from or where you will go. Please don't misunderstand me: I don't say "Forget your roots." They are of course

important; they formed you and will always be a part of you. But they shouldn't prevent you from living now and getting happy.
To feel home it's not important what you possess, what your job is or how your apartment or house looks like.

To feel home it is important what you both are for each other. If you love and trust each other this will be a basic fundament for your life. A fundament solid enough to build your home on it, wherever it will be and however it will look.

May I now ask you to get up for this very special moment: the wedding promise.

2 Süd trifft Nord

Redeübersicht

Stimmung	Neutral
Adressaten	Brautpaare, bei denen einer aus Süddeutschland, der andere aus Norddeutschland stammt
Kernaussage	Egal, wie unterschiedlich Eheleute geprägt sind: Eine Ehe erfordert liebevolle Kompromissbereitschaft, muss den anderen aber auch individuell gelten lassen.
Kurzinhalt	Wenn der Bräutigam aus Hamburg stammt und die Braut aus München, dann kommen zwei Menschen mit sehr unterschiedlichen kulturellen und regionalen Ausprägungen zusammen. Egal ob Dialekt oder Küche: Welten treffen aufeinander! Hier heißt es, einen gemeinsamen Eheweg zu finden, ohne sich selbst zu verlieren.
Redezeit	Ca. 5 Minuten

Ansprache

Verehrtes Brautpaar, liebe Trauzeugen und Gäste,

ich habe hin und her überlegt, ob ich Sie mit einem „Grüß Gott" oder einem „Moin Moin" willkommen heißen soll. Als Standesbeamter bin ich zur Diplomatie verpflichtet, deshalb habe ich mich für ein herzliches „Guten Morgen" entschieden. Ich freue mich, Sie alle hier im Trauzimmer unseres Standesamtes begrüßen zu dürfen.

Vom Brautpaar weiß ich, dass es sich bei dieser Hochzeitsgesellschaft um ein kleines interkulturelles Treffen handelt. „Süd trifft Nord" könnte man es überschreiben und das ist auch gleichzeitig die passende Überschrift über den Beginn Ihrer Beziehung, liebes Brautpaar.

Als Sie, Herr ..., beruflich aus Ihrer Heimatstadt Hamburg nach München wechselten, da ahnten Sie noch nicht, dass sich dort auch Ihr privates Schicksal entscheiden sollte. Sie trafen in München Ihre heutige Braut, eine Urbayerin, wie sie im Buche steht. Doch trotz aller kulturellen Unterschiede und dialektbezogenen Verständigungsprobleme merkten Sie beide schon bald: „Zwischen uns beiden, da funkt es."

Im Freundeskreis mussten Sie sich so manche neckischen Bemerkungen gefallen lassen und auch in der Familie war das Erstaunen groß: „Muss es denn gleich jemand vom anderen Ende Deutschlands sein?" Ja, es musste sein, die Liebe wuchs und die Beziehung hatte Bestand. Als Sie sich zur Heirat entschlossen haben, da war Ihnen klar: In unsere Ehe bringen wir uns so ein, wie wir sind. Den Hamburger und die Münchnerin mit ihren unterschiedlichen Vorlieben und Dialekten, den verschiedenen religiösen Prägungen und den Hunderte von Kilometern voneinander entfernt wohnenden Verwandten.

Wer den anderen liebt, lässt ihn gelten, so wie er ist, wie er gewesen ist und wie er sein wird,

sagte der französische Priester und Autor Michel Quoist (Aussprache: Mischél Kwa) einmal, aber kann man das auch für eine Ehe stehen lassen, in der Braut und Bräutigam mit so unterschiedlichen Bräuchen und Prägungen zusammenkommen? Wenn sie für Bayern München jubelt und er für den HSV? Wenn er den morgendlichen Gang über den Fischmarkt liebt und sie das abendliche Schunkeln im Wiesnzelt? Wenn sie von der Semmel spricht und er vom Rundstück? Ich denke: Ja, das kann und das muss man!

Denn ist es nicht immer so, dass in einer Ehe zwei Individuen zusammenkommen, die ihr Päckchen aus unterschiedlichen Erfahrungen mitbringen? Wer könnte behaupten, dass eine Ehe eine harmonische Sache ist, nur weil beide in Berlin geboren wurden oder beide im Schwarzwald aufgewachsen sind? Mögen Ihre Verschiedenartigkeiten vielleicht aufgrund von Dialekt und regionaler Herkunft auf der Hand liegen, so gibt es doch auch in jeder anderen Ehe immer wieder Kommunikationsprobleme, unterschiedliche Meinungen und Temperamente. In jeder Ehe gilt es mit Liebe, Kompromissbereitschaft oder auch einmal mit Verzicht einen guten gemeinsamen Weg zu finden.

Den anderen gelten lassen so, wie er ist – das heißt ja nicht, alles bedingungslos und kommentarlos hinzunehmen, was der andere sagt oder tut. Als Ehepaar ist man sich natürlich gegenseitig auch Coach und Kritiker, und das ist gut so. Wo, wenn nicht in der Ehe, hätte ehrliches Feedback seinen Platz? In vielen Situationen wird es darum gehen, aus Ihren unterschiedlichen Ansichten zu einer gemeinsamen Entscheidung zu kommen.

Doch wenn es um den anderen als Person geht, was ihn ausmacht und prägt, dann gilt doch: Zu diesem Menschen, so wie er da sitzt, sagen Sie heute Ja. Ja zu seinen liebenswerten Stärken und Schwächen, Ja zu ihrem „Pfiat di" und seinem „Tschüs", Ja zu ihrer Liebe zum Dirndl und Ja zu seiner Vorliebe für Grünkohl. Versuchen Sie nicht, daraus einen multikulturellen Einheitsbrei zu machen – das wäre doch schade um den Schatz, den Sie darin haben. Nehmen Sie diesen bunten Strauß an regionaler Unterschiedlichkeit als Bereicherung Ihrer Ehe an und genießen Sie es, aus dem reichen Erfahrungsschatz zweier Kulturen schöpfen zu können.

Und jetzt möchte ich Sie bitten, sich zu erheben, damit wir diese völkerverbindende Ehe schließen können.

(Trauformel)

3 Sprache verbindet

Redeübersicht

Stimmung	Neutral
Adressaten	Diese Rede ist für schwierige Situationen gedacht, z.B. ist sie dann gut geeignet, wenn sich das Paar kaum verständigen kann, der eine Partner nicht Deutsch, der andere nicht die Heimatsprache des anderen spricht. Diese Rede gibt zugleich ein Beispiel, wie man den formellen Teil, einschließlich der Vereidigung des Dolmetschers, mit der Ansprache verbindet.
Kernaussage	Die Eheschließung ist eine weitreichende Entscheidung. Zu Beginn der Ehe ist es nun äußerst wichtig, die deutsche Sprache zu lernen.
Kurzinhalt	Der Entschluss zur Heirat verlangt von den Partnern im Augenblick, aber auch später gegenseitiges Vertrauen, Rücksichtnahme und Verantwortungsbereitschaft. Um sich in Deutschland integrieren zu können, ist es wichtig, die deutsche Sprache zu beherrschen. Fleiß seitens des ausländischen Partners ist dafür nötig, aber auch Geduld und Toleranz seitens beider Eheleute.
Redezeit	Ca. 5 Minuten
Besondere Hinweise	In meiner Praxis erlebe ich häufiger, dass sich die Ehepartner nicht gut verständigen können. Der ausländische Verlobte spricht kaum Deutsch, der andere Verlobte spricht nicht die ausländische Sprache. Dies stellt eine schwierige Situation dar die dem Standesbeamten eine große Aufgeschlossenheit und Toleranz abverlangt: Meist ist nicht bekannt, wie sich das Paar kennen

gelernt, hat. Womöglich haben sich manche über ein Ehevermittlungsinstitut kennen gelernt. In den Tageszeitungen sieht man häufig Anzeigen, die Polinnen, Jugoslawinnen oder Asiatinnen zu vermitteln versuchen. Manches Mal werden auch türkische Männer durch Vermittler mit deutschen Frauen zusammengebracht. Es besteht die Gefahr, dass man selbst Vorurteile gegenüber Paaren hat, die sich kaum verständigen können. Der Standesbeamte muss jedoch neutral bleiben. Eine „Scheinehe" lässt sich in der Regel nicht nachweisen. Die Sprachprobleme stellen jedenfalls keinen Grund dar, die Ehe abzulehnen. Bei solch schwierigen Redesituationen ist es jedoch stets einfacher, eine kurze, neutrale Rede an das Brautpaar zu richten.

Ansprache

Sehr geehrte Frau..., sehr geehrter Herr ..., ich begrüße Sie recht herzlich in den Räumen des Standesamtes von ... Mein Gruß geht auch an die anwesenden Trauzeugen, den Dolmetscher und die anwesenden Gäste.

Sie, Herr/Frau ..., sind nun heute mit dabei, um der Braut/dem Bräutigam alles hier Gesprochene wörtlich zu übersetzen, weil dieser/diese die deutsche Sprache noch nicht hinreichend beherrscht. Ich darf Sie gleich zu Beginn darauf hinweisen, dass Sie am Ende der Amtshandlung eine eidesstattliche Versicherung abzugeben haben, Sie bestätigen hiermit, dass Sie bei dieser Eheschließung korrekt übersetzt haben. Eine eidesstattliche Versicherung bedeutet, dass Sie einwandfrei übersetzen müssen, weil Sie anderenfalls strafrechtlich belangt werden können, wie sich dies aus dem Strafgesetzbuch ergibt.

Bevor ich zum wesentlichen Teil der Eheschließung komme, möchte ich noch ein paar persönliche Worte an das Brautpaar richten. Wollen Sie diesen Text abschnittsweise oder Satz für Satz übersetzen?

Verehrtes Brautpaar, wenn sich zwei Menschen vor dem Standesbeamten das Jawort geben und damit die Ehe schließen, ist das wohl eine der weittragendsten Entscheidungen in ihrem Leben; denn diese Entscheidung verlangt nicht nur heute, sondern auch künftig Vertrauen, Rücksicht und die Bereitschaft, für den Partner Verantwortung zu übernehmen.

Das wird nicht immer leicht sein, aber mit gegenseitigem Verständnis und mit der Zuversicht wird es Ihnen möglich sein, auftretende Schwierigkeiten gemeinsam zu meistern und Ihre Vorstellungen von einem glücklichen Weg zu zweit zu verwirklichen.

Zu Beginn dieses gemeinsamen Weges gilt es noch einige Hürden zu nehmen. Sie, Herr/Frau ..., kommen mit der deutschen Sprache noch nicht so gut zurecht. Dieser Umstand fordert von Ihnen beiden recht viel Geduld und Toleranz und von Ihnen, Herr/Frau ..., gerade jetzt am Anfang viel Fleiß. Doch Sie werden täglich Fortschritte erkennen können, denn Sie sind dauernd mit der deutschen Sprache konfrontiert, ob das im privaten Bereich ist oder zum Beispiel auf Behörden oder beim Einkaufen. Anfangs wird ein Wörterbuch stets griffbereit sein, doch mit der täglichen Übung werden Sie automatisch immer wortgewandter und selbstsicherer.

Die Sprache ist das Wichtigste für die schnelle Integration in Deutschland. Doch Sie, Herr/Frau ..., stehen nicht allein vor dem riesigen Berg von Aufgaben, die Sie erfüllen wollen, sondern Sie haben einen Partner an der Seite, der Ihnen hilft, sich in diesem Land zu integrieren. Ich wünsche, dass Ihnen dies zusammen gut gelingt.

Bevor ich nun zum eigentlichen Teil der Eheschließung komme, möchte ich noch einmal auf Ihre Namensführung eingehen. Sie haben bereits bei der Anmeldung der Eheschließung bestimmt, dass sich die Namensführung nach ... (deutschem) Recht richten soll. (Ihr Wunsch war es, den Familiennamen des Mannes zum gemeinsamen Ehenamen zu bestimmen.) Ich bitte, dies noch mit Ihren Unterschriften auf diesem Blatt zu bestätigen.

Sie, Frau ..., und Sie, Herr ..., wollen nun vor einem deutschen Standesbeamten die Ehe schließen. Dies ist möglich, weil nach Ihren Heimatrechten keine Ehehindernisse bestehen. Als Standesbeamter werde ich Sie (in Gegenwart Ihrer beiden Trauzeugen) einzeln und nacheinander fragen, ob Sie die Ehe miteinander eingehen wollen. Falls Sie diese Frage mit „Ja" beantworten, kann ich feststellen, dass Sie rechtmäßig verbundene Eheleute sind.

Ich möchte Sie nun bitten, zu diesem entscheidenden Moment in Ihrem Leben mit mir aufzustehen ...

(Trauformel)

Für Ihren gemeinsamen Lebensweg wünsche ich Ihnen recht viel Glück, vor allem, dass Ihre gemeinsamen Wünsche und Hoffnungen in Erfüllung gehen mögen.

4 Brücken schlagen

Redeübersicht

Stimmung	Neutral
Adressaten	Brautpaare, bei denen er Deutscher und sie Russin ist
Kernaussage	Brautleute, die aus verschiedenen Ländern stammen, schlagen mit der Heirat eine Brücke über verschiedene Kulturen, um zueinander zu finden.
Kurzinhalt	Zwischen Deutschen und Russen besteht eine gewisse Fremdheit, da beide Völker von einer unterschiedlichen Geschichte und Kultur geprägt sind. Es hat jedoch auch immer Verbindungen zwischen beiden Ländern und einen gegenseitigen Austausch gegeben, sodass bereits Voraussetzungen für eine Annäherung bestehen. Zudem unterscheiden sich die einzelnen Menschen in ihren privaten Wünschen gar nicht so sehr.
Redezeit	Ca. 5 Minuten
Besondere Hinweise	Die Rede passt auch, wenn die Verlobte nicht Russin ist, sondern aus einem anderen westlichen Nachfolgestaat der Sowjetunion oder einem anderen osteuropäischen Land stammt. Tauschen Sie dann Russland/russisch gegen die zutreffende Kennzeichnung aus oder sagen Sie nach der ersten Nationalitätenbenennung Sowjetunion, und lassen Sie den Hinweis auf Katharina die Große weg.

Ansprache

Sehr geehrtes Brautpaar, sehr geehrte Gäste, ich heiße Sie hier in den Räumen unseres Standesamtes herzlich willkommen.

Sie beide, Frau … und Herr …, haben in den letzten Wochen alle bürokratischen Hürden genommen und können nunmehr heute die Ehe miteinander eingehen. Bevor ich zur eigentlichen Trauung komme, möchte ich Ihnen noch ein paar Worte mit auf den gemeinsamen Lebensweg geben.

Wie jedes Brautpaar wollen Sie mit Ihrer Ehe eine Brücke zueinander schlagen. Sie wollen eine enge Verbindung zwischen zwei Menschen herstellen. In Ihrem Fall trifft dies in noch stärkerem Maße zu, denn sie schlagen nicht nur eine Brücke von Mensch zu Mensch, sondern auch zwischen verschiedenen Völkern.

Sie beide kommen aus zwei Ländern, die eine unterschiedliche geschichtliche Entwicklung durchlaufen haben, die sich zeitweise sogar als Feinde gegenüberstanden, die von unterschiedlichen kulturellen Einflüssen geprägt sind und deren Sprachen sich stark unterscheiden. Menschen aus diesen beiden Ländern haben von daher im Umgang miteinander zuerst mit einer gewissen Fremdheit zu tun.

Diese Fremdheit macht natürlich auch einen Reiz aus. Unbekanntes zieht einen ja oft an, und wer möchte nicht manchmal das Vertraute hinter sich lassen und neue Welten kennen lernen. Sie können sich also gegenseitig die Entdeckung neuer Sphären, neuer Lebensgewohnheiten und Bräuche bieten. Sie können Ihre Sichtweise auf das Leben um einen anderen Blickwinkel bereichern.

Einen Zugang zum anderen zu finden ist jedoch bei Deutschen und Russen glücklicherweise nicht besonders schwierig, denn zwischen beiden Völkern hat es seit Jahrhunderten einen Austausch in vielfältiger Hinsicht gegeben. Deutsche haben sich in Russland angesiedelt – eine deutsche Prinzessin ist sogar zur mächtigsten Zarin Russlands, zu Katharina der Großen, geworden –, und Russen sind nach Deutschland eingewandert oder haben sich zeitweise länger hier aufgehalten. Die Deutschen haben die russischen Schriftsteller gelesen und russische Musik gespielt, und die Russen haben sich die deutsche Kultur angeeignet. Es hat also immer schon vielfältige Verbindungen zwischen beiden Ländern gegeben, und in den letzten Jahren haben die Kontakte auch wieder auf den mannigfaltigsten Ebenen zugenommen.

So sagte Lew Kopelew, der in Russland seine Heimat und in Deutschland seine Wahlheimat hatte, einmal:

Seit Jahrhunderten sind Russen und Deutsche untrennbar miteinander verbunden, in Handel und Wandel, in Krieg und Frieden und vor allem und am dauerhaftesten im Geist.

Trotzdem gibt es natürlich durch die unterschiedliche Geschichte und Kultur auch Unterschiede in den Lebensverhältnissen und Lebenseinstellungen. Aber die Wünsche, die die Menschen hegen, sind sich dennoch ziemlich ähnlich.

Wer sehnt sich im privaten Bereich nicht danach, jemanden zu haben, der zu einem gehört. Wer möchte nicht eine Familie gründen, ein schönes Zuhause schaffen oder gemeinsam etwas aufbauen? Diese Wünsche wollen Sie sich nun mit Ihrer Eheschließung erfüllen.

Sie haben trotz aller Fremdheit zueinander gefunden, sich einander angenähert und glauben nun an eine gemeinsame Zukunft. Sie vollziehen im Kleinen, was sich auch in der großen Politik abspielt: das Aufeinander-Zugehen von Ost und West nach Jahrzehnten der Abgrenzung, das Zusammenwachsen der Welt. Sie beide sind da schon etwas weiter, indem Sie eine Brücke zueinander geschlagen haben und einen gemeinsamen Weg in die Zukunft einschlagen.

Nun möchte ich zum wichtigsten Teil dieser Amtshandlung kommen, der eigentlichen Eheschließung, und bitte Sie deshalb, sich von den Plätzen zu erheben …

(Trauformel)

Ich möchte Ihnen noch viel Glück für Ihren weiteren Lebensweg wünschen.

5 Aufbruch ins Unbekannte

Redeübersicht

Stimmung	Neutral
Adressaten	Eine Deutsche und ein Ausländer, die nach der Heirat in seiner Heimat leben werden
Kernaussage	Eine Ehe, in der die Partner verschiedene kulturelle Prägungen überbrücken und einer eine neue Heimat finden muss, ist ein Aufbruch ins Unbekannte, bei dem beide nur von Zuneigung und Vertrauen geleitet werden.
Kurzinhalt	Jede Eheschließung bringt Veränderungen mit sich. Sie sind jedoch besonders groß, wenn auch noch die Heimat aufgegeben wird und sich einer der Partner eine neue Sprache, neue Sitten und Gebräuche aneignen muss, wenn also ein Brükkenschlag zwischen zwei verschiedenen Kulturen notwendig ist. Andererseits erhöht der Reiz des Fremden auch die gegenseitige Anziehungskraft und fördert die Bereitschaft, sich auf das Neue einzulassen. Und mit Zuneigung und Vertrauen lassen sich die meisten Probleme gut bewältigen. Zudem ist Heimat immer da, wo man geliebt wird.
Redezeit	Ca. 6 Minuten
Besondere Hinweise	Die Ansprache sagt nichts Konkretes über die Nationalität des Bräutigams und sein Herkunftsland. Hier könnten Sie den Namen des Staates oder sonstige passende Angaben ergänzen. Da es sich um sehr verschiedene Herkunftsländer handeln kann, ist auch das, womit die Braut rechnen muss, sehr unterschiedlich. Deshalb

wurden zwei Sätze alternativ abgefasst (zweite Version in Klammern) und zwei Sätze gleich in Klammern gesetzt, da sie nur manchmal zutreffen. Streichen Sie also bitte die zu „Ihrem" Paar nicht passenden Abschnitte.

Ansprache

Sehr geehrtes Brautpaar, sehr geehrte Gäste, ich darf Sie herzlich hier in unserem Trausaal begrüßen.

In den letzten Wochen sind alle erforderlichen Unterlagen und das Heimatrecht des Bräutigams überprüft worden. Heute brauchen Sie beide nur noch „Ja" zueinander zu sagen, um Ihren Ehebund zu schließen. Und in Ihrem Fall zeigt sich nun ganz besonders, dass ein kleines Wort oft große Veränderungen mit sich bringen kann.

Denn Sie, liebe Braut, werden ja nicht nur Ihren Familienstand ändern, sondern auch in ein fremdes Land aufbrechen, das Ihnen eine neue Heimat werden soll. Sie werden sich in einer Sprache ausdrücken müssen, die Sie noch nicht ganz (bislang nur bruchstückhaft) beherrschen; Sie haben es mit fremden Sitten und Gebräuchen zu tun, auch wenn sich Ihre neue Heimat von der alten gar nicht so sehr unterscheidet (die von den hiesigen Lebensweisen doch stark abweichen).

Und auch für Sie, lieber Bräutigam, wird sich mehr ändern als nur der Familienstand. Denn Sie werden zwar in Ihrer gewohnten Umgebung leben, doch über Ihre Frau auch mit anderen Lebensformen vertraut gemacht werden. Und Sie werden Ihrer Frau beistehen, sich in die für sie fremde Umgebung einzugewöhnen.

(Vielleicht werden Sie beide ja auch eine ganz eigene Lebensweise entwickeln, die sich aus den Sitten und Gebräuchen Ihrer beider Herkunftsländer speist.)

Sie werden also in Neuland aufbrechen, so wie es im Grunde genommen jedes Brautpaar tut. Denn jede Ehe ist eine Reise ins Unbekannte und Ungewisse, bei der beide nur die gegenseitige Zuneigung und das Vertrauen zueinander als Kompass haben.

Kein Paar weiß vorher, was das Leben an Höhen und Tiefen für es bereithält. Und kein Paar weiß vorher, wie es mit den Entwicklungen und Veränderungen klarkommen wird, die sich im Zusammenleben im Laufe der Jahre ergeben.

Jedes Paar weiß bei der Trauung nur, dass beide sich gut verstehen, dass sie zusammenbleiben wollen, dass sie sich lieben und vertrauen.

Und Liebe und Vertrauen sind nicht nur die Fundamente für die Beziehung. Sie sind auch die Stützpfeiler, wenn es zu Problemen, gleich welcher Art, kommt.

Und da Sie bereit sind, im Zusammenleben kulturelle Unterschiede zu überbrücken und in einem fremden Land heimisch zu werden beziehungsweise Ihrer Frau eine neue Heimat zu bieten, müssen Ihre Zuneigung und Ihr Vertrauen zueinander ja besonders groß sein.

Doch das Fremde hat natürlich auch einen gewissen Reiz. Wer sehnt sich nicht nach fernen Ländern oder möchte nicht mal etwas Neues erkunden? Fremde Kulturen machen neugierig und bereichern einen, wenn man sich ihnen nähert. Menschen, die Verhaltensweisen zeigen, die für einen selbst neu sind, wirken attraktiv.

Da Sie beide aus verschiedenen Kulturkreisen kommen, werden Sie sich also immer etwas Neues zu bieten haben. Das wird natürlich auch Konflikte mit sich bringen, weil manches, was der eine für selbstverständlich hält, auf den anderen befremdlich wirkt. Doch wenn Sie aufeinander eingehen, werden Sie auch immer mehr voneinander erfahren (und sowohl die fremde als auch die eigene Kultur, die Sie ja dem Partner erklären müssen, immer besser verstehen).

Jede Reise ins Unbekannte ist ein Wagnis, aber auch eine Bereicherung. Jede glückliche Beziehung lebt von Zuneigung und Vertrauen. Und Heimat ist nicht nur da, wo man geboren wurde und aufgewachsen ist. Heimat ist auch überall da, wo es einem gut geht, wo man sein Auskommen findet, wo man geliebt wird.

Ich wünsche Ihnen, dass Sie in Ihrer Ehe Glück und eine Heimat finden.

Um nun zur eigentlichen Trauung zu kommen, möchte ich Sie bitten, sich von den Plätzen zu erheben …

(Trauformel)

6 Neue Heimat

Redeübersicht

Stimmung	Neutral
Adressaten	Diese Ansprache ist gedacht für ein gemischt-nationales Brautpaar. Die Frau, die erst kurze Zeit in Deutschland ist, kommt aus einem außereuropäischen Land, z.B. aus Asien, Afrika oder Südamerika.
Kernaussage	Bürokratische Barrieren können der persönlichen Zusammengehörigkeit nichts anhaben.
Kurzinhalt	Die Brautleute mussten durch eine unbarmherzige „Bürokratie-Mühle" hindurch, um überhaupt heiraten zu dürfen; umso mehr beweisen die in Kauf genommenen Mühen Zuneigung und Liebe; die Verlobten sind offen für die Kultur und Muttersprache des anderen und sehen darin eine Bereicherung sowie eine Herausforderung, die eigene Persönlichkeit weiterzuentwickeln.
Redezeit	Ca. 4 Minuten
Besondere Hinweise	Die Ansprache passt mit minimalen Veränderungen auch, wenn der Mann Ausländer und die Frau Deutsche ist. Siehe auch folgende Rede „A New Home": Die Rede auf Englisch.

Ansprache

Liebes Brautpaar, sehr verehrte Gäste,

natürlich habe ich mir viele Gedanken gemacht, was ich Ihnen zu Ihrer Eheschließung sagen könnte:

Heute ist für alle Anwesenden ein besonderer Tag, für Sie beide, aber auch für die (Trauzeugen und) Gäste, denn eine Eheschließung ist ja nichts Alltägliches, sondern etwas zum Feiern.

Und Sie, Frau …, und Sie, Herr …, haben heute allen Grund zum Feiern, denn Sie haben das Antragsverfahren nun glücklich überstanden. Ich kann mir vorstellen, dass Sie manches Mal gestöhnt haben, was Sie wohl noch an Unterlagen beibringen müssen. Ich weiß sehr wohl, dass es teils sehr schwierig ist, alle Dokumente zusammenzutragen.

Ja, und dann hatten Sie weitere Hürden zu nehmen, nämlich die geforderte Legalisation der Papiere durch die Deutsche Botschaft im Heimatland. Schließlich musste auch noch das Oberlandesgericht die Papiere prüfen und von der Vorlage des Ehefähigkeitszeugnisses Befreiung erteilen. Ja, ich gebe Ihnen Recht, das Verfahren ist langwierig und fordert viel Durchhaltevermögen.

Nun freue ich mich mit Ihnen, dass diese Geduldsprüfung für Sie der Vergangenheit angehört.

Sie, Frau …, und Sie, Herr …, stehen in einer ganz individuellen Situation. Sie haben sich kennen und lieben gelernt, trotz Ihrer verschiedenen Nationalität und Muttersprache. Dies zeigt, dass die Liebe keine Grenzen kennt.

Alle Menschen, egal welcher Nationalität sie angehören, in welcher Kultur sie aufgewachsen sind und welche Religion sie haben, kennen und suchen das Gefühl der Zuneigung und Liebe. Dass Sie heute vor mir sitzen, um die Ehe zu schließen, zeigt, dass die Liebe ein Grundpfeiler Ihrer Beziehung ist. Dazu kam wohl Ihrerseits ein großes Maß an Aufgeschlossenheit für die fremde Kultur.

Und ich nehme an, dass Sie diese Verschiedenheit oft schon als Bereicherung empfunden haben, als Chance und Herausforderung, die eigene Persönlichkeit weiterzuentwickeln.

Sie, Herr …, sind vielleicht schon manchmal auf Unverständnis bei der leider nicht immer ausländerfreundlichen deutschen Bevölkerung gestoßen. Ich möchte Ihnen deshalb heute sagen, lassen Sie sich vom Gerede anderer nicht beirren, sondern stehen Sie immer zu Ihren Gefühlen und Ihrer Entscheidung.

Auch für Sie, Frau …, wird es nicht immer leicht sein, im kalten Deutschland zu leben und vielleicht manchmal miterleben zu müssen, dass Ausländer in unserem reichen Land keinen leichten Stand haben. Ich hoffe, Sie haben und werden auch in Zukunft mit uns Deutschen keine schlechten Erfahrungen sammeln, und Deutschland wird zu Ihrer neuen Heimat.

Ich glaube, Sie sind sich bewusst, dass Sie Schwierigkeiten in der Ehe und mit Mitmenschen am besten bewältigen, wenn Sie stets zusammenhalten und Probleme immer offen besprechen.

Bevor ich zum Schluss komme, möchte ich Ihnen noch sagen, dass Sie durch Ihre Eheschließung heute einen Beitrag zur Völkerverständigung leisten, da Sie ein Vorbild für andere sind, dass Herkunft, Nation und Hautfarbe eine Nebensache werden, wenn man sich liebt und einmal den Anfang gemacht hat, aufeinander zuzugehen. Ich gratuliere Ihnen zu Ihrem Entschluss und wünsche Ihnen für Ihre Ehe alles Gute! …

(Trauformel)

7 A New Home

Redeübersicht

Stimmung	Neutral
Besondere Hinweise	Wenn Sie ein Englisch sprechen, das es Ihnen zumindest erlaubt, die folgende Übersetzung der Ansprache „Neue Heimat" gut zu verstehen, seien Sie nicht ängstlich und halten Sie die nächste Hochzeit mit einem englischsprachigen Paar mit unterschiedlichen Muttersprachen auf Englisch. Die Begeisterung ist Ihnen sicher. Und kleine „Holperer" wird Ihnen gewiss niemand verübeln.
Redezeit	ca. 4 Minuten

Ansprache

Dear bride and groom, dear guests,

I have put a lot of thought and effort into what I would like to say at your wedding.

Today is a very special day for everyone present here; for both of you, but also for the witnesses and guests. A marriage is not an everyday event, but something to celebrate.

Both of you, Mrs. (Miss) … and Mr. (Mister) …, have every reason to celebrate, since you have happily survived the procedure of giving notice of your intended marriage. I can imagine that you sometimes must have groaned at all the documents you had to prepare. I can imagine it can be very difficult to get all the requested documents.

Now I can share your happiness because you have overcome it all.

You, Mrs. (Miss) …, and you, Mr. …, live in a very special situation. You have met and have fallen in love with each other in spite of your different nationalities and native languages. This truly shows that love knows no barriers.

Everybody, regardless of their nationality, the culture they have grown up in, or their religion, is looking for affection and love. The fact that you are standing here in front of me today shows that love is the strongest pillar of your relationship that has overcome every possible obstacle.

And I'm sure that you have often felt these differences. I hope you have seen them not only as a challenge, but also as an opportunity to deepen your relationship.

You, Mr. …, perhaps sometimes you have struggled to understand German culture and habits. Today, I would like to say to you: don't be offended by that, but be patient and remember what makes worth all the efforts.

For you too, Mrs. (Miss) …, it will not always be easy to live in Germany, and perhaps also to experience that there are many things you have to get used to: the "German way of getting things done". I hope that the good experiences you have had — and will have in the future — will outweigh any downsides (i.e. bad experiences). And I also hope that you will soon call this country your new home.

I believe, and am sure that you are aware of this, that you can best overcome any problems and difficulties you encounter by sticking together and talking openly about problems.

Before I finish I would like to say to you, that with your marriage today you are contributing to international understanding. You are setting an example for others that origin and nationality become irrelevant when you love each other and have begun to grow together. May that bond between you always remind you of that strength and may it help you overcome every problem.

Trauformel

May I ask you now to stand up to say “Yes, I do” to each other.

I ask you, Mr. … (Vor- und Familienname), do you, of your own free will, wish to marry, here and now, Mrs. (Miss) … (Vor- und Familienname), then please answer with “Yes, I do”.

Do you, of your own decision, Mrs. (Miss) …, want to marry Mr. …, then please answer my question with “Yes, I do”.

Since you have both answered “Yes, I do”, I hereby declare you to be lawfully wedded husband and wife.

In most countries it is tradition to exchange rings at a wedding, and you too have brought rings which you may now place on each other’s finger.

8 In der Fremde zu Hause

Redeübersicht

Stimmung	Neutral
Adressaten	Brautpaare unterschiedlicher ausländischer Nationalität
Kernaussage	Eheleute geben sich gegenseitig eine Heimat, schaffen sich ein Zuhause, in dem beide gut aufgehoben sind.
Kurzinhalt	Ausländern kommt in Deutschland manches fremd vor, aber zwischen den Menschen aus verschiedenen Ländern gibt es auch eine Reihe von Gemeinsamkeiten, wie der hohe Stellenwert, den Liebe, Ehe und Familie überall einnehmen. Auch das Brautpaar unterscheidet sich durch die verschiedene Herkunft in manchem, hat aber auch viele Gemeinsamkeiten. Beide leben in einem fremden Land und sind neugierig auf Neues. Neben Weltoffenheit besteht auch der Wunsch nach Heimat. Heimat ist nicht nur das Herkunftsland, Heimat ist auch da, wo Menschen einem nahe stehen. Wie in der Ehe, wo beide sich aufeinander verlassen können und miteinander durch dick und dünn gehen.
Redezeit	Ca. 6 Minuten

Ansprache

Sehr geehrtes Brautpaar, sehr geehrte (Trauzeugen und) Gäste, ich begrüße Sie ganz herzlich hier im ...er Standesamt.

Heute ist er da, der Tag, an dem Sie beide, Frau ... und Herr ..., sich das Jawort geben können. Alle Formalitäten sind erledigt, alle bürokratischen Hürden überwunden – heute brauchen Sie nur noch „Ja" zu sagen, um miteinander die Ehe einzugehen.

Wahrscheinlich waren Sie erstaunt, als Sie merkten, was Sie alles regeln mussten, bevor Sie auf einem deutschen Standesamt heiraten können. Und möglicherweise kommen Ihnen auch einige der hiesigen Hochzeitsbräuche seltsam vor. Jede Kultur kennt eben ihre eigenen Rituale und Traditionen, um einen wichtigen Tag im Leben zweier Menschen zu feiern.

Doch darin sind sich die Menschen ganz unterschiedlicher Kulturen, Ethnien oder Nationen einig: Der Hochzeitstag ist ein wichtiger Tag. Überall auf der Welt spielt die Liebe im Leben der Menschen eine bedeutsame Rolle, überall wünschen sich die Menschen eine stabile Partnerschaft, überall haben Ehe und Familie einen hohen Stellenwert. Trotz mancher Unterschiede gibt es eben zwischen allen Menschen eine ganze Reihe von Gemeinsamkeiten.

Das haben auch Sie beide erfahren, als Sie sich kennen lernten und einander näher kamen. Denn auch zwischen den beiden Kulturen, die Sie geprägt haben, gibt es einige Unterschiede. Einige der Sitten und Gebräuche, mit denen der eine von Ihnen aufgewachsen ist, waren dem anderen wahrscheinlich fremd, bevor Sie beide sich begegneten. Aber Sie haben auch sogleich entdeckt, dass Sie viel gemeinsam haben.

Nun weiß ich natürlich nicht, welche Übereinstimmung es zwischen Ihren Interessen, Charaktereigenschaften oder Zielen gibt. Aber eine Gemeinsamkeit zwischen Ihnen kenne ich: Sie leben beide in einem Land, in dem Sie nicht geboren sind (dessen Pass Sie nicht haben, dessen Kultur nicht die Ihre ist) und das Ihnen etwas fremd ist. Vielleicht hat das ja auch die erste Brücke zwischen Ihnen geschlagen. Denn Sie verstehen, wie dem anderen zumute ist.

Eine andere Gemeinsamkeit zwischen Ihnen liegt darin, dass Sie bereit sind, sich auf etwas Neues einzulassen, und dass Sie neugierig auf das Unbekannte sind. Das, was einem fremd ist, übt ja immer auch eine gewisse Faszination auf einen aus. Und vielleicht hat das auch bei Ihnen eine Rolle dabei gespielt, hier zu leben oder sich auf Ihre Partnerin beziehungsweise Ihren Partner einzulassen.

Aufgeschlossenheit für eine andere Kultur, Weltoffenheit ist das eine – auf der anderen Seite möchte jeder Mensch auch eine Heimat haben, einen Ort, wo er sich zu Hause fühlt. Doch was ist Heimat? Heimat, das ist nicht nur das Land, in dem man geboren wurde und aufgewachsen ist oder sich niedergelassen hat; Heimat, das ist nicht nur die Kultur oder die Tradition, die einem vertraut ist. Heimat kann einem auch ein Mensch geben. So stellte der deutsche Schriftsteller Kurt Tucholsky einmal fest:

Freundschaft, das ist wie Heimat.

Und genauso lässt sich sagen: Liebe, das ist wie Heimat. Oder: Ehepartner geben sich gegenseitig eine Heimat.

Denn Heimat ist da, wo Menschen sind, die einem nahe stehen. Zu Hause fühlen wir uns alle bei Menschen, die uns schätzen und verstehen, die uns akzeptieren, so wie wir sind. Heimat ist dann das Zuhause, wo wir uns wohl fühlen, wo wir ausspannen und neue Kraft tanken können.

Die Ehe ist die Verbindung zweier Menschen, die miteinander durch dick und dünn gehen wollen. Die in guten wie in schlechten Zeiten zusammenhalten. Ehepartner können sich aufeinander verlassen. Sie sind bereit, die Tiefpunkte des Lebens gemeinsam durchzustehen; sie sind willens, dem Leben zusammen die besten Seiten abzugewinnen. Sie trösten und unterstützen einander, so wie sie auch miteinander lachen.

Sie schaffen sich eine Heimat. Einen Raum, wo sie sich gut aufgehoben fühlen. Und mit diesem Rückhalt können sie auch gut wieder in die Welt hinausgehen.

Heimat ist nicht an einen Ort gebunden. Sich zu Hause zu fühlen hat auch mit den Menschen zu tun, mit denen man zusammenlebt. Gerade Ehepartner können sich hier viel geben. Wenn sie zusammenhalten, dann schaffen sie sich einen Raum, in dem sie gut aufgehoben sind, und knüpfen zwischen sich ein festes Band. So, wie Sie beide es heute tun wollen, indem Sie „Ja" zueinander sagen.

Und damit komme ich zur eigentlichen Trauung und bitte Sie, sich von den Plätzen zu erheben …

(Trauformel)

Zum Schluss möchte ich Ihnen noch alles Gute für Ihren gemeinsamen Lebensweg wünschen.

9 Erinnerungen an Karaganda

Redeübersicht

Stimmung	Neutral
Adressaten	Diese Rede wendet sich an junge Spätaussiedler aus der ehemaligen Sowjetunion. (Vgl. auch „Besondere Hinweise")
Kernaussage	Die Verlobten haben als Spätaussiedler in der ehemaligen Sowjetunion den Familienzusammenhalt kennen gelernt. Glück lässt sich finden in der Zweisamkeit oder in der kleinen Gruppe, die einen umgibt.
Kurzinhalt	In der ehemaligen Sowjetunion war es für die Deutschen nicht immer ganz einfach zu leben. Die Lebensweise dort hat die Brautleute geprägt, besonders der Familienzusammenhalt. Was macht nun die Ehe aus? Liebe und Zärtlichkeit, Verständnis, Achtung, Treue, Sicherheit und Geborgenheit. Eine gute Partnerschaft braucht vor allem auch das Gespräch.
Redezeit	Ca. 6 Minuten
Besondere Hinweise	Gerade in den letzten Jahren kamen viele Spätaussiedler aus der ehemaligen Sowjetunion. Aus meiner Erfahrung stellt für diesen Personenkreis die Hochzeit ein großes Familienereignis dar. Meist ist die komplette Familie nach Deutschland übergesiedelt. Im Standesamt sind dann in der Regel die Familienangehörigen mit dabei. Dies veranlasste uns, den Familienzusammenhalt positiv herauszustreichen. Ist nur das Brautpaar zur Eheschließung anwesend und bleibt ungeklärt, ob der Familienverband noch intakt ist oder gar die Hochzeit im Verwandtenkreis unerwünscht ist, ist

dieser Text unpassend. Um dieses Risiko auszuschalten, sollten Sie die Verlobten bei der Anmeldung der Eheschließung fragen, ob Familienangehörige zur Trauung mitkommen.

Die Ansprache

Sehr geehrtes Brautpaar, verehrte (Trauzeugen und) Gäste,

Ich heiße Sie herzlich willkommen hier im Standesamt von …

Schon vor einiger Zeit haben Sie sich entschlossen zu heiraten. Heute ist nun also dieser große Tag gekommen, an dem Sie sich bei uns im Standesamt eingefunden haben, um sich das Jawort zu geben. Es ist ein bedeutender Anlass!

Ganz nüchtern betrachtet, handelt es sich bei diesem Schritt um einen Vertrag, den Sie heute hier durch Ihr Jawort schließen. Dieses kleine Wörtchen „Ja" genügt, um einen Bund mit weitreichenden Folgen zu schließen. Mit dem Jawort gelten Sie fortan auch in der Gesellschaft als Ehepaar. Sie bekommen dadurch eine neue Rechtsstellung dem Staat gegenüber. Die Grundlagen dafür sind zum Beispiel im Bürgerlichen Gesetzbuch und in den Steuergesetzen zu suchen.

Doch heute möchte ich nicht groß auf die Rechtslage eingehen, obwohl Ihre Beziehung heute einen offiziellen Charakter bekommt. Das Wesentliche des Ehebundes ist, wie Sie zueinander stehen. Ihre partnerschaftliche Beziehung ist das Wichtigste.

Sie sind nun beide aus der ehemaligen Sowjetunion als Spätaussiedler hierher gekommen. Sie beide verbrachten einen entscheidenden Teil Ihres Lebens dort. Sie sind dort aufgewachsen und somit auch etwas durch dieses Land und die Leute dort geprägt worden.

Ich kann, was die ehemalige Sowjetunion und das konkrete Leben dort betrifft, wenig mitreden. Doch aus der Presse und aus verschiedenen Erzählungen weiß ich, dass es dort nicht immer ganz einfach zu leben war. Die Deutschen in den Gebieten dort haben sich einschränken müssen. Ein bescheidenes Auskommen war für viele der Alltag. Doch es war sicher nicht alles schlecht. Wenn auch die äußeren Bedingungen kein leichtes Leben versprachen, so gab es auch die Familie als kleine private Idylle. Daheim wusste man, man ist angenommen so wie man ist. Wenn man Sorgen hatte, konnte man diese in der Familie besprechen.

Sie beide haben diesen Familienzusammenhalt in Ihrer Vergangenheit erfahren. Dies ist eine wichtige Erfahrung für Ihre gemeinsame Zukunft. Sie sind nun bereit, eine Ehe einzugehen und wollen sich fest aneinander binden.

Nun – was macht das Wesen einer Ehe aus:

Es ist ein Bund, der basiert auf:

Liebe und Zärtlichkeit zueinander Verständnis füreinander Achtung voreinander Treue, Sicherheit und Geborgenheit, die man sich gegenseitig gibt.

Jeder von Ihnen bringt eine Reihe von positiver sowie negativer Lebenserfahrung ein. Jeder von Ihnen hat Wünsche und Ziele für das gemeinsame Leben und die Zukunft, die Sie erwartet. Sie werden feststellen, dass sich diese nicht immer decken.

Bindeglied ist hierfür das Gespräch. Im Gespräch erfahren Sie, wie es dem anderen geht, ob er sich schlecht oder gut fühlt, was ihn ärgert oder freut, über was er sich Sorgen macht oder was ihn glücklich stimmt, welche Wünsche und Ziele er hat, wie er sich die Zukunft vorstellt.

So können Sie hier mit vereinten Kräften ein eigenes Zuhause aufbauen, wo das Glück Einzug hält. Den Familienzusammenhalt, den Sie in Ihrem bisherigen Leben kennen gelernt haben, werden Sie nun auf Ihre Ehe ausweiten. Bedenken Sie immer, gerade wenn es nicht immer ganz leicht ist hier in Deutschland zu leben, wenn es an sinnvoller Arbeit mangelt oder wenn es unter den Menschen anonym und kalt zugeht – Glück und Geborgenheit lässt sich in der Zweisamkeit und in der kleinen Gruppe, die einen umgibt, finden. Ich wünsche Ihnen alles Gute und viel Glück für die Zukunft …

(Trauformel)

10 Deutsch und fremd

Redeübersicht

Stimmung	Neutral
Adressaten	Die Rede wendet sich an Brautpaare, die aus einem (einer) Spätaussiedler(in) und einer (einem) hier aufgewachsenen Deutschen bestehen
Kernaussage	Eheleute schlagen eine Brücke zueinander, auch über Trennendes. Sie lassen sich vorbehaltlos aufeinander ein, bringen Verständnis füreinander auf und halten zueinander.
Kurzinhalt	Wenn ein(e) Aussiedler(in) eine(n) Deutsche(n) heiratet, sind zwar beide Deutsche, aber doch von unterschiedlichen Lebensbedingungen und Kulturen geprägt. Sie sind sich also ein bisschen fremd und müssen diesen Abstand erst überbrücken. Indem sie sich aufeinander einlassen und Verständnis füreinander aufbringen, lernen sie nicht nur einen anderen Menschen kennen, sondern entdecken auch eine andere Welt. Und dabei entwickeln sie das, worauf es in einer Ehe ankommt: sich zu verstehen und zueinander zu halten.
Redezeit	Ca. 5 Minuten
Besondere Hinweise	Bitte ergänzen Sie, aus welchem Ort und welchem Land der (die) Spätaussiedler(in) stammt und wann die Übersiedlung stattfand. Wenn Sie etwas darüber wissen, können Sie auch noch etwas über die Lebensbedingungen in der alten Heimat einfügen. Sollte das Brautpaar ohne die Familie des/der Aussiedlers/in aufs Standes-

amt kommen, könnte das auf einen familiären Konflikt hinweisen. Dann sollte der Satz über den Zusammenhalt der Aussiedlerfamilien gestrichen werden.

Ansprache

Liebes Brautpaar, sehr geehrte Gäste, ich begrüße Sie herzlich hier in unserem Standesamt.

Endlich sind alle Formalitäten bewältigt. Heute nun ist der große Tag gekommen, an dem Sie beide sich ganz offiziell Ihr Jawort geben. Sie bekräftigen damit, dass Sie zueinander gehören, dass Sie sich gut verstehen und zusammen Ihre Zukunft gestalten wollen.

Das heißt, Sie haben eine Brücke zueinander geschlagen und damit auch das, worin Sie sich unterscheiden, überbrückt. Das tun im Grunde alle Brautpaare, doch in Ihrem Fall trifft es wohl noch stärker zu. Denn Sie sind zwar von der Abstammung her beide Deutsche, doch Sie sind von zwei unterschiedlichen Kulturen und Lebensformen geprägt worden. Sie, …, stammen aus … und sind erst vor … Jahren hierher gekommen, während Sie, …, hier in Deutschland aufgewachsen sind.

Als Sie sich begegneten, haben Sie also nicht nur einen neuen Menschen kennen gelernt, sondern auch eine Ihnen mehr oder weniger unbekannte Welt. Denn hier in Deutschland weiß man ja wenig über die Deutschen, die schon lange in der ehemaligen Sowjetunion (Rumänien, Polen) leben und sich noch auf ihre alte Herkunft berufen. Und umgekehrt stellen die Aussiedler oft fest, dass die hiesigen Lebensbedingungen und der Lebensstil für sie neu und manchmal befremdlich sind.

Sie beide waren sich also ein bisschen fremd, als Sie sich kennen lernten. Doch das Fremde, Unbekannte ist ja immer etwas, was einen anzieht. Und wenn man neugierig auf den anderen Menschen ist und wenn man sich mag, wird man schnell den Weg zueinander finden.

Und wenn sich zwei Menschen aufeinander einlassen, werden sie auch viel entdecken. Sie, …, haben sozusagen eine(n) Dolmetscher(in) gefunden, um den westlichen Way of life zu verstehen. Und auch Sie, …, haben über Ihre(n) Freund(in) andere Werte, andere Sitten und Gebräuche kennen gelernt. Vielleicht haben Sie sogar den Eindruck gewonnen, dass man einige dieser fremden

Lebensweisen eigentlich gut übernehmen könnte. Beispielsweise halten Aussiedlerfamilien viel stärker zusammen, als das hiesige Familien tun.

Vielleicht hat es anfangs auch einige Missverständnisse zwischen Ihnen gegeben, weil Sie nicht so recht wussten, wovon der andere redete, oder seine Reaktionen nicht richtig deuteten. Aber Sie wollten sich verstehen, Trennendes überwinden und sich näher kommen, und deshalb haben Sie es dann auch geschafft.

Und darauf kommt es schließlich an in einer Beziehung: Dass beide immer Verständnis für den anderen aufbringen und dass beide sich vorbehaltlos aufeinander einlassen.

Denn wenn zwei Menschen sich verstehen und füreinander da sind, können sie mit allen Problemen viel besser fertig werden und alles Schöne im Leben viel intensiver erleben. Wenn sie sich aufeinander einlassen, dann spielt die unterschiedliche Prägung in der Vergangenheit keine große Rolle mehr. Dann zählt die Gegenwart und der Wunsch, gemeinsam die Zukunft zu gestalten. Wenn sie gut miteinander auskommen und sich schätzen, werden sie sich glücklich fühlen. Und wenn sie zusammenhalten, werden sie stets auch neuen Mut und neue Kraft für den Alltag gewinnen.

Das heißt, jeder findet mit dem anderen Menschen den Ort, wo er hingehört. Beide finden in der Ehe ein Zuhause oder eine Heimat. Eine Heimat, die ihnen Rückhalt gibt und Zuflucht bedeutet, wenn einer Sorgen oder Stress hat. Oder sogar eine Heimat, die eine verlorene ersetzt, also einen Ort, wo man glücklich sein kann. Denn heimisch sind wir immer da, wo wir uns wohl fühlen.

Um Ihre Ehe nun zu schließen, bitte ich Sie, sich von den Plätzen zu erheben …

(Trauformel)

Bevor Sie den Heiratseintrag unterschreiben, möchte ich Ihnen noch viel Glück für Ihre Ehe wünschen.

11 Zauber der Verschiedenartigkeit

Redeübersicht

Stimmung	Feierlich
Adressaten	Diese Rede ist für ein gemischt-nationales Paar geschrieben. Der Ausländer/die Ausländerin kommt aus einem fernen Land. Sie ist nur geeignet, wenn der Standesbeamte den Eindruck hat, dass das Brautpaar sich aus Liebe heiratet.
Kernaussage	Ohne den Zauber der Verschiedenartigkeit von Menschen und Völkern wäre das Leben wenig reizvoll. Das Brautpaar bringt eine große Aufgeschlossenheit für die Verschiedenartigkeit zwischen ihnen mit; aus der Verliebtheit ist Liebe geworden.
Kurzinhalt	Die Verschiedenartigkeit, bedingt durch ganz unterschiedliche Lebensgeschichten war für die Liebe des Brautpaares unerheblich. Es ließ sich gegenseitig voneinander bezaubern. Liebe ist schließlich im Spiel, wenn Menschen bereit sind, sich fest zu binden. Die Zweisamkeit stellt die Quelle des Glücks dar, gibt ein Gefühl von Sicherheit und Geborgenheit.
Redezeit	Ca. 4 Minuten
Besondere Hinweise	Diese Ansprache muss mit etwas Fingerspitzengefühl ausgewählt werden, da es manchmal nicht leicht ist, festzustellen, ob sich das Paar aus Liebe heiratet oder um den Aufenthalt in Deutschland zu sichern. Zum Ringwechsel: In meiner Praxis habe ich öfters festgestellt, dass ein kleines Gespräch durchaus eine nette Atmosphäre schafft. Aufhänger für ein solches Gespräch, könnte die Frage sein, ob man sich im

Heimatland des Ausländers bei der Eheschließung auch Ringe ansteckt.

Ansprache

Liebes Brautpaar, sehr geehrte (Trauzeugen und) Gäste,

ich heiße Sie alle herzlich willkommen in den Räumen des Standesamts.

Heute sind Sie, Frau ... und Herr ..., glücklich hier anwesend, um die Ehe zu schließen. Bei der Anmeldung habe(n) ich (wir) geprüft, dass keine Eheschließungshindernisse vorliegen. Ich (wir) habe(n) dabei das jeweilige Heimatrecht überprüft. Dies hat Ihnen bedauerlicherweise einige Umstände bereitet, doch nun können Sie das alles vergessen. Ich kann Ihnen schließlich versichern, dass diese Eheschließung in jedem Staat der Welt gültig sein wird.

Für heute gibt es nur wenige Formalitäten, die unbedingt eingehalten werden müssen. Da ist zum einen die Namenserklärung, mit der Sie Ihre gewünschte Namensführung in der Ehe festlegen werden. (Auch bei dieser Frage haben wir das Heimatrecht beachtet.) Am Ende werde ich auch noch den Heiratseintrag vorlesen, den Sie anschließend unterschreiben müssen. Das Wichtigste jedoch ist heute an Ihrem Hochzeitstag das Jawort. Mit dieser kurzen Antwort auf meine Frage, ob Sie ein Ehepaar werden wollen, begründen Sie Ihr Eheleben. Es ist der Start in Ihre gemeinsame Zukunft auf der festen Basis eines Ehebunds.

Begleiten soll Sie bei diesem Schritt ein Zitat von Erich Limpach:

Ohne den Zauber der Verschiedenartigkeit von Menschen und Völkern wäre das Leben wenig reizvoll.

Auf Ihre Situation passt dieses Zitat besonders gut. Beide sind Sie aufgeschlossene, offene Menschen. Sie sind in verschiedenen Kulturkreisen aufgewachsen. Ihre Lebensgeschichte ist ganz unterschiedlich. Doch das war für Ihre Liebe zueinander ganz unerheblich. Sie ließen sich gegenseitig voneinander bezaubern. Dieser Zauber war für das Kennenlernen ganz wichtig.

Jede Partnerschaft, egal ob zwei Deutsche heiraten oder es sich um eine gemischt-nationale Partnerschaft handelt, steht zu Beginn vor der gleichen Situation. Man ist verliebt, man schwebt wie auf Wolken, man sieht das Leben wie durch eine rosarote Brille.

Den Menschen geht es so:

Äußeres erweckt Aufmerksamkeit, Faszination, Zuneigung; Liebe entsteht durch einen Blick ins Innere.

Liebe ist im Spiel, wenn Menschen bereit sind, sich fest zu binden, das Ziel haben, die Zukunft miteinander zu meistern. Liebe ist auch im Spiel, wenn die Zweisamkeit die Quelle des Glücks darstellt.

In der Zweisamkeit erleben Sie Sicherheit und Geborgenheit. Dieses Gefühl ist besonders dann wichtig, wenn man wie Sie, Frau … (Herr …), aus einem fernen Land kommt und vieles zurücklassen musste. Die Vertrautheit, die Sie in Ihrem Heimatland hatten – durch die Familie, Ihren Freundeskreis, die gleiche Sprache, die gleichen Sitten und Bräuche –, werden Sie vielleicht manches Mal vermissen. Doch Sie sind hier nicht allein. Sie haben einen Partner an der Seite, der Sie liebt und zu Ihnen steht. Ihre Partnerschaft wird diese Lücke füllen.

Ich wünsche Ihnen beiden, dass die Liebe zwischen Ihnen stets ein Grundpfeiler Ihrer Beziehung ist. Und Ihnen, Frau … (Herr …), wünsche ich besonders, dass Sie sich mit der Unterstützung Ihres Ehemannes (Ihrer Ehefrau) hier in Deutschland gut einleben und Deutschland zu Ihrer zweiten Heimat wird …

(Trauformel)

Ich darf Ihnen nun als erster in dieser Runde ganz herzlich zu Ihrem Ehebund gratulieren.

12 „Yes, we can"

Redeübersicht

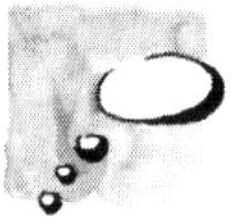

Stimmung	Nachdenklich
Adressaten	Brautpaare, bei denen die Partner unterschiedlicher kultureller Herkunft sind
Kernaussage	Ein Zusammenleben unterschiedlicher Kulturen ist möglich und bringt die Gesellschaft ein Stück weiter.
Kurzinhalt	Wenn sich zwei Menschen aus unterschiedlichem Kulturkreis das Jawort geben, entsteht etwas Neues. Die Signalwirkung für die Gesellschaft kann enorm sein. Im Mittelpunkt stehen dabei aber nicht die Unterschiede, sondern das, was zwei Menschen vereint. Der Satz „Wir schaffen das!" kann dabei als Leitmotiv angesehen werden.
Redezeit	Ca. 8 Minuten

Ansprache

Sehr geehrte Damen und Herren, liebe Hochzeitsgäste,

liebes Brautpaar,

kaum ein anderer Satz hat in den letzten Jahren für so viele Diskussionen gesorgt wie der der Bundeskanzlerin Angela Merkel aus dem Jahr 2005. Keine Sorge: Ich werde an dieser Stelle selbstverständlich keine politische Rede halten und auch keine Stellung beziehen, doch halte ich das Motto „Wir schaffen das" durchaus für übertragbar, wenn es um eine Ehe und das Zusammenleben geht. Der Satz, der sinnbildlich für eine gelebte Willkommenskultur steht, wurde zu einem früheren Zeitpunkt in einer anderen Variante auch schon vom späteren US-Präsidenten Barack Obama verwendet, als dieser sein „Yes, we can" unter anderem als Slogan für ein tolerantes Zusammenleben verstand.

Wenn Sie beide hier und heute eine Ehe eingehen, beweisen Sie sowohl, dass ein interkulturelles Zusammenleben möglich ist, als auch, dass dies im besten Sinne geschafft wird. Und so privat eine Ehe auch ist: Die Tatsache, dass mit Ihnen beiden zwei Menschen aus unterschiedlichen Kulturkreisen zusammenfinden, hat ganz sicher auch eine positive Signalwirkung für unsere Gesellschaft. Sie beweisen, dass Liebe stärker ist als alle Unterschiede und diese problemlos überwindet.

Die Botschaft dahinter ist genauso simpel wie das damalige „Yes, we can" und ließe sich in Ihrer beider Fall auch noch durch ein „Yes, we want" ergänzen. Indem Sie fortan zusammenleben, sorgen Sie nicht nur für einen Austausch zweier Kulturen, sondern auch dafür, dass die ganze Hochzeitsgemeinde, Ihr Freundeskreis und Ihre Verwandten einander näherkommen und einen Schritt aufeinander zugehen. Dabei ist es gar nicht erforderlich, dass man viel vom anderen übernimmt oder alles kritiklos gutheißt, wichtig sind einfach nur gegenseitiger Respekt und Toleranz.

Wohlgemerkt: Natürlich steht der politische oder gesellschaftliche Aspekt bei keiner Ehe im Vordergrund. Genau genommen sind es die anderen, die Signalwirkungen in eine Liebe zwischen zwei Menschen hineininterpretieren, was Sie beide, liebe Braut und lieber Bräutigam, gewiss nicht an erster Stelle sehen. Entsprechend sind es vermutlich auch nicht die vielfach spannenden Unterschiede, sondern das Gemeinsame, das Verbindende, das Sie zu Ihrem heutigen Schritt führt. Und machen wir uns nichts vor: Die Normalität einer Ehe ist sowohl bei ähnlichen wie auch bei unterschiedlichen Kulturkreisen gegeben.

Auch wird der eheliche Alltag bei Ihnen genauso wie bei allen anderen Paaren Einzug halten und in ganz handfesten Fragestellungen und Aufgaben bestehen. Da spielt der Kulturkreis in aller Regel keine Rolle, sondern es sind Individuen mit individuellen Vorstellungen, die gemeinsame Lösungen finden.

Nichtsdestotrotz passt in Ihrem Fall gleich in mehrerlei Hinsicht der Satz des dänischen Philosophen Sören Kierkegaard, der einmal feststellte:

„Die Ehe ist und bleibt die wichtigste Entdeckungsreise, die der Mensch unternehmen kann."

In Ihrem Fall handelt es sich nicht nur um eine Reise zueinander oder eine Reise in eine gemeinsame Zukunft, sondern auch um eine Entdeckung einer bislang unerschlossenen Welt. Dies lässt sich sowohl im wörtlichen Sinne verstehen, wenn Sie sich gegenseitig die Orte Ihrer Kindheit und Jugend zeigen und eventuell Verwandte oder alte Freunde in einer fernen Region besuchen. Dies ist aber auch dann der Fall, wenn in Fragen wie der Erziehung von Kindern, der Ausübung von Religion oder auch bei so banalen Themen wie Ess- und Trinkgewohnheiten eine Reise in die „Welt" des jeweiligen Gegenübers unternommen wird.

Für den eigenen Horizont ist das Kennenlernen anderer Gepflogenheiten mit Sicherheit eine enorme Bereicherung und je mehr man über den anderen lernt, desto mehr lernt man auch über sich selbst. Anders formuliert, beinhaltet das Nachdenken über gemeinsame Themen immer auch das Infragestellen eigener Konventionen und eventuell das Finden eines dritten, gemeinsamen und besonders vielversprechenden Wegs.

Hier kommt wieder das „Wir schaffen das" ins Spiel, denn wie in jeder Ehe werden sich auch bei Ihnen Konfliktsituationen einstellen. Auch wenn Ihr kultureller Hintergrund sich unterscheiden mag, sprechen Sie eine gemeinsame Sprache und das ist die Sprache der Liebe und des gegenseitigen Respekts. „Wir schaffen das" bedeutet somit auch, dass Ihnen beiden eine erfüllte und harmonische Ehe bevorsteht, wenn Sie die Eigenheiten des Gegenübers kennen- und lieben lernen.

Vielleicht wird es irgendwann einmal so sein, dass ein unterschiedlicher Kulturkreis noch nicht einmal erwähnt werden braucht, sondern einfach nur zwei Menschen einander lieben und eine gemeinsame Zukunft planen. Mich würde es freuen.

(Trauformel)

13 Neue Heimat gefunden

Redeübersicht

Stimmung	Nachdenklich
Adressaten	Ein Brautpaar, bei dem ein Ehepartner ein ehemaliger Flüchtling bzw. Asylant ist.
Kernaussage	Liebe kennt keine Grenzen und keine Hindernisse, sie ist international. Ein Mensch, der aus einem anderen Land geflohen ist, findet in Deutschland einen geliebten Menschen und damit auch eine neue Heimat.
Kurzinhalt	Das Gefühl der Heimat muss nicht zwingend an einen Ort gebunden sein, sondern drückt eher ein Gefühl der Verbundenheit aus. Zudem ist auch Deutschland seit Jahrhunderten von Migration geprägt und sorgt für eine schnelle Integration.
Redezeit	Ca. 7 Minuten

Ansprache

Liebe Hochzeitsgäste, Freunde und Verwandte,
liebe Eheleute,

wenn sich zwei Menschen aus unterschiedlichen Kulturkreisen einander zuwenden und heiraten, stellt das hierzulande immer noch eine Seltenheit dar. Entsprechend freue ich mich besonders, dass Sie beide in gewisser Weise die Saat für kommende Generationen säen und nach wie vor vereinzelt vorkommende Barrieren in unserer Gesellschaft durch Ihre Liebe überwinden.

Wer in den heutigen Tagen eine Zeitung aufschlägt oder eine der vielen Nachrichtensendungen im Fernsehen einschaltet, wird unweigerlich mit der so genannten Flüchtlingsthematik konfrontiert. Es handelt sich hierbei ganz klar um eine der drängendsten politischen Aufgaben unserer Zeit, doch wird darüber allzu oft das Menschliche außer Acht gelassen. Der Versuch, die vielfältigen Facetten der derzeitigen Debatte in eine kurze Rede zu fassen, dürfte von vornherein scheitern. Hinzu kommt, dass es hier und heute keineswegs um das Thema Flucht oder Asyl, sondern eher um die Begriffe Liebe und Heimat gehen soll.

Ein heute fast vergessener deutscher Lyriker namens Baron von Örtzen sagte hierzu einmal:

Wir sichern uns die Heimat nicht durch den Ort, wo, sondern durch die Art, wie wir leben.

Dieser Satz ließe sich gut und gerne mit dem deutlich bekannteren lateinischen Ausspruch

Ubi bene, ibi patria – wo es dir gut geht, dort ist die Heimat

ergänzen.

In beiden Fällen wird Heimat eher als ein Gefühl der Zugehörigkeit, des „Zuhauseseins" begriffen und nicht an ein Territorium geknüpft. Das macht aus meiner Sicht auch Sinn, denn schließlich leben wir in einer durch und durch globalisierten Welt.

Das beginnt bereits mit unserer hohen Mobilität. Mal eben in eine europäische Hauptstadt jetten, Urlaube in weit entfernten Orten wie Thailand, den Malediven oder Südafrika oder – noch einfacher und näher – gemeinsames Essen beim Inder, Vietnamesen, Japaner oder Araber: das alles ist längst zu unserem Alltag geworden. Entsprechend global sind auch viele unserer Traditionen und auch im

Denken unterscheiden wir uns nicht allzu sehr von den Menschen einer vermeintlich anderen Kultur.

Wohlgemerkt: ich möchte an dieser Stelle keine „Gleichmacherei" betreiben, sehe aber bei uns Menschen auch über die Grenzen hinweg deutlich mehr Gemeinsamkeiten als Trennendes.

Bei Ihnen beiden wird die Zusammengehörigkeit ab dem heutigen Tag durch das Band der Ehe bekräftigt. Sie sind damit ein lebender Beweis für die so oft geforderte erfolgreiche Integration in unsere Gesellschaft. Sollten Sie sich für Kinder entscheiden, werden diese bereits hier im Land geboren und aufwachsen und spätestens nach einer weiteren Generation wird die Biografie als „Flüchtling" oder „Asylbewerber" nur noch Geschichte sein. Verstehen Sie mich bitte nicht falsch. Es geht nicht darum, einen integralen Bestandteil Ihres Lebens kleinzureden, sondern um die feste Überzeugung, dass sich das Gefühl von Zugehörigkeit schnell einstellen wird.

Wirft man einen Blick in die deutsche Geschichte, so wimmelt es hier nur so von ehemals Fremden, die schnell den Weg in unsere Mitte gefunden haben. Diejenigen, die seit den 1960er-Jahren aus den Ländern Südeuropas zu uns gekommen sind, gelten ebenso längst als Deutsche wie die vielen polnischen Arbeitskräfte, die um die Wende vom 19. zum 20. Jahrhundert im Ruhrgebiet lebten. Man könnte den Bogen noch weiter spannen und über die zahlreichen gebürtigen Deutschen sprechen, die über die letzten Jahrhunderte im Ausland ihr Glück gesucht und gefunden haben. Oder über die umfangreichen Fluchtbewegungen nach dem Ende des Zweiten Weltkriegs.

Wichtiger erscheint mir allerdings, dass mit Ihnen beiden zwei liebende Menschen zueinander gefunden haben. Das bisher Erlebte und der biografische Hintergrund mögen dabei sicherlich eine Rolle spielen, doch richten Sie beide den Blick zu Beginn einer Ehe vermutlich eher in die Zukunft. Der französische Dichter Antoine de Saint-Exupéry sagte einmal:

Liebe besteht nicht darin, dass man einander anschaut, sondern dass man gemeinsam in dieselbe Richtung blickt.

Wenn ich Sie beide ansehe, so bin ich der festen Überzeugung, dass Ihnen dies in vollem Umfang gelingt.

Herzlichen Dank.

14 Die Ehe als Heimat

Redeübersicht

Stimmung	Nachdenklich
Adressaten	Die Rede ist für ein türkisches Brautpaar gedacht. Sie lässt sich aber auch für ein Paar anderer Nationalität verwenden, wenn zwischen der Kultur ihres Herkunftslands und der deutschen ähnliche Unterschiede bestehen wie zwischen der türkischen und der deutschen.
Kernaussage	Die Ehe bietet dem Paar eine neue Heimat.
Kurzinhalt	Für Ausländer, auch wenn sie schon länger hier leben, ist Deutschland, zumindest in Teilen, ein fremdes Land. Vor allem, wenn zwischen der eigenen Kultur und der deutschen große Unterschiede bestehen. Die Ausländer nehmen von beiden Kulturen etwas an, haben aber wahrscheinlich auch das Gefühl, zwischen den Kulturen zu stehen. Die Ehe mit einem Menschen, der dasselbe erlebt (hat), kann einem wieder ein Gefühl von Heimat vermitteln.
Redezeit	Ca. 5 Minuten
Besondere Hinweise	Die Ehe ist für zwei Türken geschrieben, wobei es nicht auf die Staatsangehörigkeit ankommt. Die Rede lässt offen, ob die Betreffenden hier aufgewachsen sind, schon länger hier leben oder erst seit kurzem hier sind, und ob diese Vorgeschichte auf beide oder nur auf einen zutrifft. Es wäre also gut, wenn Sie das streichen oder ergänzen, was für „Ihr" Paar nicht oder zusätzlich gilt.

Wenn Sie wissen, dass die Brautleute z.B. Kurden sind, ersetzen Sie bitte Türken bzw. türkisch durch Kurden bzw. kurdisch.

Ansprache

Sehr geehrtes Brautpaar, sehr geehrte Gäste, ich begrüße Sie hier im Standesamt von … ganz herzlich.

Heute geht es nur noch darum, dass Sie, Frau … und Herr …, sich Ihr Jawort geben. Denn die notwendigen und zeitaufwendigen Formalitäten sind nun alle erledigt.

Sie beide beginnen Ihren gemeinsamen Lebensweg in einem Land, das nicht Ihre ursprüngliche Heimat ist und/oder dessen Staatsangehörigkeit Sie nicht haben. Vielleicht haben Sie sich gerade deshalb entschieden, einen Menschen aus Ihrem eigenen Kulturkreis zu heiraten.

Nun liegen natürlich keine Welten zwischen der Türkei und Deutschland, aber etwas fremd sind sich beide Länder schon. Es gibt Unterschiede, die Sie sicher spüren. Vor allem, wenn Sie erst seit kurzem hier sind, aber auch, wenn Sie hier aufgewachsen sind oder schon länger hier leben. Denn Sie sind ja sowohl von Ihrem Leben in Deutschland als auch von Ihrem Aufwachsen in einer türkischen Familie geprägt.

Sie haben also zwei verschiedene Kulturen kennen gelernt, und Sie sind mit einer Religion aufgewachsen, die hier nur von wenigen praktiziert wird. Sie haben erfahren, dass es unterschiedliche Vorstellungen gibt, nach welchen Werten man sein Leben ausrichten soll. Dass es unterschiedliche Auffassungen gibt, was im Leben besonders wichtig ist. So hat die Familie bei Türken einen anderen Stellenwert als bei Deutschen. Aber was das anbelangt, werden Sie sicher mehr Beispiele kennen als ich.

Vielleicht haben Sie sich in Deutschland mal mehr an der einen und mal mehr an der anderen Kultur orientiert. Das hängt ja auch davon ab, was gerade von Ihnen erwartet wurde, von der Familie oder in der Schule und im Beruf. Und vielleicht haben Sie das Gefühl, dass Sie zwischen zwei Kulturen stehen.

Und sicher ist es hier für Sie manchmal nicht leicht, weil es in Deutschland leider noch viele Vorurteile gegenüber Ausländern gibt.

Deshalb ist es wichtig, einen Menschen zu haben, der die gleiche Sprache spricht, der ähnliche Erfahrungen gemacht hat, der die eigenen Probleme kennt und versteht.

Eine enge Bindung an einen anderen Menschen, wie die Ehe, kann uns ein Stück Heimat geben. Die Ehe kann eine Zuflucht sein vor einer verständnislosen Umgebung. Hier finden wir Verständnis und Geborgenheit.

Sie beide stehen hier in Deutschland vor derselben Situation. Sie leben hier, werden jedoch immer als Türken angesehen. Sie fragen sich vielleicht manchmal, wohin Sie eigentlich gehören. Nun können Sie sich das Gefühl, irgendwohin zu gehören, gegenseitig geben. Denn Sie beide gehören nun zusammen. Und Sie können sich gegenseitig ein Stück Heimat geben.

Wenn Sie sich gegenseitig ein Zuhause bieten, wird es Ihnen leichter fallen, die Probleme des Alltags zu bewältigen. Auch wenn Sie sich hier noch fremd fühlen, haben Sie in der Ehe einen anderen Menschen, der Ihnen das Gefühl von Vertrautheit und Zusammengehörigkeit gibt.

Um Ihre Ehe jetzt zu schließen, möchte ich Sie bitten, mit mir aufzustehen …

(Trauformel)

Zum Schluss möchte ich Ihnen noch viel Glück für Ihren weiteren Lebensweg wünschen.

15 Whatever will be …

Redeübersicht

Stimmung	Romantisch
Adressaten	Paare, von denen mindestens einer kein Deutsch, aber Englisch spricht; Zuwanderer, Flüchtlinge
Kernaussage	Gemeinsam einen Neubeginn zu wagen, lässt einen der Zukunft positiv entgegensehen.
Kurzinhalt	Einer (oder beide) des Brautpaares wurden vor Kurzem zu einem Neubeginn mit ungewisser Zukunft gezwungen. Jetzt ist es eine Entscheidung aus eigenem Willen, sodass die Zukunft nicht mehr bedrohlich, sondern erwartungsvoll erscheint.
Redezeit	Ca. 5 Minuten

Ansprache

Dear Bride, dear Groom, and dear guests,

Good morning and welcome to our registry office. I'm excited and honoured to be able to officiate your wedding ceremony and thus accompany you on your journey into a new part of your lives.

Beginning a new life is something that you, (Vorname der/des Betroffenen der beiden Brautleute, ggf. beide), already experienced not long ago. You left your home, (parts of) your family and friends, your job, the environment that was familiar to you. When you came here, you didn't know what would await you – who you might meet and how your life would unfold. It may have felt a bit like what Doris Day sang about in her famous song:

„Qué será, será. Whatever will be, will be.
The future's not ours to see.
Qué será, será. What will be, will be."

Your feelings may, however, not have chimed with the song's easy-going mood. There was too much pain, too much uncertainty; there were too many doubts.

Unlike the path you embarked on at the time, today's new beginning is a decision that comes from your heart. It is your own decision, your free choice. It is a much-desired new start, a new start that you can look forward to with happiness and confidence. Of course, everything that happened in (Land einfügen, aus dem der Flüchtling kam) remains a substantial part of your personal history, and it is something that will stay with you throughout your life.

Nevertheless, the song of your future life will be a happy and cheerful song, rather like this:

Whatever will be, will be – but whatever will be, it will be together with the one I love.

The future's not ours to see – but whatever the future will bring, it will be a future I am curious about and that I face with a sense of expectation and bright eyes.

What will be will be – but whatever will be, it will be because I walk this way determined and with profound confidence.

With your marriage, two completely different histories come together and look forward to a joint future. Sharing your future, you will share the personal histories you've brought to your union. Let the song of your life be a duet you sing together: Whatever will be …

And now I would like to ask you to get up for a very special moment: your promise of marriage.

(Trauformel)

Ansprachen mit thematischen Schwerpunkten

Bezug zum Beruf der Brautpaare

1 A network of love

Redeübersicht

Stimmung	Neutral
Adressaten	Paare, die in sozialen Medien aktiv sind, Computerfreaks, aber auch solche, die in Kommunikationsberufen arbeiten
Kernaussage	Auch das Beziehungsnetzwerk einer Ehe muss wachsen und braucht viel Pflege; eine Ehe lebt von Beziehungspflege nach innen und nach außen.
Kurzinhalt	Das Netz zwischen den Brautleuten wurde bereits fleißig geflochten und verbindet ihre Träume und Pläne. Auch während der Ehe sollte es ständig genährt und gestärkt werden. Zum einen wie ein Intranet: auf der ganz persönlichen Zweierebene, nur für die beiden selbst zugänglich. Zum anderen wie ein Internet in der Beziehungspflege nach außen zu Familie und Freunden.
Redezeit	Ca. 5 Minuten

Ansprache

Dear bride and groom, dear family, dear friends,
I'm delighted to welcome you here at our register office.

For you, dear bridal couple, this is a very important day of your life – let's say it's the most important one! But I must admit, it is a very important one for me, too. I was asked to make this speech in English and of course this wish will be fulfilled. But I don't do this very often and I hope you understand that I am quite as nervous as you are!

When you are here today to start your common path through life and to the future, it's not the start of your relationship. You've already spent time together, got to know each other and more and more your lives got intertwined. You wove a network of love that now spreads over your live and holds you together. And it's as well a network of dreams. Dreams of the future that each of you brought with him (and with her) and that now are knitted together.

"When we are dreaming alone it is only a dream. When we are dreaming with others, it is the beginning of reality."
(Dom Hélder Câmara, former Brasilian archbishop)

Well, this one is not quite the kind of networking that is usually meant when people talk about networks in our times. "Networking" has conquered all areas of our daily life:

Mothers network to arrange their chauffeur services to kindergarten and school; businessmen network to get insider information and work efficiently; we all network to stay in touch with everyone we know, we ever met or could have already met if we hadn't spent so much time in networking …

Your personal network of love and dreams is a special and personal one. And it is a network that will grow to be a strong and dense one during your marriage and during the years you will spend together. But let's draw a parallel between your network and two others: the intranet and the internet.

The intranet is a zone that is reserved for a special group of people. No one who doesn't belong to this community will look inside. It's very important that you, bride and groom, have your personal intranet. Here you can share secret information, plans or things like declarations of love. The intranet is a safe platform and you can join it without make-up, with uncombed hair and even if you feel sad, tired or unlucky. Your personal marriage intranet is the place to sustain and refresh, the place to share all your doubts and worries.

And all of your joy and lucky moments as well, don't forget that. "In good times and bad times" – don't forget to look at the funny and good things in your life together. But an intranet is a very delicate and sensitive thing. It needs network maintenance and it must be updated from time to time. Care for your intranet, extend it and enjoy it.

Sometimes it is necessary to leave the intranet and use the internet. Connect with others, look for new ideas and pursue your hobbies. There's your family, your friends and the rest of the world. But be sensitive which sites of internet you access. Maybe some of them are not compatible with your intranet.

You see: Networking is an important and beautiful thing and so I think it's time to start it!

Please get up for the wedding ceremony.

2 Liebe am Arbeitsplatz

Redeübersicht

Stimmung	Neutral
Adressaten	Paare aus der gleichen Firma
Kernaussage	Eine Liebe zweier Arbeitskollegen besteht auch in gegenseitigem Helfen, das bereits am Arbeitsplatz eingeübt wurde.
Kurzinhalt	Wenn zwei Menschen zusammen arbeiten, lernen Sie sich über viele Stunden des Tages auf engstem Raum kennen. Die gute Zusammenarbeit lässt sich eins zu eins auch auf den privaten Bereich übertragen, wo ebenfalls Harmonie herrschen wird. Es ist jedoch darauf zu achten, Berufliches und Privates stets voneinander zu trennen.
Redezeit	Ca. 6 Minuten

Ansprache

Sehr geehrte Damen und Herren, liebe Hochzeitsgäste, liebes Brautpaar,

Liebe am Arbeitsplatz gilt vielerorts noch als sogenanntes „heikles Thema". Dabei haben Studien ergeben, dass sich mindestens jeder Fünfte schon einmal in einen Kollegen oder eine Kollegin verliebt hat. Die Zeiten, in denen dabei mögliche Probleme und Problemchen im Vordergrund standen, sind glücklicherweise lange vorbei.

So stellte schon der berühmte Dichter Theodor Fontane fest:

Man muss sich untereinander helfen, das ist eigentlich das Beste von der Ehe. Sich helfen und unterstützen und vor allem nachsichtig sein und sich in das Recht des anderen einleben.

Vermutlich hatte der Schriftsteller dabei nicht den Arbeitsplatz vor Augen, doch lässt sich dieses mehr als hundert Jahre alte Zitat bequem auch auf Ihre Situation anwenden.

Das gegenseitige Helfen kennen Sie bereits aus Ihrer alltäglichen Zusammenarbeit. Vielleicht war die Hilfsbereitschaft des Gegenübers ja auch ausschlaggebend für Ihre heutige Liebe. Wer Tag für Tag acht und mehr Stunden auf engstem Raum miteinander verbringt, lernt schnell die Stärken und Schwächen des Gegenübers kennen und weiß genau, wann Unterstützung gefragt ist.

Dieses im Beruf eingeübte gegenseitige Ergänzen und Ineinandergreifen hat sich bestimmt auch schon in Ihrem Privatleben bewährt. Hinzu kommt, dass Themen aus der Arbeit und die dort immer mal wieder auftretenden Probleme auch zu Hause diskutiert und eventuell gelöst werden können. Man könnte es schlichtweg „praktisch" nennen, doch kommt dabei die Romantik und die Emotionalität zu kurz.

Sie, liebes Brautpaar, haben für Ihre Liebe durchaus auch Risiken in Kauf genommen. Was anfangs vielleicht nur ein Augenkontakt und ein flüchtiges Lächeln war, hat sich zum Flirt und schließlich zu einer Beziehung entwickelt. Zu diesem Zeitpunkt wussten Sie vermutlich beide nicht, dass Sie einmal den Bund fürs Leben eingehen würden.

Solange eine Liebe am Arbeitsplatz nicht offiziell ist, muss eine Reihe von Vorkehrungen getroffen werden. Das A und O besteht sicherlich darin, Berufliches und Privates zu trennen. So gern man sich auch im Büro in den Arm nehmen möchte, gelten solche Liebesbekundungen meistens als Tabu.

Auch könnte ich mir denken, dass Sie Ihre Zuneigung füreinander in der ersten Zeit noch geheim gehalten haben. Schließlich geht es die Kolleginnen und Kollegen nichts an, dass Sie sich auch privat nähergekommen sind.

Irgendwann ist dann aber der Zeitpunkt da, zu dem man sich zueinander bekennt und zu seiner Liebe steht. Sie untermauern dieses Miteinander künftig durch einen Ehering und geben damit zu erkennen, dass Sie zusammengehören.

Dass damit keineswegs ein Abkapseln innerhalb des Kollegenkreises einhergehen darf, versteht sich ebenso von selbst wie eine weiterhin professionelle Einstellung zum Beruf.

Ich möchte noch einmal auf das eingangs erwähnte Fontane-Zitat zurückkommen. Dieser spricht schließlich auch davon, dass man sich

in das Recht des anderen einleben

muss. In diesem Punkt unterscheidet sich eine Ehe mit gemeinsamem Arbeitsplatz nicht von anderen funktionierenden Partnerschaften. Dieses Recht besteht auch darin, dass man sich gegenseitig Freiräume zubilligt.

Wer Tag für Tag so viel Zeit miteinander verbringt, kann nach Feierabend auch einmal das Bedürfnis nach Ruhe und Alleinsein verspüren. Nehmen Sie dies niemals als Zeichen mangelnder Zuneigung, sondern als kleine Rückzüge, die beispielsweise in der Ausübung unterschiedlicher Hobbys oder auch nur einem einsamen Spaziergang bestehen können.

Ihren Kolleginnen und Kollegen, vor allem aber Ihren Vorgesetzten, sei an dieser Stelle verraten, dass Liebe am Arbeitsplatz nachweislich motiviert und meist zu besseren Ergebnissen in der täglichen Arbeit führt. Sie können sich somit beruhigt mit dem Brautpaar freuen und mitfeiern.

In diesem Sinne bitte ich Sie, sich für die bevorstehende Trauzeremonie zu erheben.

3 Glückliche Geschäfte

Redeübersicht

Stimmung	Neutral
Adressaten	Ehe, die aus vorheriger Geschäftsbeziehung hervorgegangen ist
Kernaussage	Die Liebe ist weit mehr als nur eine Geschäftsbeziehung. Es muss stets auch Liebe vorhanden sein.
Kurzinhalt	In einer Ehe wie im Geschäftsleben geht es um Vertrauen, Treue und darum, immer wieder Kompromisse auszuhandeln. Wenn das bereits in einer Geschäftsbeziehung funktioniert hat, handelt es sich um ein gutes Vorzeichen für eine funktionierende Beziehung. Wichtig dabei ist jedoch das Vorhandensein von Liebe.
Redezeit	Ca. 6 Minuten

Ansprache

Sehr geehrte Damen und Herren, liebe Freunde, liebe Verwandte,

liebes Brautpaar,

es soll in der Tat Menschen geben, die einen Zusammenhang zwischen einer Ehe und einem Geschäft herstellen. Das mag in einzelnen Bereichen auch zutreffen, sollte aber nicht über das Ziel hinausschießen. Aus der jüngeren Vergangenheit sei an dieser Stelle der US-amerikanische Schauspieler und Musiker Will Smith genannt, der einmal den Tipp gab:

„Du musst die Ehe wie eine Erfolgsfirma führen."

Zugegeben: Mir fehlen bei einem Ausspruch wie diesem ein wenig die Romantik und das Gefühl. Es klingt fast so, als wäre die Ehe lediglich ein Arrangement, doch sagte schon der österreichische Schriftsteller Alexander Engel:

„Eine Vernunftehe ist ein Geschäft, bei dem sich beide Teile verrechnen."

Sie, liebes Brautpaar, sind im Grunde genommen den umgekehrten Weg gegangen. Aus einer von Vernunft und gegenseitigem Vorteil geprägten Geschäftsbeziehung ist in Ihrem Fall Liebe geworden. Von einer reinen Vernunftehe lässt sich in Ihrem Fall ganz sicher nicht sprechen. Die gegenseitige Zuneigung, die Sie verbindet, geht weit tiefer und deutlich über das Maß einer allein praktischen Bindung hinaus. Und das soll, ja muss auch so sein.

Sie beide werden bereits festgestellt haben, dass gute Geschäfte, beruflicher Erfolg und das damit verbundene Geld nicht alles im Leben sind. Indem Sie sich – bildlich gesprochen – aus dem Korsett einer formellen „Business-Beziehung" gelöst haben, treten Sie den Beweis an, dass Gefühle wie Liebe deutlich entscheidender für das Lebensglück sind als Zahlen.

Gewiss wird es einen Moment gegeben haben, in dem Sie beide gemerkt haben, dass Sie mehr als nur Geschäfte verbindet. Die ersten Monate des Verliebtseins dürften aber in ihrer Euphorie und dem viel beschworenen Prickeln vor allem auf emotionaler Ebene verlaufen sein. So gehört sich das auch für eine noch frische und knospende Liebe. Dennoch unterscheidet Sie beide, dass Sie Ihren Partner auch in einem vernunftbasierten Kontext kennengelernt haben, der vielen anderen Ehepartnern komplett verborgen bleibt. Und dies, liebe Braut und lieber Bräutigam, kann einen enormen Vorteil bedeuten.

Sowohl im Geschäft als auch in einer Ehe bildet gegenseitiges Vertrauen die Grundlage. Ob es sich nun um den Abschluss eines „Deals" handelt oder man sich und seine Sorgen und Nöte dem anderen anvertraut: Zweifel an der Redlichkeit des Gegenübers sorgt in beiden Fällen dafür, dass die Beziehung scheitert. Der Unterschied liegt darin, dass bei einem Geschäft eher der eigene Vorteil im Vordergrund steht und man in Liebe und Ehe den Vorteil und das Glück des anderen höher einstuft. Ohne Vertrauen als Basis geht es in beiden Bereich nicht und Sie haben dieses Vertrauen bereits vor Beginn Ihrer Ehe aufgebaut.

Eine weitere Analogie ist die Beständigkeit. Keine Sorge: Ich möchte die Ehe an dieser Stelle nicht mit einer langjährigen Geschäftsbeziehung vergleichen, aber doch darauf hinweisen, dass in beiden Fällen dieselben Mechanismen greifen können. Man bleibt sich sowohl als Stammkunde als auch in der Ehe treu, behält die Interessen des anderen im Auge und steht auch in schlechten Zeiten zueinander. Das gilt gleichermaßen im Geschäft wie in zwischenmenschlichen Beziehungen.

Zu guter Letzt könnte Ihr größter Vorteil darin bestehen, dass Sie bereits in den Jahren vor Ihrer Eheschließung das Verhandeln gelernt haben. Das mag zum Schluss meiner Ansprache ein wenig unromantisch klingen, doch werden auch Sie wissen, dass es im Zusammenleben immer wieder um Kompromisse und den Ausgleich von Interessen geht.

Ihnen beiden wird das als ehemalige Geschäftspartner nicht fremd sein und auch in diesem Bereich wissen Sie genau, was Sie Ihrem Partner zumuten können und was nicht.

Wenn es Ihnen nun noch gelingt, Ihre Liebe über die nächsten Jahrzehnte zu bewahren, steht einer gelungenen Ehe nichts mehr im Wege. Doch wie ich Sie beide kennengelernt habe, stehen die Chancen durchaus gut.

In diesem Sinne wünsche ich Ihnen viele erfüllte Jahre. Mögen all Ihre Wünsche in Erfüllung gehen.

(Trauformel)

4 Das Kunstwerk Ehe

Redeübersicht

Stimmung	Feierlich
Adressaten	Diese Ansprache wurde für Künstler geschrieben. Da jedoch jeder Mensch ein Lebenskünstler ist, habe ich auch keine Bedenken, sie als eine Standardrede zu deklarieren, denn das Bild vom Kunstwerk Ehe ist universell einsetzbar.
Kernaussage	Die Ehe ist der Anfang und der Gipfel aller Kultur. Die Partner stehen nun am Anfang, ihr Kunstwerk Ehe zu schaffen.
Kurzinhalt	Erst wenn es dem Menschen gut geht, und das ist der Fall, wenn er in seiner Ehe glücklich ist, ist er aufgeschlossen für die Kultur. Die Kultur, wie auch die Ehe, ist nichts Statisches, die Partner müssen stets daran arbeiten und ihre ganzen Fähigkeiten und ihre Kreativität dafür einsetzen. Wichtig ist auch, im Gespräch zu bleiben und Ratschläge von anderen kritisch zu beleuchten.
Redezeit	Ca. 5 Minuten

Ansprache

Sehr geehrtes Brautpaar, werte Gäste,

herzlich willkommen in den Räumen des Standesamts von …

Liebe Frau …, lieber Herr …,

Sie sind heute zum Standesamt gekommen, um die Ehe zu schließen und ich habe die Aufgabe, öffentlich festzustellen und zu beurkunden, dass Sie mit dem Jawort rechtlich verbundene Ehegatten sind.

Bevor ich jedoch zum wesentlichen Teil der Eheschließung komme, möchte ich noch ein paar persönliche Worte an Sie richten:

Viele große Denker haben sich mit dem Thema Ehe befasst. Auch Goethe hat sich darüber viele Gedanken gemacht.

Von ihm stammt zum Beispiel folgender Ausspruch: *Die Ehe ist der Anfang und der Gipfel aller Kultur. Unauflöslich soll sie sein, denn sie bringt so viel Glück, dass alles einzelne Unglück dagegen gar nicht zu rechnen ist.*

Das klingt für unsere Ohren heute etwas hochgeschraubt, aber wenn man länger darüber nachdenkt, kann man den Sinn, der dahinter steckt, entdecken.

Die Ehe von Mann und Frau ist die kleinste Keimzelle des Staates. Mann und Frau wirtschaften zusammen, unterstützen sich gegenseitig, ziehen am gleichen Strang. Sie planen zusammen die Zukunft und bauen sich zusammen etwas auf. Ehemann und Ehefrau helfen sich gegenseitig in schwierigen Zeiten, aber sie genießen zusammen auch die Höhepunkte im Leben.

Eine gute Partnerschaft ist die Basis, das Leben zu genießen. Und erst wenn es den Menschen gut geht, haben sie Muße an Kultur zu denken, sich – auf den ersten Blick – mit Überflüssigem zu beschäftigen, wie zum Beispiel mit Literatur, Musik, Theater, Malerei und Baukunst.

Goethe hat in seinem Zitat eine hohe Meinung von der Ehe. Er war sicher auch glücklich, als er dieses Zitat geschrieben hat. Vielleicht war ihm auch in besonderem Maße bewusst, dass der Mensch sich die Kultur erst hat erarbeiten müssen.

So ist es auch mit der Partnerschaft.

Sie haben sich über eine gewisse Zeit kennen und lieben gelernt. Nun kennen Sie die Vorlieben Ihres Partners und auch seinen Charakter.

Das Kunstwerk Ehe

Wie die Kultur, so ist auch die Ehe nichts Statisches. Jeder Mensch entwickelt sich im Laufe der Zeit weiter. Auch die Zweierbeziehung ist Veränderungen unterworfen. Das bedeutet, dass Sie beide an Ihrer Beziehung arbeiten müssen. Sie können gemeinsam Ihren Ehebund zu einem Kunstwerk machen, das Ihnen beiden gefällt.

Betrachten Sie die Ehe als den Rahmen, das Wesentliche – nämlich das Bild im Rahmen kreieren Sie ab heute selbst.

In jedem von Ihnen schlummern hierfür verborgene Talente. Alle Ihre Eigenschaften, Fähigkeiten und Fertigkeiten dienen dazu, das Kunstwerk Ehe zu schaffen.

Das Bild kann aber nur gelingen, wenn es ein gutes Gemeinschaftswerk wird, wenn Sie beide daran gleichermaßen beteiligt sind. Ich rate Ihnen, nicht ganz planlos vorzugehen, sondern sich ein bestimmtes Konzept zurechtzulegen. Jeder hat seine Vorstellungen. Um im Bild zu bleiben, der eine bevorzugt moderne Kunst, der andere steht auf alte Klassiker.

Kunst ist aber auch Geschmacksache. Um das Kunstwerk Ehe zu schaffen, ist es deshalb wichtig, stets im Gespräch zu bleiben. Das Bild ist in den Augen des anderen durch einen vorschnell gesetzten Klecks schnell verdorben. Sie sehen schon – wenn zwei gleichzeitig mit Farbe an ein einziges Werk gehen, ist es nicht so einfach.

So ist es auch mit der Ehe. Es gibt keine Muster, die man einfach übernehmen könnte. Man kann nicht einfach andere kopieren und ein Leben führen wie die Nachbarn fünf Häuser weiter, denn man steckt selbst in einer ganz individuellen Situation. Ihre großen Lebenspläne werden Sie zusammen schmieden, wie Sie Ihr Ehebild im Detail ausgestalten, darin sind Sie offen. Sie können einander Freiheit geben und tolerant den Ideen des anderen gegenüber sein, oder Sie besprechen viele Detailfragen gemeinsam. Doch jeder muss sich im Klaren sein, dass das Endergebnis ein harmonisches Bild sein soll, in dem jedoch Ihre beiden Persönlichkeiten zum Ausdruck kommen.

Manchmal wollen auch andere mitreden, Ihre Meinung abgeben. Da heißt es dann, kritisch zu sein und abzuwägen, ob dieser oder jener Ratschlag mit einfließen soll, Ihr eigenes Kunstwerk Ehe zu gestalten.

Selbst wenn Sie beide Ihre Ehe kreativ gestalten, darf ein Quäntchen Glück in Ihrer Partnerschaft nie fehlen, das ich Ihnen zum Abschluss meiner kleinen Ansprache von ganzem Herzen dazuwünsche …

(Trauformel)

5 Immer die passenden Worte

Redeübersicht

Stimmung	Heiter
Adressaten	Eheleute, die beide in schreibenden Berufen oder als Autoren tätig sind
Kernaussage	In einer Ehe, in der beide Partner schreiben, ist das Erkennen und Interpretieren von Situationen von entscheidender Bedeutung.
Kurzinhalt	Eine Ehe zwischen zwei Autoren lebt davon, dass gut beobachtet wird. Die Rede ist jedoch nicht nur von Ausgesprochenem, sondern auch von den Situationen, die unausgesprochen bleiben. Kommunikation ist oftmals auch ohne Worte möglich und in der Ehe erkennt man nicht nur den anderen, sondern auch sich selbst. Die beruflichen Überschneidungen lassen sich wiederum auch praktisch nutzen.
Redezeit	Ca. 7 Minuten

Ansprache

Sehr geehrte Damen und Herren, liebe Freunde und Verwandte,

liebe Braut, lieber Bräutigam,

eine Eheschließung zwischen zwei Schriftstellern schreit geradezu nach einer von Bonmots gespickten Hochzeitsrede. Ich bitte an dieser Stelle vorab um Verständnis, wenn ich bei meinem sprichwörtlichen Leisten bleibe und lediglich den Versuch unternehme, Ihnen einige treffende Worte mit auf den Weg zu geben.

Der Autor Joseph Conrad sagte einmal:

„Das Ziel des Schreibens ist es, andere sehen zu machen."

Der Satz ist durchaus interessant, denn indem Sie etwas formulieren und auf den Punkt bringen, öffnen Sie anderen Menschen tatsächlich die Augen. Es lässt sich allerdings im Umkehrschluss auch davon sprechen, dass Sie selbst in Ihrer Eigenschaft als Autoren „sehenden Auges" sein müssen. Wie sonst würde das Formulieren einer Geschichte, eines Romans oder auch eines Essays oder Artikels funktionieren, wenn nicht durch die Wiedergabe dessen, was man zuvor gesehen oder erlebt hat? Natürlich spielen Fantasie und Kreativität zum Teil eine ebenso große Rolle, doch speisen sich auch diese zu einem großen Teil aus Erfahrung.

Dabei kann die Methode des Schreibens möglicherweise variieren, denn schon Arthur Schopenhauer unterschied zwischen Werken, die wie Architektur aufgebaut sind, und solchen, bei denen sich ein Element wie bei einem umfallenden Dominostein aus dem anderen ergibt.

Wagen wir eine Analogie zum „echten" bzw. gelebten Leben: Auch hier lässt sich nur bedingt von einer Architektur oder einem Plan sprechen, sondern eher von überraschenden Dominoeffekten. Die echte Welt funktioniert nicht wie nach einem Plot für einen Roman und doch erscheint es einem manchmal so.

Sie beide werden sich bereits über das Verhalten Ihres Gegenübers und möglicherweise auch im Blick auf das eigene Verhalten überrascht gezeigt haben. Es sind aber gerade die Überraschungen und Wendungen, die das Leben so lebenswert und die Liebe so liebenswert machen. Wäre dem nicht so, so drohte Ihnen beiden eine Ehe in vorbestimmten Bahnen. Das gemeinsame Leben würde schnell langweilig, was Ihnen beiden ganz sicher nicht passieren wird.

Sie beide haben die Gabe, Dinge klar zu benennen und vieles in Worte zu kleiden, was in anderen Beziehungen unausgesprochen bliebe. Auf diese Weise lassen sich Konflikte deutlich besser lösen und scheitern nicht an gegenseitiger Sprachlosigkeit. Möglicherweise ist es aber längst so, dass Sie so vertraut sind, dass ein einfacher Blick oder eine kurze Mimik ausreicht, um dem geliebten Gegenüber eine ganze Fülle an Dingen zu signalisieren. Sie haben die Worte, brauchen Sie aber längst nicht mehr in jeder Situation und doch besteht ein erkennbarer Zusammenhang zwischen Leben und Werk.

Manches, was Sie in Zukunft gemeinsam erleben, wird möglicherweise in Ihren Texten verwendet und bestimmt ist es schon einmal vorgekommen, dass der andere genau zu lesen vermochte, worauf sich angestellte Vergleiche in Ihren Werken bezogen und was damit gemeint war. Die Vorteile, die aus einem gemeinsam ausgeübten Beruf in der Ehe entstehen, sind vielfältig und liegen unter anderem darin, dass ein guter Schreiber bzw. Autor meist auch ein guter und kritischer Leser oder gar Lektor sein kann. Auch diese Erfahrung werden Sie gewiss schon selber gemacht haben, sodass ich Ihnen nichts Neues erzähle.

So besinne ich mich auf meine eingangs erwähnte Laienhaftigkeit und halte es mit dem US-amerikanischen Schriftsteller John Steinbeck, der einmal sagte:

„Wenn einem Autor der Atem ausgeht, werden die Sätze nicht kürzer, sondern länger."

Diese Aussage trifft ganz sicher auch auf Hochzeitsredner zu, weshalb ich es an dieser Stelle damit bewenden lassen, Ihnen beiden alles nur erdenklich Gute zu wünschen. Mögen Ihnen auch in schweren Zeiten niemals die Worte des Trostes fehlen und möge es Ihnen zudem nie an guten Ideen für Ihre Ehe mangeln.

(Trauformel)

6 Paragrafen der Liebe

Redeübersicht

Stimmung	Heiter
Adressaten	Eheleute, die beide in juristischen Berufen tätig sind
Kernaussage	Die Paragrafen, die hierzulande die Ehe regeln, haben sich über die Jahre stark gewandelt. Es existieren aber bis heute in manchen Ländern skurrile Regeln.
Kurzinhalt	Das Eherecht stammt in weiten Teilen aus dem alten Rom, hat sich jedoch stark gewandelt. In früheren Jahren existierte teilweise sogar eine Ehepflicht und in manchen US-Bundesstaaten finden sich bis heute sehr ungewöhnliche Regelungen für Eheleute. Wichtig für eine glückliche Ehe ist das gelegentliche Nachgeben und das Vermeiden von Pochen auf dem eigenen Recht.
Redezeit	Ca. 8 Minuten

Ansprache

Sehr geehrte Damen und Herren, liebe Freunde und Verwandte,

liebe Braut, lieber Bräutigam,

dass Sie beide hier und heute aus freien Stücken und aus Liebe zueinander vor mir stehen, braucht im 21. Jahrhundert nicht erwähnt zu werden. Die Paragrafen, die die Ehe in unserem Land regeln, sind zwar vorhanden, regeln jedoch nicht das konkrete eheliche Zusammenleben, sondern eher materielle Dinge. Der Rest basiert auf Freiwilligkeit und obliegt der individuellen Ausgestaltung.

Keine Sorge: Ich komme Ihnen jetzt nicht mit Vortrag zum Thema „Eherecht", zumal Sie beide dieses Thema in Ihrer Eigenschaft als Juristen sicherlich besser verstehen. Es ist allerdings so, dass ein Blick in die Rechtsgeschichte teilweise sehr ungewöhnliche Gesetze zutage fördert. Nehmen wir nur einmal die alten Römer, die dem Eherecht enorme Bedeutung beimaßen und gleich eine Fülle an Rechtssprüchen erließen. Nach dem „Lex Iulia et Papia", das auch als augusteisches Ehegesetz bezeichnet wird, bestand für römische Bürger sogar eine Ehepflicht und Ehen wurden keineswegs nur freiwillig geschlossen. Eine Randnotiz der Geschichte? Keineswegs, denn das entsprechende Gesetz mitsamt einem Ausschluss von Erbschaften für unverheiratete Personen existierte zwischen den Jahren 9 und 534 nach Christus und somit mehr als fünf Jahrhunderte lang.

Während des Mittelalters galt dann vielerorts der Corpus Iuris Civilis, der erst im Jahr 1900 vom Bürgerlichen Gesetzbuch (BGB) abgelöst wurde. Es ist faszinierend, wie viele Paragrafen bereits seinerzeit der Ehe zugebilligt wurden, darunter auch die Klage wegen entwendeter Sachen (unter Ehegatten), womit sicherlich nicht Fernbedienungen oder Zahnbürsten fielen, oder auch Gesetze zu Schenkungen zwischen Ehemann und Ehefrau und vieles mehr.

Vieles aus früherer Zeit gilt uns heute als selbstverständlich und die Aspekte, die der Gleichstellung zwischen den Geschlechtern im Wege standen, sind mittlerweile glücklicherweise aus dem modernen Eherecht verschwunden. Dennoch existieren auch in der heutigen Zeit noch Ehegesetze, die uns ungewöhnlich oder gar skurril erscheinen. Die Rede ist noch nicht einmal von exotischen und kulturell fern erscheinenden Ländern, sondern von Gesetzen, die in manchen Bundesstaaten der USA noch immer festgeschrieben sind. Ob diese allerdings befolgt und deren Nichtbefolgen geahndet wird, darf getrost bezweifelt werden.

In Michigan ist es beispielsweise so, dass Frauen nur mit Einwilligung ihres Gatten zum Friseur dürfen, in Ohio ist es Ehefrauen offenbar verboten, Lackschuhe zu tragen und in Pennsylvania dürfen die Ehegattinnen keinerlei

Dreck unter den Teppich kehren, was offenbar wörtlich und keineswegs im übertragenen Sinne gemeint ist.

Etwas sympathischer erscheint mir das Gesetz in Detroit, Michigan, nach dem ein Ehemann seine Ehefrau an Sonntagen nicht böse anschauen darf. Vielleicht ließe sich dies auch auf die übrigen Tage ausweiten und bei dieser Gelegenheit auch der Frau auferlegen. Die zahlreichen Gesetze über die Hochzeitsnacht möchte ich uns an dieser Stelle ersparen. Das Thema lässt sich bei Interesse problemlos recherchieren – mit garantiert erstaunlichen Ergebnissen.

Selbst in Deutschland existieren Paragrafen und Bestimmungen, die uns seltsam vorkommen, allerdings Hand und Fuß haben. Eine Ehe, in der einer der beiden Ehepartner während der Eheschließung bewusstlos war, gilt als ungültig – und auch, wenn beiden Partnern nicht bewusst ist, dass es sich um eine Eheschließung handelt, kann nicht von einer gültigen Ehe gesprochen werden.

In Ihrer beider Fall brauchen wir uns diese Sorgen zum Glück nicht zu machen. Sie stehen mit beiden Füßen auf dem Boden des Gesetzes und erfüllen augenscheinlich nicht nur die nötigen Bedingungen für eine gültige, sondern auch die für eine glückliche und erfüllte Ehe. Wenn ich Sie beide hier und heute so sehe, bin ich der festen Hoffnung, dass Ihnen dies gelingt, wenn Sie einander auch mit Nachsicht gegenübertreten. Wie sagte es einst der bekannte Regisseur Volker Schlöndorff:

„Wer immer auf sein Recht pocht, der bekommt wunde Finger."

Auf eine Ehe übertragen, ließe sich dies so übersetzen, dass in den sicher auch hier und da vorkommenden Auseinandersetzungen nicht immer bis zum Ende gegangen werden muss, sondern ein liebendes Nachgeben gelegentlich die bessere Wahl ist. Doch auch das werden Sie beide ganz sicher schon wissen und beherzigen.

In diesem Sinne wünsche ich Ihnen viele schöne gemeinsame Jahre.

(Trauformel)

7 Liebe ist der beste Koch

Redeübersicht

Stimmung	Heiter
Adressaten	Diese Rede wendet sich an einen Koch oder eine Köchin. Der Beruf des anderen Partners kann beliebig sein.
Kernaussage	Das Zusammenleben von Mann und Frau lässt sich mit einer Suppe vergleichen, die sich beide gemeinsam kochen und auslöffeln.
Kurzinhalt	Die Liebe ist die Köchin auf der Welt, die am meisten anrichtet. (Zitat) Die Liebe ist es auch, die die Basis für eine Suppe darstellt. In die Suppe kommen schließlich Zutaten wie z.B. Toleranz, Gesprächsbereitschaft, Treue, Zeit für den anderen, eine Portion Vertrauen, Frohsinn und Humor. Mit Streit kann man sich die Suppe versalzen, mit einer Prise Takt und Komplimenten kann man sich die Suppe verfeinern.
Redezeit	Ca. 5 Minuten
Besondere Hinweise	Natürlich wird die Ansprache noch persönlicher und damit besser, wenn Sie sich einige Sätze zum Beruf oder zur Lebenssituation des Partners, der nicht Koch ist, einfallen lassen und in die Einleitung packen. Auch ist der Text schnell umgearbeitet, wenn kochen das Hobby eines oder beider Ehegatten darstellt.

Ansprache

Liebes Brautpaar, sehr geehrte (Trauzeugen und) Gäste,

ich heiße Sie herzlich willkommen hier im Standesamt der Gemeinde (Stadt) …

Auf diese Eheschließung heute habe ich mich besonders gefreut. Ihre Berufe waren für mich ein Aufhänger für diese Ansprache.

Sicher kennen Sie auch den Spruch: *Liebe geht durch den Magen.* Da haben Sie, Frau (Herr) …, als Köchin/Koch einen entscheidenden Vorteil: Sie haben es gelernt, andere und vor allem auch Ihren Mann (Ihre Frau) mit Ihren Kochkünsten zu verwöhnen.

(Ich kann mich da an mein erstes Rendezvous mit meinem Partner erinnern. Wir gingen zusammen fein essen. Bei Kerzenschein wurden uns nacheinander so einige Köstlichkeiten aufgetragen. Bei dieser Atmosphäre haben wir uns glänzend unterhalten und der Abend ist im Nu vergangen. Vielleicht gibt es in Ihrer gemeinsamen Geschichte ähnliche Szenen, die sich Ihnen ins Gedächtnis eingegraben haben. Und ich könnte mir vorstellen, dass es für Sie beide ein ganz unvergessliches Erlebnis war, als Sie, Herr (Frau) …, für Sie beide das erste Mal gekocht haben.)

Ich habe zwar keinen Einblick, wer in Ihrer Partnerschaft hauptsächlich für das leibliche Wohl sorgt, ob dies nur **einer** von Ihnen tut oder ob Sie es sich gemeinsam zur Aufgabe gemacht haben und Sie sich die Arbeit teilen.

Fest steht: In einer guten Ehe soll man sein Süppchen gemeinsam kochen und auslöffeln. Sie verstehen, wie ich es meine? Es gibt viele wichtige Entscheidungen, die Sie nur gemeinsam treffen sollten. Ich denke, heutzutage ist dies eine Selbstverständlichkeit geworden. Zu einer modernen Partnerschaft gehört es, dass nicht nur einer allein das Sagen hat. Beide Partner sind gleichberechtigt. Zwar gibt es wohl in den meisten Beziehungen eine gewisse Aufgabenteilung, das heißt, der eine fühlt sich mehr für dies, der andere mehr für jenes zuständig, doch ohne eine gewisse Akzeptanz der eigenen Rolle gäbe es über kurz oder lang Unstimmigkeiten.

Das Eheleben von Mann und Frau lässt sich mit einer Suppe vergleichen, die sich beide gemeinsam kochen und in Zukunft auch miteinander auslöffeln. Natürlich dürfen Sie sich keine Suppe einbrocken, die ungenießbar ist! Sie dürfen nur gute Zutaten verwenden. Die Basis bildet die Liebe. Dazu gehört, die Sicherheit zu haben, dass da ein Mensch ist, auf den man sich verlassen kann, der einen annimmt mit seinen Stärken und Schwächen, der liebevoll und zärtlich ist.

Daneben gibt es ganz wichtige Zutaten, die man nicht vergessen darf: ein großes Maß Treue, ebenso viel Zeit für den anderen, daneben ein bisschen Freiheit, um sich nicht einzuengen, außerdem eine gute Portion Vertrauen. Nicht vergessen darf man auch Frohsinn und Humor. Ein guter Koch versteht auch das Quantum für den Optimismus abzuschätzen. Auch ein paar Löffel Toleranz dürfen in der Ehe nicht fehlen. Offenheit und Gesprächsbereitschaft sowie Verzeihen können runden das Rezept. Mit zuviel Streit hat man sich die Suppe schnell versalzen, dagegen gibt eine Prise Takt und eine Prise Komplimente das letzte i-Tüpfelchen. Die Suppe – um beim Bild zu bleiben – wird schließlich mit Sträußchen kleiner Aufmerksamkeiten serviert.

Solche Suppen werden Sie gerne gemeinsam auslöffeln. Lassen Sie sich auch nie von anderen in die Suppe spucken. Wenn wir auch viel im Leben nicht in der Hand haben, so wird unsere Einstellung die Geschehnisse in entsprechendes Licht rücken. Probleme werden zu Chancen und nicht Chancen zu Problemen. So kann Ihre Suppe nie ungenießbar werden. Sehen Sie sich fortan immer als ein Team, das am gleichen Strang zieht, und Sie werden ein glückliches Eheleben führen.

Liebe, Zufriedenheit, Glück und Harmonie – diese Gefühle ziehen außerdem Kreise, wie ein ins Wasser fallender Kieselstein. Ihre glückliche Ausstrahlung bleibt nicht ohne Wirkung auf andere.

Johann Nestroy meint dazu:

Die Liebe, das ist die Köchin, die am meisten anrichtet in der Welt.

Insofern sind Sie beide Köche und ich wünsche Ihnen, dass Sie das Rezept für eine gute Ehe stets in Ihrem Gedächtnis behalten und Sie sich dieses „Ehesüppchen" stets gemeinsam kochen ...

(Trauformel)

Eine wichtige Zutat für Ihr „Ehesüppchen" will ich Ihnen jetzt ganz zum Schluss verraten: jede Ehe braucht auch ein Quäntchen Glück. Ich werde nun den Anfang machen, Ihnen alles Gute für Ihren Ehestand zu wünschen, und Ihre Freunde werden sich mir gleich anschließen, doch nehmen Sie erst noch einmal Platz, um den Heiratseintrag zu unterschreiben.

8 Gut beraten

Redeübersicht

Stimmung	Nachdenklich
Adressaten	Eheleute, die beide in einem Beratungsberuf tätig sind
Kernaussage	Es ist manchmal schwieriger, einen Rat anzunehmen als einen solchen zu erteilen.
Kurzinhalt	In einer guten Ehe steht gegenseitige Beratung auf der Tagesordnung. Richtige Entscheidungen und ein gemeinsamer Weg entstehen erst in der Konfrontation von zwei Individuen und in der Integration anderer Denkmuster in das eigene Leben.
Redezeit	Ca. 7 Minuten

Ansprache

Sehr geehrte Damen und Herren, liebe Freunde und Verwandte,

liebe Braut, lieber Bräutigam,

bevor eine Ehe geschlossen wird, wimmelt es nur so vor vermeintlich guten Ratschlägen. Besonders diejenigen, die bereits seit vielen Jahren verheiratet sind, meinen zu wissen, welches Geheimnis hinter einer gelungenen Ehe steht. Das Finden einer passenden Reaktion auf diese Ratschläge kann mitunter schwierig sein, vor allem für Sie, die im beruflichen Alltag hauptsächlich beraten und zu guten Lösungen beitragen. Soll man jeden wohlmeinenden Rat sorgfältig prüfen und versuchen, auf das eigene Leben zu beziehen? Oder gleich alles sprichwörtlich „in den Wind schießen" und sich nur auf das eigene Leben konzentrieren? Der richtige Umgang liegt vermutlich in der Mitte – und warum sollte man nicht ein wenig von den Älteren lernen, die schließlich wissen, was sich im Laufe einer Ehe alles im Leben ändern kann?

Der irische Freiheitskämpfer Michael Collins hat einmal gesagt:

„Von einem guten Rat zu profitieren, erfordert mehr Weisheit, als ihn zu geben."

Zugegeben: Dieser Satz mag gegenüber professionellen Beraterinnen und Beratern ein wenig provokativ klingen und doch mag er klüger sein als die Einschätzung des US-amerikanischen Schriftstellers Ambrose Bierce, der einmal feststellte, dass Rat erbitten heißt, sich den eingeschlagenen Weg von einem anderen bestätigen zu lassen.

Doch keine Sorge, liebes Brautpaar,

in der Ehe wird niemand einen eingeschlagenen Weg bestätigen und auch die Ihnen auf den Weg gegebenen Ratschläge sind eher allgemein gehalten, denn schließlich geht es hier um Zweisamkeit und um Fragestellungen und Herausforderungen, die erst in der Kombination, teilweise auch in der Konfrontation, zwischen zwei ausgeprägten Individuen entstehen. Anders formuliert, lässt sich aus einer Vorabberatung in Sachen Ehe vielleicht etwas über das theoretisch Mögliche erfahren, niemals aber über das konkret Passierende.

Sie beide haben von Berufs wegen die bewundernswerte Fähigkeit, sich etwaigen Problemen zu stellen und unterschiedliche Lösungen anzubieten. Was in aller Regel im Bereich der Wirtschaft funktioniert, kann und wird natürlich nicht eins zu eins auf das Zusammenleben übertragen und doch lassen sich einige Fähigkeiten eines Unternehmensberaters oder Coachs auch im Privaten nutzen.

Gut beraten

Ich meine dabei nicht das Erkennen von Problemen und dessen Lösungen, denn ich hoffe, dass Sie diese bereits auch ohne Anwendung professioneller Fähigkeiten allein durch Liebe in den Griff bekommen. Die Rede ist eher von Empathie, von Einfühlungsvermögen und dem Einstellen auf eine veränderte Situation und andere Sichtweisen. Sie sind allein schon aufgrund Ihrer beruflichen Ausbildung in der Lage, mit allerlei unterschiedlichen Meinungen, Ansichten und Theorien umzugehen und finden sich daher schnell in ein anderes „System" ein.

Worin der Vergleich besteht, liegt auf der Hand, denn auch der Partner kann sich schnell als komplexes „System" erweisen, das es in liebevollem Sinne zu lesen und zu verstehen gilt. Über die grundsätzlichen Themen wie Politik, Religion oder auch Kindererziehung und die Frage, wie man zusammenleben möchte, haben Sie sich vermutlich längst geeignet. In der Ehe können jedoch auch Banalitäten des Alltags, wie das Abstellen des Zahnputzbechers, der Zeitpunkt des Geschirrspülens oder die Auswahl der passenden Musik, eine Rolle spielen. Das mögen auf den ersten Blick Petitessen bzw. Kleinigkeiten sein, doch sind es vielfach die Details, auf die es im Zusammenleben ankommt.

Bei Ihnen beiden bin ich der festen Überzeugung, dass Sie schnell erkennen, wann es dem Gegenüber ernst ist und wie sich mögliche Konflikte umschiffen lassen. Die nötige Empathie besitzen Sie ohnehin und in Kombination mit Liebe entsteht eine rundum gelungene Zweisamkeit.

In diesem Sinne wünsche ich Ihnen alles Gute!

(Trauformel)

9 Der Finanzmakler

Redeübersicht

Stimmung	Nachdenklich
Adressaten	Im Grunde ist dies eine universell einsetzbare Ansprache. Doch für Brautpaare, die beruflich etwas mit Finanzen zu tun haben, bietet sich die Überleitung vom Bankkonto zum „Beziehungskonto" besonders gut an.
Kernaussage	Das Eheglück ist abhängig vom „Beziehungskonto".
Kurzinhalt	Jedes Paar, das aus Liebe heiratet, startet mit einem ganz respektablen Guthaben auf dem Beziehungskonto. Einzahlungen auf dieses Konto bestehen in ernst gemeinten lieben Worten und Komplimenten, Geschenken und emotionaler Zuwendung – Abbuchungen in Verstimmungen, Kränkungen, Enttäuschungen und Streitereien. Das Paar soll sein Beziehungskonto stets im Auge behalten, dass es nicht in die roten Zahlen gerät. Wichtig dabei ist eine positive Kommunikation.
Redezeit	Ca. 4 Minuten
Besondere Hinweise	Bedenken Sie vorher, ob das Paar für indirekte Ratschläge offen sein könnte.

Ansprache

Liebes Brautpaar, liebe Gäste,

heute ist ein ganz besonderer Tag in Ihrem Leben. Heute wollen Sie beide im Kreise Ihrer Verwandten und Freunde den Ehebund schließen und ich möchte Sie dazu alle recht herzlich willkommen heißen.

Sie haben schon vor einiger Zeit (vor kurzem) die Eheschließung angemeldet und dafür die erforderlichen Unterlagen eingereicht. Schnell konnte ich überblicken, dass einer Eheschließung nichts im Wege steht.

Heute, am Tage Ihrer Hochzeit, soll es nicht so bürokratisch zugehen und damit dies nicht geschieht, möchte ich Sie zu Beginn der Zeremonie mit ein paar persönlichen Worten etwas nachdenklich stimmen.

Ihr Beruf, Herr ..., der eines Finanzmaklers hat mich dazu angeregt, über Konten nachzudenken. Aber auch für Sie, Frau ..., ist ein Konto nichts Fremdes. Jeder, denke ich, hat heute zumindest ein Girokonto und ein Sparkonto. Über ein Konto ganz anderer Art möchte ich jetzt sprechen. Nämlich über das „Beziehungskonto".

Diesen Begriff „Beziehungskonto" fand ich in der Zeitschrift „Focus". Die Titelgeschichte dieses Magazins lautete „Die gute Ehe", mit dem Untertitel: Neue Lust auf „lebenslänglich". Das hat mich natürlich neugierig gemacht. Die Ehe ist nach wie vor die häufigste Beziehungsform zwischen Mann und Frau, obwohl man ja heute auch ohne Trauschein zusammenleben kann, ohne schief angeschaut zu werden. Das Thema Partnerschaft und Ehe wird immer wieder in den Zeitschriften behandelt. Es ist sozusagen ein Dauerbrenner. Immer wieder wird die Frage behandelt, was müssen Partner tun, damit ihre Ehe Bestand hat. In diesem Beitrag wird nun erörtert, dass das Eheglück vom „Beziehungskonto", das beide Partner führen, abhängig ist.

Einzahlungen auf dieses „Beziehungskonto" bestehen in ernst gemeinten lieben Worten, echten Komplimenten, Geschenken und ganz allgemein emotionaler Zuwendung, zum Beispiel sich Zeit füreinander zu nehmen, dem anderen zuzuhören, Sorgen und Nöte gemeinsam zu teilen, sich mit dem anderen zu freuen, mit ihm lachen zu können, nicht zu vergessen die Streicheleinheiten, die in einer festen Beziehung nie fehlen dürfen.

Abbuchungen bestehen in Verstimmungen, Kränkungen, Enttäuschungen und Streitereien.

Jedes Paar, das aus Liebe heiratet, startet logischerweise mit einem respektablen Guthaben auf dem Beziehungskonto. Jeder Partner ist bereit, die Zuwendung, die der andere ihm schenkt, zurückzugeben. Dabei wird nicht gegeneinander aufgerechnet, wer wie viel vom anderen bekommt, sondern es ist in Zeiten des Verliebtseins eine Selbstverständlichkeit, dem anderen möglichst viel Zuwendung entgegenzubringen. Man möchte viel Zeit miteinander verbringen und bringt dabei das eine oder andere Mal an, wie sehr man sich schätzt.

Gefahr für die Beziehung besteht dann, wenn man bedenkenlos vom „Beziehungskonto" abhebt. Eine verletzende Bemerkung kann viele liebevolle Gesten zunichte machen. Ständige Kritik belastet das Beziehungskonto ebenfalls stark. Wenn man nicht stets seine Beziehung pflegt, kann das emotionale Startkapital in wenigen Jahren aufgebraucht sein.

Doch ich möchte am Tag Ihrer Hochzeit nicht schwarz malen. Heute sind Sie beide sich Ihrer gegenseitigen Zuneigung sicher. Sie wissen, Sie haben einen einzigartigen Partner, der zu Ihnen steht, auf den Sie sich verlassen können. Sie werden gemeinsam die Höhen und Tiefen im Leben meistern. Die Zukunft werden Sie gemeinsam gestalten, Seite an Seite können Sie das Leben genießen.

Im Auge werden Sie immer Ihr „Beziehungskonto" behalten, sodass es nie in die roten Zahlen kommt. Der „Focus" hält für seine Leser ein ganz einfaches Erfolgsrezept für eine gute Ehe parat, nämlich stets an seiner Kommunikation zu arbeiten, Meinungsverschiedenheiten ohne Abwertung des anderen auszutragen, aber vor allem auch immer wieder seine Wertschätzung zum Ausdruck zu bringen, um nur einige Beispiele zu nennen.

Ich wünsche Ihnen für Ihre Ehe, die Sie nun gleich vor mir durch Ihr übereinstimmendes Jawort begründen werden, stets ein respektables, dickes Beziehungskonto …

(Trauformel)

Herzlichen Glückwunsch, Frau …, herzlichen Glückwunsch, Herr …

Bezug zu einem Hobby der Brautpaare

1 Amor, Concordia und Co.

Redeübersicht

Stimmung	Heiter
Adressaten	Eheleute, die sich für Mythologie interessieren
Kernaussage	In der antiken Mythologie existieren einige lustige Geschichten rund um die Liebe und die Ehe.
Kurzinhalt	Sowohl aus dem alten Griechenland als auch aus Rom und von den Germanen und Ägyptern lassen sich unterhaltsame Göttergeschichten über die Ehe und die Liebe erzählen. Allen Göttern und der Liebe ist gemeinsam, dass diese am Ende siegen bzw. siegt.
Redezeit	Ca. 7 Minuten

Ansprache

Sehr geehrte Damen und Herren, liebe Freunde und Verwandte,

liebes Brautpaar,

Sie stehen hier und heute vor einem Standesbeamten und damit vor einem Repräsentanten einer weltlichen Instanz. Ob Sie zudem auch noch kirchlich oder in einer anderen Weise religiös heiraten möchte, weiß ich nicht. Es ist allerdings so, dass auch ohne direkten religiösen Bezug oder Glaube eine Fülle an Schutzgöttern der Liebe und Ehe existiert. Die Rede ist von den Göttern der antiken Mythologie, von denen es nur so wimmelt und die ein überaus munteres Eigenleben führen.

Wenn Voltaire einmal sagte, dass die Liebe

„ein Stoff [ist], den die Natur gewebt und die Fantasie bestickt hat",

so ließe sich diese Fantasie in den Geschichten und teils auch Eskapaden der alten Liebesgötter wiederfinden. Da geht es oft hoch her und auch der Humor kommt nicht zu kurz – und doch existieren auch ernste Gottheiten, wie beispielsweise die Concordia, die in der römischen Mythologie als Göttin der Eintracht gilt und gleichzeitig für eine der antiken Tugenden steht.

Festzuhalten ist, dass auch die Liebesgötter – wie wir Menschen – ihre kleinen Schwächen und Fehlerchen haben oder wie der Politiker Heiner Geißler einmal sagte:

„Müssen denn die Götter gerecht sein?
Eigensinnige Angewohnheit der Menschen, das von ihnen zu verlangen."

Da ist z.B. der wohl berühmteste aller Liebesgötter: Amor oder auch Eros, wie es im Griechischen heißt. Der Maler Caravaggio malte Anfang des 17. Jahrhunderts ein berühmtes Gemälde mit dem Titel „Omnia vincit Amor", was zu Deutsch „Amor besiegt alles" heißt und den geflügelten Gott mit dem prägenden Pfeil und Bogen zeigt. Im Gefolge hat Amor meist die Amoretten, die im Barock als Putten daherkamen und bis heute in teilweise kitschigen Darstellungen die Liebe symbolisieren.

Ganz so harmlos und niedlich war Amor jedoch nicht, denn schließlich entführte er die schöne Psyche und verließ diese auch noch. Diese Geschichte findet jedoch ein Happy End in der Heirat der beiden Liebenden und der Geburt einer Tochter mit dem Namen Voluptas oder auch Hedone, was so viel wie Lust oder auch Lebenslust bedeutet.

Aus der römischen Mythologie ließe sich auch noch die Venus als Göttin der Schönheit und ebenfalls der Lust erwähnen, die allerdings ebenfalls immer wieder in Kriege eingriff. Selbiges lässt sich natürlich auch über die nordische Gottheit Freya sagen, die als eine Art Pendant zu Venus und Aphrodite gilt, jedoch dennoch ihr Eigenleben führte. Freya, nach der der Freitag benannt wurde, führte die Walküren und legte sich mit dem Riesen Thrymr an, der Thors Hammer gestohlen hatte.

In der indischen Mythologie geht es in Sache Liebe ähnlich zu wie bei den Griechen und Römern und auch Kamadeva verschießt Pfeile, wobei die Sehne aus summenden Bienen besteht und die Pfeile mit den Blüten des Verlangens geschmückt werden.

Zuletzt möchte ich noch die ägyptische Göttin Hathor erwähnen, die später auch unter dem Namen Isis auftaucht. Hathor tritt als Kuh oder auch als Nilpferd auf und erweist sich auch sonst als äußerst wandlungsfähig – wie die Liebe eben ist.

Liebes Brautpaar,

liebe Hochzeitsgemeinde,

es ließen sich an dieser Stelle noch eine Reihe weiterer Gottheiten und mythologischer Gestalten vorstellen. So unterschiedlich die Geschichten und Überlieferungen auch sein mögen, in einem Punkt gleichen sich sämtliche Gottheiten, die mit der Liebe zu tun haben: Sie sind stark und – vereinfacht ausgedrückt – gewinnen sie am Ende des Tages.

So soll es auch mit Ihrer Liebe sein, deren Stärke deutlich zu spüren ist. Möge Ihnen beiden eine erfüllte und freudvolle Ehe gelingen, die ganz sicher auch unter dem Schutz der Götter steht.

(Trauformel)

2 Der perfekte Putt

Redeübersicht

Stimmung	Heiter
Adressaten	Eheleute, die durch das Hobby „Golfspielen“ verbunden sind
Kernaussage	Eine Ehe lässt sich in mancherlei Hinsicht mit einer Partie Golf vergleichen: Hier wie dort macht Übung den Meister.
Kurzinhalt	Wer heiratet, beginnt gleichsam eine Golfpartie und hofft auf jede Menge guter Schläge. Gemeinsamkeiten zwischen Sport und Eheleben sind das Überraschungsmoment sowie die Unwägbarkeiten, die sich auch als „Wetterbedingungen“ bezeichnen lassen. Hinzu kommt, dass man sowohl einander als auch dem geliebten Hobby treu bleibt und auch bei Rückschlägen nicht davon lassen kann und will.
Redezeit	Ca. 6 Minuten

Ansprache

Sehr geehrte Damen und Herren, liebe Freunde, liebe Verwandte, liebe Golfbegeisterte,

liebes Brautpaar,

in Vorbereitung auf die heutige Ansprache habe ich mich ein wenig mit dem Thema „Golf" und diesem rundum faszinierenden Sport auseinandergesetzt. Ich sage bewusst „Sport", wenngleich ich sehr wohl weiß, dass Golf für die meisten Begeisterten deutlich mehr darstellt. Schon der US-amerikanische Schriftsteller Mark Twain schätzte das Spiel mit dem kleinen Ball, wenngleich er es ein wenig launig verpackte, als er sagte:

„Golf ist ein Spaziergang mit Ärgernissen."

Das ist sehr pointiert formuliert, denn in aller Regel ist es doch so, dass auch die vermeintlichen Fehlschläge nicht dazu führen, dass wir den Schläger hinwerfen, sondern es wieder versuchen. Eine Analogie zum echten Leben, aber auch zu einer Ehe lässt sich leicht ziehen. Gemeint ist dabei nicht, dass die Ehe zu einem Spaziergang wird und auch die vermeintlichen Ärgernisse möchte ich nicht in den Vordergrund stellen. Eine Parallele besteht jedoch darin, dass man sich gegenseitig treu bleibt und auch in schlechten Zeiten oder bei größeren Herausforderungen zueinanderhält. Es ist wie beim Golf: Wir alle träumen von einem Eagle, einem Birdie oder gar dem selten gesichteten Albatros und doch verlieren wir auch bei Bogeys nicht die Beherrschung, sondern arbeiten konstant an unserem Golfschwung und unseren Putts. An Aufgeben denkt man bei diesem Sport vermutlich nie.

Auch ist es beim Golf so, dass man sich im Gleichschritt verbessern kann und sich beständig gegenseitig bestärkt, was sich auch von einer guten Ehe sagen lässt.

Ein weiterer gemeinsamer Aspekt ist der der Überraschung und der Unberechenbarkeit und das meine ich im positivsten Sinne des Wortes. US-Schauspieler Clint Eastwood sagte einmal über das Golfspielen:

„Immer, wenn man das Gefühl hat, jetzt hat man's raus, macht es einem klar, dass es nicht so ist. Ich bin wohl einfach verrückt genug, weiterhin zu spielen."

Wenn man den Satz ein wenig abschwächt, so ergibt sich, dass auch zwei Menschen niemals exakt vorhersehbar sind und sich auch das Zusammenleben daher nur eingeschränkt planen lässt. Wir sind sowohl im Golfsport als auch in der Partnerschaft nicht gegen Überraschungen gefeit und wenn wir ehrlich sind, ist es genau das, was beides so schön und so spannend macht. Beim Golf spielen

Wind und Wetter, aber auch die eigene Tagesform eine zentrale Rolle; in der Ehe gibt es ebenfalls gute und schlechte Tage und hier sind die „Wetterbedingungen" diejenigen, die uns das Leben vorgibt. Mal stürmt es, wenn beispielsweise Auseinandersetzungen über die Kindererziehung ins Haus stehen oder Geldsorgen herrschen, dann scheint wieder die Sonne im Rahmen eines gemeinsamen Urlaubs oder auch der vielen schönen Stunden auf dem Green – und natürlich existiert auch eine Fülle an Zwischenstufen, die möglicherweise den größten Genuss mit sich bringen.

Auf jeden Fall hatte die Golflegende Walter Charles Hagen als einer der bekanntesten und erfolgreichsten Spieler der ersten Hälfte des 20. Jahrhunderts Recht, als er sagte:

„Wenn du den Fairway des Lebens entlangspazierst, nimm dir immer genügend Zeit, um den Duft der Rosen am Wegesrand zu genießen, denn du hast nur eine Runde."

Ihnen beiden wünsche ich entsprechend viel Rosenduft und viele schöne gemeinsame Momente. Mögen Sie sowohl auf dem Fairway als auch auf dem Green sowie im Alltag eine von Liebe und gegenseitigem Respekt erfüllte Zeit verbringen und mögen Ihnen viele gute Schläge gelingen.

(Trauformel)

3 Eherituale historisch

Redeübersicht

Stimmung	Heiter
Adressaten	Ehepaare mit Interesse an Geschichte
Kernaussage	Die Rituale, mit denen die Ehe geschlossen wurde, haben sich über die Jahre sehr stark verändert.
Kurzinhalt	In früheren Zeiten bedeutete Ehe zum Teil etwas völlig anderes als heute. Dennoch haben sich manche Rituale erhalten. Das Jawort stammt interessanterweise aus der Kirche, deren alleinige Hoheit über die Ehe erst im 19. Jahrhundert verloren ging.
Redezeit	Ca. 6 Minuten

Ansprache

Sehr geehrte Damen und Herren, liebe Freunde und Verwandte,

liebes Brautpaar,

die Tatsache, dass Sie hier und heute vor mir stehen, geht auf eine lange Tradition oder besser gesagt eine Fülle an Traditionen zurück. Sie tragen beispielsweise einen Ehering, der bereits bei den Germanen als Zeichen der Verbundenheit fungierte, und auch die festliche Kleidung ist dem heutigen Anlass angemessen und traditionell. Zugegeben: Eine standesamtliche Hochzeit mag eher als Verwaltungsakt angesehen werden und in puncto Feierlichkeit hält unser Trauzimmer vermutlich nicht mit früheren Hochzeitsräumen mit. Es existierte jedoch auch eine Reihe an Bräuchen, die uns heute fremd erscheinen.

Gestatten Sie mir an dieser Stelle eine kleine Zeitreise zu den Eheritualen in Antike und Mittelalter und staunen Sie mit mir darüber, welche Möglichkeiten seinerzeit existierten bzw. was unsere Urahnen noch als normal oder gar als statthaft erachteten.

Beginnen wir bei den Assyrern, einem Volk, das im Altertum in Mesopotamien lebte. Hierüber schreibt eine alte Ausgabe des Brockhaus, dass die Bräute schlichtweg versteigert wurden und der Meistbietende die Wahl hatte. Diejenigen Frauen, die nicht sofort verheiratet werden konnten, erhielten das gebotene Geld als Aussteuer – und nein: Schön ist das sicherlich nicht.

In der griechischen Antike existierten Bräuche, die den unsrigen ein wenig ähneln; und der Brautschleier wird auch heutzutage noch mancherorts angelegt. Sehr umfangreich und zum Teil auch opulent ging es im alten Rom zu. Zwar ist nicht bekannt, ob jede Ehe oder nur die der gehobenen und reichen Schichten mit einem Opfer der Kinderkleidung und des Spielzeugs der Braut begann, doch ist dies ebenso historisch überliefert wie das Tragen einer weißen Tunika und eines gelben Schleiers. Dabei wurde das Haar der Braut am Vorabend der Hochzeit mit einer kriegserprobten Lanze in sechs Zöpfe unterteilt und zu einem Knoten geflochten. So weit, so gut, so modisch, doch ging es bei der römischen Manusehe noch weiter, indem stets der Satz „Ubi tu Gaius, ego Gaia" gesprochen wurde. Übersetzt bedeutet dies: „Wo du (ein) Gaius bist, bin ich (eine) Gaia", wobei die Namen sicher als Platzhalter angesehen werden müssen. Unterstrichen wird damit die Zugehörigkeit der Ehepartner, was sich im positiven Sinne auch als „Wo du zu Hause bist, will ich es auch sein" oder „Wo du glücklich bist, bin ich es auch" übersetzen ließe.

Eherituale historisch

Das Ausstreuen von Nüssen durch den Bräutigam und das Bestreichen des Türpfostens mit Fett durch die Braut lässt sich mit der Distanz vieler Jahrhunderte eher als spannendes und ein wenig exotisches Brauchtum ansehen, doch werden das vielleicht irgendwann auch unsere Urenkel über das Streuen von Reis sagen.

Verlassen wir das alte Rom und kehren wir nach Deutschland zurück, allerdings in das des frühen Mittelalters. Wie auch die Römer und auch schon die Griechen und andere Völker, sahen auch die Germanen in einer Hochzeit die Verbindung zwischen zwei Familien oder Sippen. So ungern ich das an einem so feierlichen Tag wie dem heutigen sage: Liebe war seinerzeit eher ein „Kann" und keineswegs ein „Muss", geschweige denn der Grund für eine Hochzeit. Entsprechend spielten auch so martialische Brautgaben wie Schwerter und Schilde eine Rolle.

Erst die Kirche war es, die das Jawort einführte. Bis zum 13. Jahrhundert bauten Papst, Bischöfe und Kleriker ihren Einfluss aus und erst Martin Luther war es, der mit dem Satz

„Es kann ja niemand leugnen, dass die Ehe ein äußerlich, weltlich Ding ist, wie Kleider und Speise, Haus und Hof weltlicher Oberheit unterworfen."

das kirchliche Primat infrage stellte, was spätestens im Jahr 1876 auch im neu gegründeten Deutschen Reich ankam, als die ersten Standesbeamten bestellt wurden.

Und heute? Heute ist die Ehe, wie man an Ihnen beiden unschwer erkennen kann, vor allem eine Bestätigung der gegenseitigen Liebe. Über die Jahre werden auch Sie gemeinsame Rituale entwickeln, wenn dies nicht schon der Fall ist. Es handelt sich hierbei aber eher um Rituale des Alltags, die das gemeinsame Leben noch lebens- und liebenswerter machen.

Möge Ihnen beiden eine rundum harmonische Ehe gelingen.

(Trauformel)

4 Übung macht den Meister

Redeübersicht

Stimmung	Heiter
Adressaten	Eheleute, die als Trainerin bzw. Trainer und Sportlerin bzw. Sportler zueinander stehen
Kernaussage	Sport ist als gemeinsames Hobby immer nur ein Aspekt des gemeinsamen Lebens.
Kurzinhalt	Auch, wenn beim Sport die Rollen zwischen Trainer bzw. Trainerin und Schüler bzw. Schülerin klar verteilt sind, muss dies nicht für andere Bereiche gelten. Die Frage, wer die Richtung angibt, stellt sich je nach Lebenssituation neu und wird stetig verhandelt. Wichtig ist dabei, dass niemals Humor und Selbstironie verloren gehen.
Redezeit	Ca. 7 Minuten

Ansprache

Sehr geehrte Damen und Herren, liebe Freunde und Verwandte,

liebes Brautpaar,

haben Sie heute schon ausreichend Sport getrieben? Bestimmt ist dies eine Frage, die regelmäßig seitens des Trainers bzw. der Trainerin gestellt wurde und wird. Keine Sorge: Am heutigen Tag ist es bestimmt in Ordnung, wenn eine Übungseinheit ausfällt, denn schließlich ist der Hochzeitstag etwas ganz Besonderes.

Ebenso besonders ist die Beziehung, in der Sie beide zueinander stehen. Der Trainer oder die Trainerin ist meist die Person, die mit großem Respekt angesehen wird und im Grunde genommen für Anstrengungen und Strapazen sorgt. Die Trainerin oder der Trainer ist aber auch einer der Urheber und vielleicht sogar einer der Garanten für gemeinsame Erfolge und tritt im Falle eines sportlichen Triumphs meist in den Hintergrund, während die Sportlerin bzw. der Sportler gefeiert wird. So entsteht eine spannende Konstellation, die nicht ohne psychologische Tücken ist.

Wohlgemerkt: Geschildert wird allein das berufliche Verhältnis, das so sein kann, aber keineswegs so sein muss. Ihnen beiden ist es gelungen, aus einer beruflichen Zusammenarbeit und einer gemeinsamen Leidenschaft Liebe werden zu lassen. Die Frage, inwieweit Aspekte aus dem Trainingsbereich auch in das eheliche Leben übernommen werden, drängt sich förmlich auf und wurde Ihnen bestimmt auch schon oft gestellt. Ich finde jedoch, dass es sich beim Sport um nur einen von vielen Aspekten des Lebens handelt und eine Fülle anderer Bereiche existiert, in denen sich die Rolle zwischen Trainerin/Trainer und Schülerin/Schüler schnell umkehren kann. Es ist eine regelrechte Binsenwahrheit, wenn ich darauf hinweise, dass die Fähigkeiten und das Wissen der Menschen unterschiedlich verteilt sind, sodass Sie beide Bereiche haben werden, in denen Sie die Richtung vorgeben und – wenn man es so sagen will – als Trainerin/Trainer auftreten.

Anders formuliert, mag die Beziehung als Trainerin/Trainer und Schülerin/Schüler zwar der Ausgangspunkt Ihrer Beziehung gewesen sein: Bestimmendes Element und Grund für die gegenseitige Liebe ist jedoch mit Sicherheit eine Reihe anderer Faktoren.

Übung macht den Meister

Liebes Brautpaar,

es ist ein Zeichen einer funktionierenden Ehe, wenn beide Partner nicht nur gemeinsame, sondern auch eigene bzw. alleinige Interessen haben. So hat man sich gegenseitig etwas zu erzählen und ist nicht immer auf ein- und dasselbe Thema festgelegt. Hinzu kommt, dass Ihr sportliches Verhältnis als Trainerin/Trainer und Schülerin/Schüler möglicherweise nur vorübergehend ist und irgendwann im partnerschaftlich ausgeübten Sport mündet.

Eine wichtige Weisheit aus der Welt des Sports wurde ausgerechnet von einem Kabarettisten aufgestellt. Werner Finck sagte einmal:

„Die schwierigste Turnübung ist immer noch, sich selbst auf den Arm zu nehmen."

So scherzhaft dieser Satz auch daherkommt, so deutlich wird der ernsthafte Kern. Mit einem gehörigen Schuss an Humor und der Möglichkeit, die eigene Person und die eigenen Interessen nicht immer in den Mittelpunkt zu stellen, kommt man in einer Beziehung auf jeden Fall weit. Ihnen beiden ist dies sicherlich auch schon während des gemeinsamen Trainings und im privaten Beisammensein gelungen, denn wie ich sehe, sind Sie ein eingespieltes und durch und durch harmonisches Team.

Zum Schluss meiner Ansprache möchte ich Ihnen noch ein weiteres sportliches Zitat mit auf den Weg geben. Es stammt vom Fußballtrainer Hans Meyer, der einmal feststellte:

„Ich kann gar nicht alt genug werden, um alle Überraschungen, die der Fußball so parat hat, verkraften zu können."

Wenn man „Fußball" durch Eheleben ersetzt und „verkraften" durch „genießen", dann wird hieraus ein gelungener Leitspruch für eine erfüllte Ehe.

(Trauformel)

5 Eherituale weltweit

Redeübersicht

Stimmung	Heiter
Adressaten	Reisefreudige bzw. Eheleute mit Interesse an fremden Kulturen
Kernaussage	Weltweit existiert eine Fülle von Eheritualen. Den Königsweg oder Maßgaben für „richtiges Heiraten" kann es dabei nicht geben.
Kurzinhalt	Je nachdem, wo zwei Menschen heiraten, existieren unterschiedliche Rituale und Gebräuche. Warum nicht die eigenen Hochzeit ganz individuell gestalten und dabei das Beste aus allen Kulturen heraussuchen?
Redezeit	Ca. 8 Minuten

Ansprache

Liebe Hochzeitsgäste,
liebe Freunde und Verwandte,
liebes Brautpaar,

werfen Sie heute noch mit einem Brautstrauß? Oder werden Sie im Anschluss an diese Trauung mit Reis beworfen? In beiden Fällen handelt es sich – gemeinsam mit dem traditionellen Polterabend – um die hierzulande wohl bekanntesten Hochzeitsbräuche. Hebt man jedoch den Blick über den sprichwörtlichen Tellerrand, so offenbaren sich noch deutlich ungewöhnlichere Rituale, die eine Eheschließung begleiten. Doch bleiben wir erst einmal in Deutschland.

Wussten Sie, dass der Polterabend nur hierzulande mit dem Zerschlagen von Porzellan oder Keramik einhergeht? Historiker verorten die Wurzeln im 16. oder 17. Jahrhundert und sehen das bekannte Sprichwort *„Scherben bringen Glück"* als zentrales Element. Hinzu kommt, dass der Lärm nach altem heidnischen Brauch böse Geister vertreibt.

Der Brautstrauß wiederum, ist in ganz Mitteleuropa und den USA verbreitet. Wer ihn fängt, darf mit einer baldigen Hochzeit rechnen. Interessant ist hier, dass der Brauch ursprünglich einem rein hygienischen Zweck diente. In Zeiten der Renaissance wurden wahlweise Myrten oder Orangenblüten eingeflochten, die den schweren Geruch von Weihrauch übertönen sollten. Das Ziel: die Ohnmacht der Braut verhindern.

Der Reis wiederum, steht für Fruchtbarkeit, kann jedoch heutzutage oft auch durch Konfetti oder Getreide ersetzt werden. In früheren Jahren kamen in diesem Bereich Nüsse oder Wacholderbeeren zum Einsatz.

Reis, meine lieben Damen und Herren, stammt wie der heutzutage auch hier heimische Brauch aus Asien. In der Tat handelt es sich um einen der wenigen fernöstlichen Hochzeitsbräuche, die den Weg zu uns gefunden haben. Das Verbrennen wilder Weinraute, wie in Persien üblich, würde hierzulande allein schon an der Vegetation scheitern. In Persien ist es jedoch auch so, dass die Eheschließung mit einem spannenden Moment angereichert wird. So werden erst Fragen nach Einwänden gegen eine Eheschließung gestellt, bevor der Bräutigam sein Einverständnis gibt. Die Braut hingegen, antwortet erst nach der dritten Ansprache mit einem „Ja" und hüllt sich zuvor in Schweigen. Glauben Sie mir: für einen Standesbeamten ist dies sicherlich kein anstrebenswertes Szenario, wenngleich sich die Eheleute am Ende dieses Brauches gegenseitig mit Honig füttern.

In Polen werden nach der Eheschließung so genannte *„zastawa"* errichtet. Der Brauch erinnert entfernt ein wenig an die Entführung der Brauch und besteht darin, dass ein Zoll in Form hochprozentiger Getränke entrichtet werden muss. Auch wird auf polnischen Hochzeiten immer wieder das Wort *„gorzko"* gerufen, was soviel wie „bitter" bedeutet. Gemeint ist ebenfalls der Wodka, dessen bitterer Geschmack durch die Süße der Küsse wettgemacht werden soll.

Reisen wir nach China, wo drei Briefe beachtet werden. Die drei Briefe sind dabei der Bestätigungsbrief, den die Familie des Bräutigams an die Brautfamilie schickt und der die Hochzeitsabsichten bekräftigt. Es folgt ein Geschenkbrief, der einer Art Wunschzettel gleicht, bis schließlich der Hochzeitsbrief das Ritual besiegelt. Interessant ist, dass das Brautpaar während einer chinesischen Hochzeit rote Kleidung trägt.

In Indien schenkt man sich Geld oder Dekorationsartikel zur Hochzeit. Wer sich für Geldbeträge entscheidet, muss stets darauf achten, dass am Ende eine „1" steht. 100 Euro wären hier undenkbar und müssten entweder auf 101 Euro auf- oder auf 91 Euro abgerundet werden. Am Ende können stattliche Summen zustande kommen, denn eine traditionelle indische Hochzeit wird mit 300 bis 1.000 Gästen gefeiert.

Aus unserer Sicht skurrile Bräuche existieren jedoch keineswegs nur außerhalb Europas. Nehmen wir beispielsweise Dänemark. Hier ist es während einer Hochzeitsfeier jedem erlaubt, die Braut oder den Bräutigam zu küssen, sobald diese den Raum verlassen. Kurze Gänge zur Toilette können so zu regelrechten Spießrutenläufen werden.

In Rumänen wird der Brautkranz in einer Baumkrone befestigt und der Bräutigam muss diesen gemeinsam mit seiner Familie „befreien". In den meisten Fällen werden menschliche Pyramiden gebaut, um diesen Anforderungen gerecht zu werden.

Zuguterletzt noch ein Hochzeitsbrauch aus Thailand. Hier legt sich zunächst das älteste Ehepaar in das neue Ehebett. Danach wird das Bett mit Sesam, Reis, Münzen und einer Schüssel mit Regenwasser dekoriert und die Eheleute legen sich hinein. Das klingt zunächst einmal harmlos, doch sollte ich auch noch erwähnen, dass sich die gesamte Hochzeitsgesellschaft im Schlafzimmer einfindet.

Kehren wir nun wieder in heimische Gefilde zurück. Eine gelungene Hochzeitsfeier ist natürlich nicht an die Einhaltung von Bräuchen geknüpft, sondern lebt von der Liebe der künftigen Eheleute. Wenn ich Sie beide heute vor mir sitzen sehe, bin ich der festen Überzeugung, dass Ihnen eine gute und lange Ehe gelingt. Mit der Zeit werden sicherlich auch in der Zweisamkeit alltägliche Rituale entstehen, die aber sicherlich nicht mit den heute vorgestellten Hochzeitsbräuchen vergleichbar sind.

Für Ihre gemeinsame Zukunft wünsche ich Ihnen alles nur erdenklich Gute.

Herzlichen Dank.

6 Bester Fund des Lebens

Redeübersicht

Stimmung	Heiter
Adressaten	Ein Brautpaar, das durch das Hobby Flohmarkt oder Antiquitäten verbunden sein kann
Kernaussage	Die Partnerin oder den Partner fürs Leben kann man nicht suchen: Man muss stets die Augen offen halten und die Gelegenheit beim Schopfe packen.
Kurzinhalt	Suchen und Finden ist nur einer der Aspekte, der am Beginn einer guten Ehe steht. Ebenso wichtig ist es, das einmal Gefundene zu bewahren, und zu würdigen, dass man den anderen als Partner für sich gewonnen hat.
Redezeit	Ca. 6 Minuten

Ansprache

Sehr geehrte Hochzeitsgäste, liebe Freunde und Verwandte,

liebes Brautpaar,

dem griechischen Dichter Sophokles wird das folgende Zitat zugeschrieben:

*„Was man sucht – es lässt sich finden,
was man unbeachtet lässt – entflieht!"*

Wenn ich Sie beide hier und heute vor mir sitzen sehe, so denke ich, dass der Satz gleich in mehrerlei Hinsicht passend ist. Als Flohmarkt- und Antiquitäten-Fans haben Sie sich beide der stetigen Suche und dem Stöbern nach besonderen Schätzen verschrieben. Wie oft ist es in der Vergangenheit vorgekommen, dass Sie auf verstaubten Dachböden oder auch in der letzten Ecke eines Ladens exakt das gefunden haben, nach dem Sie immer schon gesucht haben? Und wie viele Male hat sich der Besuch eines bestimmten Flohmarkts vielleicht auch bei schlechtem Wetter gelohnt, weil dort entsprechende Fundstücke scheinbar auf Sie gewartet hatten? Diese und die folgenden Beispiele mögen nicht eins zu eins mit Ihrem Leben oder Ihren Hobbys übereinstimmen, doch hoffe ich, dass Sie sich darin zumindest zu einem Teil wiedererkennen.

Zugegeben: Sophokles wird nicht Antikes oder Gebrauchtes im Sinn gehabt haben, als er seinen Satz formulierte. Antiquitäten gab es in der Antike möglicherweise noch nicht oder zumindest nicht in dieser Form. Und doch trifft gleich in mehrfacher Hinsicht zu, dass dem Finden vielfach das Suchen vorangeht.

Im Falle eines geliebten Menschen und Ehepartners steht meist eher das Finden im Mittelpunkt und so kann es durchaus ausreichen, dass man mit offenen Augen durch die Welt geht und den richtigen Augenblick erkennt. Oftmals befinden sich die wahren Schätze exakt an den Orten, an denen sie niemand vermutet.

Vielleicht sind Sie genauso vorgegangen und haben sich im wahrsten Sinne des Wortes gefunden, ohne dabei explizit auf der Suche nach einem Partner gewesen zu sein. Zumindest aber ist es Ihnen gelungen, die Bedeutung des Gegenübers zu erfassen und – um es ein wenig salopp zu formulieren – zuzugreifen.

Suchen und Finden, liebes Brautpaar, erfordern immer auch Energie und Einsatz. Wer sich gegenüber der Außenwelt verschließt und lieber in seiner eigenen Welt lebt, findet womöglich nie den Partner bzw. die Partnerin fürs Leben. So komme ich zum zweiten Teil des eingangs erwähnten Zitats.

Sophokles sagt nämlich nicht nur, dass sich all das, was wir suchen, auch finden lässt, sondern auch, dass: was man unbeachtet lässt – entflieht!

Was das in Bezug auf eine Partnerschaft bedeutet? Vor allem, dass man einander stets Beachtung schenken und auch in schweren Zeiten zueinander stehen sollte. Vielleicht ist es etwas stark ausgedrückt, wenn ich behaupte, dass derjenige, der unbeachtet ist, direkt entflieht. Aber eine Beziehung kann nur dann funktionieren, wenn man das Interesse und die gegenseitige Wertschätzung aufrechterhält.

Sie beide werden feststellen, dass eine Ehe sowohl die Aspekte des Suchens als auch des Findens beinhaltet. Vielleicht sollte ich besser von „Entdecken" sprechen, denn auch noch nach Jahren und Jahrzehnten trauter Zweisamkeit offenbaren sich ungekannte und liebenswerte Seiten am anderen. So gleicht auch eine Beziehung ein wenig dem Stöbern und einer Entdeckungsreise, die hoffentlich auch noch nach Jahren voller Spannung angetreten wird.

Zum Abschluss meiner Rede möchte ich Ihnen noch ein weiteres Zitat mit auf den Weg geben. Es stammt vom ehemaligen britischen Premierminister Harold Wilson und lautet:

„Antiquitäten sind das einzige Feld, auf dem das Gestern noch Zukunft hat."

Es mag ein wenig nach britischem Humor klingen, doch bei Ihnen beiden hat die Beschäftigung mit alten Dingen zu etwas Neuem und zu einer gemeinsamen Zukunft geführt.

Mögen Sie diese stets gemäß Ihren Wünschen gestalten und niemals den Blick für Ihren „Fund des Lebens" verlieren.

(Trauformel)

7 Ehe zwischen Hundefreunden

Redeübersicht

Stimmung	Heiter
Adressaten	Paare (Tierfreunde), die sich durch ihre Tiere kennengelernt haben, z.B. beim Gassigehen mit ihren Hunden
Kernaussage	Wenn sich zwei Tierfreunde kennen- und lieben lernen, sind bereits die ersten Hürden eines Zusammenlebens überwunden.
Kurzinhalt	Auch wenn Hunde nicht sprechen können, lassen sich die Vierbeiner als kleine Ehestifter ansehen. Durch das Gassigehen lernen sich zwei Menschen kennen, doch sollten immer auch die Haustiere miteinander harmonieren.
Redezeit	Ca. 6 Minuten

Ansprache

Sehr geehrte Damen und Herren, liebe Hochzeitsgemeinde, liebe Eheleute,

der US-amerikanische Schriftsteller Mark Twain, dem wir unter anderem die Geschichte von Tom Sawyer und Huckleberry Finn verdanken, sagte einmal:

Tiere sind die besten Freunde. Sie stellen keine Fragen und kritisieren nicht.

Der Begriff der Freundschaft ließe sich in Ihrem Fall noch erweitern, denn schließlich waren es Ihre Hunde, die erst Ihr Kennenlernen möglich gemacht haben. Mit einem Augenzwinkern könnte man Ihre Hunde sogar als kleine „Kuppler" oder „Ehestifter" bezeichnen. Es ist schon praktisch, wenn man eine seiner Hauptinteressen sprichwörtlich spazieren führt. Auf diese Weise haben Sie Ihrem Gegenüber gleich Ihre Liebe zu Tieren signalisiert. Zumindest auf dieser für Sie beide so wichtigen Ebene haben Sie sich dadurch als verwandte Seelen erkannt und hatten einen Anknüpfungspunkt für ein Gespräch.

Ob Tiere tatsächlich keine Fragen stellen und nicht kritisieren, möchte ich dahingestellt lassen. Schließlich hätte ein wütendes Gebell oder ein entschlossenes Zerren an der Leine Ihre Unterhaltung vielleicht jäh beendet, und Sie würden heute nicht vor mir stehen.

Uns Menschen wurde auch deshalb die Sprache gegeben, damit wir unsere Gefühle ausdrücken. In der Zeit, die Sie beide bereits zusammen verbringen, haben Sie bestimmt zahlreiche angeregte Gespräche geführt, und auch das Zustandekommen einer Ehe basiert in mehrerlei Hinsicht auf Worten. Schließlich wird einer von Ihnen beiden den anderen gefragt haben, ob er oder sie heiraten möchte, und auch im Rahmen der späteren Trauformel dürfen Sie Ihr „Ja" noch einmal vor Zeugen bekräftigen.

Tiere haben es da deutlich leichter. So stellte bereits der unvergessene Jazzmusiker Louis Armstrong fest:

Mit einem kurzen Schweifwedeln kann ein Hund mehr Gefühl ausdrücken als mancher Mensch mit stundenlangem Gerede.

Auch in einer Ehe, liebes Brautpaar, wird das Nonverbale, das Unausgesprochene, mit der Zeit mehr. Wahrscheinlich ist Ihnen schon jetzt aufgefallen, dass in einem Blick des Gegenübers eine ganze Welt liegen kann und eine kurze, für Außenstehende kaum sichtbare Geste Einverständnis oder Missfallen ausdrücken kann. Je besser sich zwei Menschen kennenlernen, desto leichter funktioniert auch die Kommunikation ohne Worte. So war es auch zu Beginn Ihrer Beziehung, denn auch der erste Eindruck, den Sie voneinander gewonnen haben, war rein optischer Natur.

Mit dem heutigen Tag wachsen Ihre beiden Familien zusammen. Das schließt selbstverständlich auch Ihre Tiere mit ein, die sich hoffentlich gut verstehen. Hunde sind bekanntlich stark auf die Sicherung ihres Reviers bedacht und haben „Eindringlinge“ nicht immer gern. Es kann aber sein, dass Ihre beiden Vierbeiner viel besser begreifen, dass Frauchen und Herrchen nun zusammengehören, als man auf den ersten Blick vermuten mag.

Was ebenfalls für eine lange und erfüllte Beziehung spricht, ist Ihre große Gemeinsamkeit, die Tierliebe. Nicht jeder Mensch erfreut sich an ausgedehntem Gassigehen in der Natur, und nicht jeder Mensch krault gerne seinem vierbeinigen Begleiter das Fell. Das gemeinsame Blicken in eine Richtung und ein ähnliches Verständnis von einem gelungenen Leben sind ideale Startbedingungen für eine durch und durch gelungene Ehe.

Liebe Eheleute,

den vierbeinigen Segen dürften Sie bereits erhalten haben, und wenn ich hier in die Runde blicke, sehe ich auch das tiefe Einverständnis und die Freude Ihrer Freunde und Verwandten.

In diesem Sinne wünsche ich Ihnen alles Gute und bitte Sie nun, sich für die Trauzeremonie zu erheben.

8 Den Radlerfreunden

Redeübersicht

Stimmung	Heiter
Adressaten	Gerade in kleineren Gemeinden kennt der Standesbeamte auch manchmal die gemeinsamen Hobbys der Brautleute. Diese Rede ist für begeisterte Radfahrer geschrieben.
Kernaussage	In einer Partnerschaft ist es wichtig, ein gemeinsames Hobby zu haben, um zusammen die Freizeit zu gestalten. In dieser Rede wird über das Rad fahren philosophiert.
Kurzinhalt	Jeder fährt sein eigenes Rad und bewahrt sich so seine Freiheit. Die Route, die Lebensplanung muss gemeinsam besprochen werden. Ab heute gehen die Brautleute auf gemeinsame große Fahrt durchs Leben. Manchmal muss man hintereinander fahren und aufeinander Rücksicht nehmen, manchmal kann man nebeneinander fahren. Es gibt Rücken- und Gegenwind, Berge und Täler und es kann auch Pannen geben. In einer Partnerschaft gibt es auch Zeiten, in denen man sich wortlos versteht (entspricht dem Rückenwind und der Bergabfahrt), aber auch Meinungsverschiedenheiten, die man überwinden muss, so wie man einen Berg auf einer Radtour hinauffahren muss.
Redezeit	Ca. 7 Minuten

Ansprache

Liebe Frau ..., lieber Herr ..., werte (Trauzeugen und) Gäste des Brautpaars,

ich heiße Sie alle recht herzlich willkommen in den Räumen des Standesamts... (Ich freue mich mit Ihnen, dass Sie heute so schönes Wetter hierher begleitet hat.)

Ich darf Ihnen verraten, dass wir einen guten Draht zu Petrus im Himmel haben und für heute gutes Wetter bestellt haben. Diesmal scheint unser Funkspruch gut durchgekommen zu sein.

Heute werden Sie durch Ihr übereinstimmendes Jawort rechtlich verbundene Ehegatten. Doch bevor es so weit ist, möchte ich an Sie noch ein paar persönliche Worte richten.

Schon vor längerer Zeit (Kürzlich) wurde mir bekannt, dass Rad fahren Ihr gemeinsames Hobby ist, das Sie sehr verbindet. Viel Freizeit verbringen Sie beide auf dem Fahrrad. Darum habe ich es auch heute zum Thema meiner kleinen Ansprache gemacht.

Von heute an sind Sie unterwegs auf großer Fahrt, der Tour des Lebens zu zweit. Natürlich darf dabei Ihr Rad nicht fehlen. Ein gemeinsames Hobby zu haben, ist ein wesentlicher Bestandteil einer guten Partnerschaft. Für die Freizeit ist es wichtig, dass Sie beide eine Gemeinsamkeit haben, die Ihnen beiden Spaß macht.

Lassen Sie mich nun ein bisschen übers Rad fahren philosophieren. Jeder von Ihnen fährt sein eigenes Rad. Das ist auch gut so. So behält jeder seine Freiheit, wie sie auch in einer Partnerschaft ganz wichtig ist. Jeder muss auch mal seinen eigenen Weg verfolgen können, unabhängig vom anderen. Jeder hat so sein Tempo, braucht ganz individuelle Verschnaufpausen.

Heute nun beginnt Ihr Eheleben. Sie starten eine große gemeinsame Tour. Sie behalten beide Ihre Persönlichkeiten, steigen nicht um auf ein Tandem, wo sich einer dem anderen anpasst, wo einer dem anderen die Verantwortung und Führung überlässt. Nein, Sie behalten beide Ihre Räder.

Zu Beginn der Reise muss die Route geplant werden. Sie setzen sich zusammen und besprechen Ihre Zukunft. Wichtige Entscheidungen, zum Beispiel ob Sie eine Familie gründen wollen oder nicht, wo Sie wohnen werden, welchen beruflichen Werdegang Sie einschlagen wollen, wie Sie die täglichen Pflichten aufteilen wollen, werden Sie gemeinsam treffen.

Dann kann die Fahrt beginnen. Mal wird der eine, mal der andere voranradeln, mal der eine, mal der andere im Windschatten fahren. Wichtig ist jedoch zusammenzubleiben, und nicht dem anderen davonzufahren, sondern auf sein Tempo Rücksicht zu nehmen. Will einer den anderen abhängen, dann ist auch schon der Wurm drin. Der andere fährt dann frustriert hinterher und fühlt sich alleingelassen. Manches Mal lässt es die Straße zu, dass man nebeneinander fahren kann. Das macht dann besonders Spaß, auf gleicher Ebene zu sein. Dieses gute Gefühl hat man auch, wenn man auf gleicher Wellenlänge liegt, wenn man sich versteht, ohne viele Worte.

Als Radler freut man sich besonders über Rückenwind. Ohne Belastung läuft alles reibungslos, man kommt mühelos voran und freut sich über die schnelle Fahrt. Rückenwind in der Partnerschaft liegt zum Beispiel vor, wenn man gleicher Meinung ist, wenn man gemeinsam eine Arbeit erledigt und sich über das Ergebnis freut, wenn man miteinander lacht.

Leider gibt es auch Gegenwind. So ist es auch im Eheleben. Nicht immer haben wir alles in der Hand, ob im Beruf oder im Privatleben. In einem guten Team fährt der Stärkere voran und lässt den anderen im Windschatten fahren. So können Sie beide Ihr Ziel trotz der Strapazen und unvorhergesehenen Widrigkeiten gut erreichen.

Auf Ihrer Fahrt durchs Leben kommen Sie unweigerlich über Berge und durch Täler. Bei den Abfahrten schlägt jedes Radlerherz höher. So ist es auch, wenn Sie sich wortlos verstehen. Wenn jeder nur den anderen anschauen muss und weiß, man denkt und fühlt das Gleiche, wenn man sich in den Armen liegt, Harmonie spürt und sich getragen fühlt von der Zuneigung und Zärtlichkeit des anderen.

Doch bei jeder Radtour haben Sie auch mal Berge zu bewältigen. Diese stellen eine Herausforderung dar. Die Berge in einer Partnerschaft sind die Krisenherde, die Meinungsverschiedenheiten. Da heißt es taktisch fahren: Die Gänge herunterschalten und die Kräfte einteilen und besonders aufeinander Rücksicht nehmen. Zur Not muss man schieben. Es kann auch sein, dass einer in dieser Situation voranfährt. Doch dann ist es eine Selbstverständlichkeit, oben am Berg auf den anderen zu warten. Denn Sie wollen ja schließlich gemeinsam ans Ziel kommen. Liebe und Wertschätzung beweist sich in schwierigen Situationen. Vor Pannen ist man nie ganz gefeit, darum vergessen Sie das Flickzeug nicht. Damit meine ich: Es gibt immer Wege in einer Partnerschaft, von neuem aufeinander zuzugehen. Sie können sich ja heute schon einen Spickzettel mit Ideen anlegen, wie Sie Ihrem Ehepartner eine Freude machen können. Diesen haben Sie dann in schwierigen Zeiten zur Hand – es wird Ihr Flickzeug sein.

Echte Radlerfreunde fürchten sich nicht vor den Bergen und Pannen. Sie wissen, dass Sie sie bewältigen können. Diese Einstellung wünsche ich Ihnen auch für Ihr gemeinsames Eheleben.

Möge Sie auf Ihrer Tour durchs Leben meist gutes Wetter begleiten, sodass Sie die Schönheiten, die sich Ihnen auf dem Weg bieten, genießen können. Vergessen Sie nicht, bei voller Fahrt auch zwischendurch ein paar Pausen für Ruhe und Erholung einzulegen und immer ein Auge darauf zu haben, ob es auch dem Partner gut geht.

Sie werden nun im Kreise Ihrer Verwandten und Freunde den Bund fürs Leben schließen und damit fortan einen Partner an der Seite haben, der für Sie einzig geworden ist, so wichtig, dass Sie nun einander vor allen das Jawort geben …

(Trauformel)

Jetzt bleibt mit nur noch, Ihnen alles Gute für Ihr gemeinsames Eheleben zu wünschen und – um im Bild zu bleiben: Gute Fahrt!

9 Sportsgeist bewahren

Redeübersicht

Stimmung	Heiter
Adressaten	Brautpaare, die viel Sport treiben
Kernaussage	Ehepaare bilden ein Team von zwei Menschen, die sich gegenseitig unterstützen, beflügeln und vertrauen.
Kurzinhalt	In der Ehe sind Verhaltensweisen wichtig, die wir auch aus dem Sport kennen. Wobei die Ehe natürlich kein Wettkampf mit Siegern und Besiegten ist, sondern das Miteinander eines Teams. So wie sportliche Einzelleistungen vom Team mitgetragen werden, so bietet auch ein Ehepartner dem anderen Rückhalt. Um voranzukommen, um sich gegenseitig beflügeln zu können, ist es in beiden Bereichen nötig, Vertrauen zu haben und sich aufeinander verlassen zu können. Worauf es ankommt, das ist Sportsgeist.
Redezeit	Ca. 6 Minuten

Ansprache

Liebes Brautpaar, sehr geehrte Gäste, ich begrüße Sie ganz herzlich hier in unserem Trausaal.

Sie beide, Frau ... und Herr ..., sind jetzt sozusagen auf der Zielgeraden angekommen, denn Sie werden sich gleich Ihr Jawort geben. Aber eigentlich stehen Sie auch direkt vor dem Startblock, denn eine Heirat ist immer der Beginn von etwas Neuem, auch wenn ein Paar sich schon lange kennt (und bereits zusammenlebt).

Die Hochzeit als Ziel- und Startpunkt – da Sie beide begeisterte Sportler sind, wie Sie mir erzählt haben (da Sie beide als Sportler bekannt sind), werden Sie mit dieser Wortwohl sicher etwas anfangen können. Und weil Sie das Ziel heute erreicht haben, soll es in meiner kleinen Ansprache vor der eigentlichen Trauung auch mehr um den Start gehen. Um das gemeinsame Leben, das mit diesem offiziellen Bekenntnis zueinander auch eine neue Qualität gewinnt.

Und auch hier können Begriffe beziehungsweise Haltungen, wie wir sie aus dem Sportbereich kennen, ganz hilfreich sein. Wobei ich jetzt nicht die Ehe als einen Wettkampf darstellen will. Das ist sie ganz sicher nicht, eine gute Ehe kennt keine Sieger und keine Besiegten.

Vielmehr ist sie sozusagen ein Mannschaftsspiel, und was sie vor allem braucht, das ist Teamgeist. Und dass es auf das Team ankommt, das ist ja auch beim Sport nicht anders. Nicht nur bei Mannschaftssportarten, sondern auch, wenn nur eine Person an den Start geht. Denn auch hinter dieser einzelnen Person stehen ja eine Reihe anderer Menschen wie Trainer, Betreuer und Trainingskameraden, die am Erfolg mitbeteiligt sind.

So sind auch am Erfolg einer Ehe immer beide beteiligt beziehungsweise liegt es in beider Händen, aus dem Zusammenleben eine stabile Beziehung zu machen.

Denn beide bilden ein Team – ein Team von zwei Menschen, die alles gemeinsam durchleben, die schönen wie die traurigen Momente, die das Leben so mit sich bringt; ein Team von zwei Menschen, die sich gegenseitig beflügeln, die sich vertrauen und die sich aufeinander verlassen können.

So wie im Sport alle Beteiligten vor einer großen Entscheidung eine gemeinsame Strategie festlegen, so verständigen sich auch Ehepaare auf gemeinsame Ziele oder auf eine bestimmte Verteilung der Zuständigkeiten und Aufgaben. So wie im Sport einer den anderen mitziehen und zu höchsten Leistungen anspornen kann, so geben sich Ehepartner gegenseitig Unterstützung oder Rückhalt, wenn sie etwas erreichen wollen oder wenn einer mal down ist.

Und so wie sich in einer Sportmannschaft jeder auf den anderen verlassen können muss, so brauchen auch Ehepartner die Gewissheit, sich vertrauen zu können. Denn wenn zwei Menschen zusammenleben, dann wollen sie Verlässlichkeit und die Chance, sich dem anderen auch anvertrauen zu können. Und so wie es beim Sport auch einfach Spaß macht, gemeinsam einen Sieg zu erringen, so bereitet es auch in der Ehe Spaß, nicht allein, sondern gemeinsam etwas zu erreichen oder etwas Schönes zu erleben.

Natürlich geht es im Sport, zumal bei internationalen Wettkämpfen, nicht immer so zu, wie ich es gerade beschrieben habe. Aber der Anspruch, dass es so sein sollte, ist immer noch vorhanden. Und natürlich wird es einem Paar in der Ehe auch nicht immer gelingen, sozusagen ein Herz und eine Seele zu sein. Schließlich tragen beide den Stress von außerhalb auch in die Beziehung hinein und treffen in der Ehe zwei Menschen mit unterschiedlichen Auffassungen und Wünschen aufeinander. Aber der Anspruch, gut miteinander auszukommen, der besteht immer.

Und damit das gelingt, ist eigentlich nur ein bisschen guter alter Sportsgeist vonnöten. Also ein faires Umgehen miteinander, ein bisschen Rücksichtnahme auf den anderen, ein gemeinsames Planen und Handeln.

Sie beide haben ja schon die Gemeinsamkeit des Interesses für Sport, und sicher gibt es noch manches andere, was Sie gemeinsam anstreben oder wofür Sie sich gegenseitig den Rücken stärken. Und Sie wissen, wie wichtig Fairness ist. Sie haben also alle Voraussetzungen, mit Ihrem Eheteam alle Hürden des Lebens zu nehmen und auf der Gewinnerseite zu stehen.

Ich jedenfalls wünsche Ihnen, dass Ihre Heirat der Start zu einem glücklichen Lebenslauf ist.

Um Ihre Ehe nun zu schließen, bitte ich Sie, sich von den Plätzen zu erheben …

(Trauformel)

10 Team spirit

Redeübersicht

Stimmung	Heiter
Besondere Hinweise	Diese englischsprachige Rede basiert auf der Rede „Sportsgeist bewahren", siehe vorne. Die Ansprache wendet sich an Paare, bei denen zumindest einer kein Deutsch, aber beide gut Englisch sprechen. Beide können Ausländer sein, es kann sich auch um eine Ehe zwischen einem/einer Deutschen und einem/einer Ausländer/-in handeln. Wenn Sie nur selten Englisch sprechen, sagen Sie ruhig zu Beginn, dass Sie sich in der Fremdsprache nicht ganz sicher fühlen, aber dennoch auf das Dolmetschen, das den Ablauf der Zeremonie etwas stört, verzichten wollten. (I will try to speak to you in English, although it has been quite some time that I was learning this language. But I do think that translating every bit of the ceremony will interrupt the spirit of this ceremony.)
Redezeit	ca. 6 Minuten

Ansprache

Dear bride, dear groom, dear guests,

Welcome to our registry office in …

Mrs. (Miss) … and Mr. (Mister) …, today you will get married and this means: today you are passing your starting line. You are getting ready to leave your old life behind, since a wedding is always the beginning of something new, even if the two people involved have known each other for a long time.

Before getting started I would like to talk about this new beginning, about life with the person you have chosen as your partner and soul mate.

Perhaps you are surprised to hear me comparing a wedding to a sports event, but I think that many attitudes we know from sports are useful for married life as well. That does not mean that marriage is a competition. This would leave a wrong impression. But for married life building a team, being a team player and keeping the team spirit are of utmost importance. In sports you always want to aim high and to succeed. Marriage will only be successful if both of you work together to develop a good relationship.

You are a team. A team consisting of two persons living and dealing with life together, overcoming bad days and sharing happy days. A team of two persons who inspire each other, who trust and rely on each other.

In sports, for any large competition, all teammates agree on a strategy which is obligatory for all. In married life a couple has to come to an understanding about their aims and responsibilities. In sports one is able to encourage a teammate to develop his or her strengths. In married life wife and husband support each other in order to reach a goal. You encourage and rely on each other when one of you faces difficulties or challenging times.

In a sporting team it is necessary to trust each other, and in that same way couples need mutual trust. Two persons who spend their lives together build common ground and confide in each other. In sporting life happiness and fun arise from playing together, in married life it is not that different: happiness is achieved by helping each other to fulfil your dreams and reach your goals.

Of course it is not always possible to live in harmony. You are two individuals with sometimes different opinions, desires and interests. From time to time you will have disputes and will have to find compromises. And sometimes you might be tired, frustrated or stressed after a long busy day. But together you can manage everything and come to see things in a positive way.

But for that you need a great portion of sportsmanship or team spirit. That also includes fairness and respect for one another, to always be conscious of the feelings of your beloved partner. Then it will be easy for you as a team to overcome whatever difficulties you face, and to be on the winning side of life.

Trauformel

May I ask you now to stand up for the actual marriage ceremony?

I ask you now, Mr. … (Vor- und Familienname), do you, of your own firm intention and free will, wish to marry Mrs. (Miss) … (Vor- und Familienname), here present, then answer with "Yes, I do".

I now ask you, Mrs. (Miss) …, do you, of your own unalterable will, want to marry the here present Mr. …, then answer with "Yes, I do".

Since you have both unanimously answered "Yes, I do", I hereby declare you to be lawfully wedded husband and wife. My warmest congratulations to you both.

Now that all the photographers are prepared, a photo of the newly wed's kissing might be the perfect finish to this ceremony.

And now I would like to congratulate you on your marriage.

11 Für eine bessere Welt

Redeübersicht

Stimmung	Nachdenklich
Adressaten	Ehepaare, die beide engagiert für den Umweltschutz eintreten
Kernaussage	Umweltschutz muss nicht nur nach außen getragen, sondern täglich gelebt werden.
Kurzinhalt	Eine Ehe, aus der ein nachhaltiger Alltag und ggf. eine entsprechende Erziehung eines Kindes erwachsen, ist möglicherweise wirksamer als Demonstrationen. Wenn hier gemeinsam gehandelt wird, pflanzt sich Umweltbewusstsein im besten Sinne des Wortes fort.
Redezeit	Ca. 7 Minuten

Ansprache

Sehr geehrte Damen und Herren, liebe Umweltfreunde, liebe Verwandte und

liebes Brautpaar,

die Versuchung, im Kontext des Umweltschutzes von einem „Trend" zu sprechen, ist durchaus vorhanden – schließlich begegnet uns dieses Thema Tag für Tag in den Medien. Wer allerdings auch nur kurz darüber nachdenkt, wird feststellen, dass es hier nicht um Kurzlebigkeit, sondern um die Zukunft unseres Planeten geht. Was mancherorts zum „Trend" erhoben wird, muss und wird tief im Alltag der Gesellschaft verankert sein – es wird zur Normalität.

Sie, liebes Brautpaar,

sind nicht nur Umweltfreunde und -aktivisten, sondern leben jeden Tag vor, wie eine nachhaltigere Existenz in unserer Gesellschaft möglich ist. Mit einer Ehe wie der, die hier und heute geschlossen wird, entsteht möglicherweise auch eine neue Familie und das Wissen um die Bewahrung des Planeten wird an eine neue Generation weitergegeben. Wenn Sie beide sich dazu entschließen, Kinder zu haben, werden diese ganz selbstverständlich um die Probleme der Umweltzerstörung wissen und von klein auf ein Leben entsprechend der Gebote für Nachhaltigkeit leben. Vielleicht ist dies ein noch wirksamerer Weg zur Rettung unseres Planeten als alle Demonstrationen: Leben wir Umweltschutz einfach vor und seien wir Vorbilder – und das im alltäglichen Leben.

Wenn in früheren Jahren eine Hochzeitsrede gehalten wurde, ging es meist um die Zukunft im ganz persönlichen Sinne. Pläne wurden geschmiedet und vor allem in Deutschland kamen darin irgendwann ein Einfamilienhaus und ein Auto sowie Flugreisen in ferne Länder vor. Wohlgemerkt: Auch ich wünsche Ihnen alles nur erdenklich Gute, wozu selbstverständlich auch eine materiell gesicherte Existenz gehört. Es ist allerdings so, dass sich die Zeichen der Zeit ein wenig gewandelt haben und Dinge, die früher als anstrebenswert galten, nicht mehr so bedeutsam sind. Was das in Ihrem konkreten Fall ist, vermag ich nicht zu beurteilen, doch bin ich der festen Überzeugung, dass Sie Ihren Fokus auf Umweltschutz nicht nur nach außen tragen, sondern auch praktizieren.

Die wenigsten Menschen verstehen dabei, dass es beim Umweltschutz und bei einer nachhaltigen Lebensweise nicht um Verbote und Einschränkungen, geschweige denn um einen erhobenen Zeigefinger geht. Wer weiß, wie es geht, führt ein Leben ohne größeren Verzicht und kann dabei die Lebensqualität sogar steigern. Nehmen wir z.B. den Aspekt der Ernährung. Nachhaltig produzierte und regionale Lebensmittel hinterlassen nicht nur einen geringeren CO_2-Fußabdruck, sondern schmecken auch besser und frischer. Oder das Thema „Urlaubsreisen“: Wer kennt heutzutage noch die Reize der unmittelbaren Umgebung und wer nimmt sich noch die Zeit, seine Heimatregion zu erkunden? Vor allem für junge Familien mit Kindern gibt es hier eine Menge zu entdecken, was bei Fernreisen an immer gleichen Stränden und in immer gleichen Ressorts kaum der Fall sein dürfte.

Keine Sorge: Ich werde es bei diesen beiden Beispielen belassen und möchte nicht meine komplette Ansprache dem Thema „Umweltschutz“ widmen. Schließlich ist heute ein Tag zum Feiern. Bereits die österreichische Dichterin Marie von Ebner-Eschenbach wusste:

„Gemeinsame geistige Tätigkeit verbindet enger als das Band der Ehe.“

In Ihrer beider Fall verbindet sich die gemeinsame geistige Tätigkeit mit der umweltfreundlichen Ausrichtung des Lebens und nicht zuletzt mit Ihrer heute geschlossenen Ehe. Die Ausgangssituation ist somit überaus gut – und wenn ich Sie beide so sehe, dann bin ich sicher, dass Ihnen ein harmonisches und erfülltes Eheleben bevorsteht.

Ich verbinde diese Einschätzung mit meiner Hoffnung, dass anlässlich Ihrer Silberhochzeit – oder hoffentlich auch schon früher – auch global eine nachhaltigere und umweltfreundliche Lebensweise Einzug gehalten hat und zumindest die schlimmsten Folgen des klimatischen Wandels gestoppt werden konnten. Hoffen wir, dass Ihre Zukunft auch auf dieser Ebene eine rundum positive und hoffnungsvolle sein wird.

(Trauformel)

12 „Umweltfreundliche" Ehe

Redeübersicht

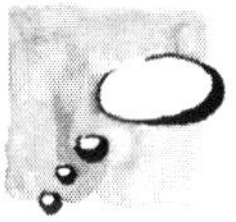

Stimmung	Nachdenklich
Adressaten	Ehepaare, denen der Umweltschutz am Herzen liegt
Kernaussage	Die Ehe als Keimzelle für die Gesellschaft und als Keimzelle für den Umweltschutz
Kurzinhalt	Eine Ehe kann heute kaum in völligem Einklang mit der Natur geführt werden, aber umweltfreundliches Verhalten und Nachhaltigkeit können mit vielen kleinen Schritten erreicht werden. Umweltschutz und Genuss schließen sich nicht aus, sondern bieten Möglichkeiten einer neuen Welterfahrung.
Redezeit	Ca. 7 Minuten

Ansprache

Sehr geehrte Damen und Herren, liebe Freunde und Verwandte,

liebes Brautpaar,

vielerorts wird die Ehe als eine „Keimzelle der Gesellschaft" angesehen. In meiner Eigenschaft als Standesbeamter kann ich mich mit dieser Lesart naturgemäß anfreunden und doch existieren alternative Ansichten, die die Bildung und Erziehung neuer Generationen in erster Linie als gesellschaftliche Aufgabe ansehen.

Wenn es um den Umweltschutz geht, der eines der zentralen Themen unserer Zeit ist, trifft beides gleichermaßen zu und es besteht kaum die Notwendigkeit einer Gewichtung. Wenn von einer Keimzelle die Rede ist, so ließe sich Ihrer beider Ehe auch als eine von vielen Keimzellen für mehr Umweltschutz und eine bewusstere Lebensweise ansehen. Dass der Begriff aus der Natur entlehnt ist, verstärkt den Eindruck, dass hier etwas Organisches wächst und Früchte im Sinne von Erkenntnis und Nachahmungseffekten trägt.

Sie beide führen ein Leben, das sich weitgehend im Einklang mit der Natur befindet. Natürlich ist das in der heutigen Zeit nicht im vollen Umfang möglich, und doch sind es die vielen kleinen Entscheidungen, in denen sich ein umweltfreundliches und der Nachhaltigkeit verpflichtetes Leben widerspiegelt. Und diese Entscheidungen und Handlungen, liebes Brautpaar, lassen sich mit Fug und Recht als vorbildlich bezeichnen. Bereits jetzt dürften Teile Ihres Lebensstils auf die Personen Ihres Umfelds abgefärbt haben. Wie wird es dann erst sein, wenn Sie Kinder haben und diese auf umweltfreundliche und die Natur bewahrende Weise erziehen? Der Satz von der Keimzelle bekommt hier den ursprünglich intendierten Sinn, denn zunächst einmal sind es die Eltern, die die Weichen für das weitere Leben eines Kindes stellen.

Ein afrikanisches Sprichwort lautet:

„Wenn an vielen kleinen Orten viele kleine Menschen viele kleine Dinge tun, wird sich das Angesicht unserer Erde verändern."

Es ist ein wenig wie mit dem Stein, der ins Wasser fällt und dessen Aufprall immer größere Kreise zieht: Wenn sich zwei Menschen dazu entschließen, umweltfreundlich zu handeln und zu leben, entsteht eine Vorbildfunktion, die auch die Umgebung dazu animiert, es gleichzutun.

Etwas pointierter und zum Nachdenken anregend formulierte es einmal der berühmte Philosoph Immanuel Kant. Dieser sagte einmal:

„Ich kann, weil ich will, was ich muss."

Dass wir alle in der Lage sind, ein umweltfreundlicheres Leben zu führen, liegt auf der Hand. Was wir dabei können, ist uns überlassen. Manche Menschen verzichten auf das Autofahren, andere reduzieren ihren Fleischkonsum, wieder andere vermeiden Flugreisen. Das „kann" man – und in Ihrem Fall kommt auch der erklärte Wille hinzu. Kant wäre nicht Kant, wenn nicht auch ein Imperativ folgen würde, doch in Bezug auf den Umweltschutz ist das „Müssen" leider vollkommen zutreffend. Wenn wir uns den momentanen Zustand unseres Planeten ansehen, so müssen wir sowohl können als auch wollen.

Was diesem zugegebenermaßen strengen Zitat fehlt, sind die Freude und das Dürfen, sind die Chancen und der Genuss, der in einem umweltfreundlichen Leben steckt. Wir dürfen leckeres biologisches Fleisch genießen. Wir können ausspannen, während wir Reisen mit dem Zug oder dem Bus unternehmen und nicht am Steuer unseres Autos sitzen und wir erhalten die einmalige Gelegenheit, unsere nähere Umgebung kennen- und lieben zu lernen, anstatt überfüllte Strände am anderen Ende der Welt zu ertragen. Mit dem Umweltschutz ist es ein wenig wie in einer Ehe: Natürlich entstehen Verpflichtungen und natürlich geht es um Verantwortung; der Genuss und die Freude sind jedoch deutlich stärker und sollten im Mittelpunkt stehen.

Entsprechend wünsche ich auch Ihnen beiden eine Ehe voller Genuss und voller glücklicher Momente. Möge das Thema „Umweltschutz" spätestens anlässlich Ihrer Silberhochzeit so selbstverständlich sein, dass es nicht mehr zum Dreh- und Angelpunkt einer Ansprache werden muss, weil ohnehin jeder die Zeichen der Zeit verstanden hat. Wenn dem so wäre, wäre dies auch Ihnen zu verdanken.

(Trauformel)

13 Berühmte historische Hochzeiten

Redeübersicht

Stimmung	Nachdenklich
Adressaten	Brautpaar mit Sinn für Geschichte und Geschichten
Kernaussage	Prominente Ehepaare und Hochzeiten inspirieren uns bis in die Gegenwart.
Kurzinhalt	Heiraten hat eine lange Tradition und viele Paare haben den großen Schritt schon gewagt. Davon erzählen Geschichten und Legenden – etwa über Kleopatra und Antonius oder über Goethe und Christiane. Traditionell gehört zu jeder Hochzeit ein Fest dazu. Manche Feier war zu ihrer Zeit ein derart rauschendes Fest, dass sich die Menschen noch Jahrhunderte später daran erinnern, etwa an die Landshuter Hochzeit oder an das Münchner Oktoberfest.
Redezeit	Ca. 6 Minuten

Ansprache

Liebes Brautpaar, liebe Gäste!

Heiraten war zu allen Zeiten etwas Besonderes. Ich freue mich, dass ich Sie bei diesem wichtigen Schritt in Ihrem Leben begleiten darf. Es ist ein großes Ereignis, das Ihr gemeinsames Leben hoffentlich stärken und bereichern wird.

Genau wie Sie saßen im Lauf der Geschichte schon viele Brautleute in einem Standesamt oder vor einem Priester, um sich trauen zu lassen. Genau wie Sie haben sich diese Paare den großen Schritt in die Ehe reiflich überlegt.

Zu ihnen gehörten immer auch wichtige Personen der Zeitgeschichte. Ihre Ehen inspirieren uns bis heute. So gab es in der Antike ein Paar, dessen Liebesgeschichte sowohl vom Herzen als auch vom Verstand gesteuert wurde. Die ägyptische Kaiserin Kleopatra und der römische Feldherr Marcus Antonius vereinten zwei riesige Reiche und eine gewaltige Machtfülle. Was sie allerdings nicht unangreifbar machte. Gemeinsam musste sich das Paar seinen Feinden entgegenstemmen, denen es schließlich unterlag.

Gegen andere Widerstände musste ein berühmtes Paar der Neuzeit ankämpfen. Der große deutsche Dichter Johann Wolfgang von Goethe und die Putzmacherin Christiane Vulpius vermählten sich Anfang des 19. Jahrhunderts. Die feine Weimarer Gesellschaft war empört! Die Ehe des Dichterfürsten galt als nicht standesgemäß.

In unserer modernen Zeit spielen solche Standesunterschiede fast keine Rolle mehr. Moderne Brautpaare wählen sich ihre Partner – wie Sie selbst das auch getan haben – frei und ohne Zwang aus.

Heute wie damals begleiteten Feste die Hochzeiten. Manche Hochzeitsfeste bleiben sogar im Gedächtnis von Generationen haften. Dazu gehört die Landshuter Hochzeit zwischen der polnischen Königstochter Hedwig und dem Herzogssohn Georg im Jahr 1475. Mit großem Geleit reiste die 18-jährige Braut von Krakau nach Landshut, wo das Paar tagelang eine rauschende Hochzeit feierte – zusammen mit zehntausend zechenden, tanzenden und spielenden Gästen. Alle vier Jahre erinnern die Landshuter mit einem großen mittelalterlichen Spektakel an dieses Hochzeitsfest.

Oder denken Sie an das Münchner Oktoberfest. Auch das geht auf eine Hochzeit zurück. Als nämlich der bayerische Kronprinz Ludwig und Prinzessin Therese im Oktober 1810 heirateten, fand zu ihren Ehren ein großes Pferderennen vor

40.000 Zuschauern statt. Zur Erinnerung an diese Feier wird auf der Theresienwiese seither einmal im Jahr die sogenannte Wiesn ausgerichtet.

Ganz so viele Gäste werden an Ihrer Hochzeitsfeier vermutlich nicht teilnehmen, aber gleichgültig, wie groß oder klein eine Trauung ausfällt – die Erinnerungen daran sind spezielle, unersetzliche Andenken an einen besonderen Tag. Ihre Hochzeit ist ebenso einmalig wie die großen historischen Trauungen. Auch Sie werden Ihre Ehe mit Herz und Verstand führen und gemeinsam die eine oder andere Widrigkeit aus dem Weg räumen müssen. Ich wünsche Ihnen dafür, dass Sie die guten Stunden im Gedächtnis behalten und in Phasen von weniger guten Stunden hervorholen können.

Bitte erheben Sie sich, damit wir die Trauzeremonie beginnen können.

14 Das Tanzbein schwingen

Redeübersicht

Stimmung	Nachdenklich
Adressaten	Ist vom Brautpaar bekannt, dass beide gerne tanzen, eignet sich diese Ansprache besonders.
Kernaussage	Ausgangspunkt dieser Ansprache ist das Tanzen. Auch in einer Ehe soll man Harmonie anstreben, partnerschaftlich handeln, auf den anderen Rücksicht nehmen und ihm nicht auf die Füße treten. Nähe und Distanz ist in einer Partnerschaft ein weiteres wichtiges Thema.
Kurzinhalt	Tanzen hat viel mit Harmonie zu tun. In der Regel führt beim Tanzen der Herr und die Dame passt sich an. In einer modernen Partnerschaft ist dies anders, beide Partner entscheiden Wesentliches gemeinsam. Wie es beim Tanzen wichtig ist, den gleichen Schritt zu haben, so ist es auch in einer Ehe notwendig, auf das Wesen des anderen einzugehen, Rücksicht zu nehmen und zu wissen, wie weit man gehen kann, um den anderen nicht zu verletzen. Harmonie wird das Paar vor allem zu Hause erleben können. Wie ein Paar beim Tanzen Figuren tanzt und sich dabei zeitweilig voneinander entfernt, so haben auch die Verlobten in ihrer Kennenlernzeit Nähe und Distanz ausgelotet.
Redezeit	Ca. 5 Minuten

Besondere Hinweise	Diese Rede ist recht speziell, da sie das Hobby tanzen zum Inhalt hat. Natürlich kennt man in größeren Orten selten die privaten Vorlieben der Brautleute. Doch diese Musteransprache kann auch schnell umgearbeitet werden, um Ihnen im privaten Kreis als Gast auf einer Hochzeits- oder Geburtstagsfeier, auf der getanzt wird, als Einlage zu dienen.

Ansprache

Liebe Frau …, lieber Herr …,

nach reiflicher Überlegung sind Sie heute hier zum Standesamt gekommen, um die Ehe zu schließen. Ich darf Sie und Ihre Trauzeugen und Gäste recht herzlich willkommen heißen.

Heute habe ich es leicht, einen Aufhänger für meine kleine Ansprache zu finden, denn ich kenne Ihr gemeinsames Hobby. Ich weiß, dass Sie beide leidenschaftlich gerne tanzen gehen! Das Tanzen soll nun mein Einstieg ins Thema sein.

Sie werden selbst wissen, tanzen hat viel mit Harmonie zwischen den Partnern zu tun. Wirklich gute Standardtänzer, die auch Meisterschaften austragen, sind privat oft ein harmonisches Paar.

Beim Tanzen spielt es eine große Rolle, dass jeder sich auf seinen Tanzpartner einstellt. Die Regel ist die, dass der Herr führt. Guten Tänzern genügen kleine Zeichen und Andeutungen, um aus dem Grundschritt heraus eine Figur zu tanzen. In der Regel gibt der Mann die Hilfen und die Frau ist aufmerksam, um auf jeden kleinen Wink sofort zu reagieren. Beide Tanzpartner lassen sich vom Takt der Musik leiten. Die Schritte dürfen weder zu groß noch zu klein sein, um nicht aus dem Takt zu geraten. Ganz selbstverständlich passt sich die Dame beim Tanzen dem Mann an. Man würde es merken, wenn sie nach ihrem eigenen Kopf tanzen wollte. Doch ganz unfrei ist die Tänzerin nicht: sie kann mit ihrem ganzen Körper ihr Temperament zum Ausdruck bringen. Leise können auch kleine Absprachen getroffen werden, zum Beispiel was die Figurenabfolge betrifft. Natürlich kann auch die Dame die Führung übernehmen, wenn beide Partner damit klarkommen.

In einer Partnerschaft ist es ähnlich. Oberstes Ziel ist auch hier die Harmonie. Oft ist uns im Leben auch ein bestimmter Takt vorgegeben, dem wir uns irgendwie anpassen müssen. Zum Beispiel haben wir in Beruf und Alltag vielerlei Pflichten zu erfüllen. Oft sind wir fremdbestimmt, müssen tun, was die Situation von uns fordert. Es gibt nicht allzu viele Freiräume von jeglichen Anforderungen. Harmonie zu empfinden, ist da nicht immer ganz leicht.

Der Partnerschaft kommt daher eine ganz besondere Rolle zu. Das eigene Zuhause kann ein Ort des Rückzugs und der Harmonie sein; im Unterschied zum Tanzen sollte es jedoch in einer Ehe gleichberechtigt zugehen. Es sollte nicht nur einen geben, der führt, der die ganzen Geschicke lenkt und sagt wo's lang geht und sich der andere nur unterordnet und mitmacht ohne eigenes Stimmrecht. Sicherlich hat phasenweise mal der eine, mal der andere mehr Ideen, denen sich der andere dann anpasst. Wichtige Entscheidungen werden jedoch gemeinsam getroffen. Anderenfalls würden wir eine Partnerschaft nicht als harmonisch erleben.

Wie beim Tanzen, so auch in der Ehe, wird man Harmonie empfinden, wenn man einen gleichen Schritt hat. Damit meine ich: Jeder Partner ist sensibel für das Wesen des anderen, geht auf ihn ein und nimmt auf ihn Rücksicht. Beim Tanzen spürt man auch, wie groß man seine Schritte machen darf, um den anderen nicht zu treten und harmonisch im Takt zu bleiben. In einer Lebensgemeinschaft ist es ebenfalls von großer Bedeutung, zu wissen, wie weit kann ich gehen, um den anderen nicht zu verletzen.

Beim Tanzen gibt es Figuren, bei denen sich die Tänzer kurzzeitig trennen, um sich dann wieder ganz nah zu sein. Auch in einer Ehe ist Nähe und Distanz ein wichtiges Thema. Sie beide werden in Ihrer Kennenlernzeit ausgelotet haben, wie viel Freiheit Sie einander lassen und wie Sie Ihre Zweisamkeit gestalten. Dies ist stets ein wichtiger Punkt in einer Partnerschaft, der mitverantwortlich für die Harmonie in der Ehe ist.

Tanzen ist auch ein Ausdruck von Lebensfreude. Diese Lebensfreude wünsche ich Ihnen auch für Ihre Ehe. Ich möchte meine kleine Ansprache noch einmal mit zwei Sätzen zusammenfassen: Ich wünsche Ihnen ein harmonisches Eheleben. Möge es Ihnen gelingen, eine partnerschaftliche Ehe zu führen, in der jeder auf den anderen Rücksicht nimmt. Ich wünsche Ihnen auch, dass Sie neben der Freiheit, die Sie einander lassen, die Zweisamkeit so richtig genießen können …

(Trauformel)

Zu guter Letzt möchte ich Ihnen noch einmal meinen herzlichsten Glückwunsch aussprechen.

15 Blühende Liebe

Redeübersicht

Stimmung	Romantisch
Adressaten	Ein Brautpaar, das durch die Liebe zu Blumen oder Pflanzen im Allgemeinen verbunden ist
Kernaussage	Zwischen der Arbeit in einem Garten und der Arbeit in einer Ehe existiert eine Fülle von Parallelen.
Kurzinhalt	Eine Liebe ist wie ein blühender Garten. Es muss gemeinsam gesät werden und vor allem in der ersten Zeit benötigt eine aufkeimende Beziehung eine umfangreiche Pflege. Nach und nach entsteht ausreichend Kraft, um auch den Stürmen des Lebens zu trotzen.
Redezeit	Ca. 6 Minuten

Ansprache

Sehr geehrte Damen und Herren, liebe Hochzeitsgäste,

liebes Brautpaar,

bei einer Hochzeit spielen Blumen stets eine große Rolle. In manchen Fällen handelt es sich „nur" um ein dekoratives Element, doch in Ihrer beider Fall bedeuten Blumen – oder noch allgemeiner: Pflanzen – eine gemeinsame Leidenschaft. Vielleicht haben Sie beide sich ja auch über Ihre Zuneigung zu Blumen kennen- und lieben gelernt. Es ist dabei sicherlich kein Zufall, dass immer wieder Analogien zwischen dem Blühen einer Blume und der Liebe hergestellt werden. Die Schriftstellerin Bettina von Arnim sagte beispielsweise:

„Blumen sind die Liebesgedanken der Natur"

und traf damit den Nerv der romantischen Epoche, in der sie lebte. Gemeint ist damit möglicherweise auch, dass Blumen oder Blüten in den wenigsten Fällen einem Zweck dienen oder unmittelbaren Nutzen bringen. Auch wenn Botaniker an dieser Stelle widersprechen könnten, scheint es, als blühe eine Blume allein, um den Betrachter zu erfreuen. Der österreichische Heimatdichter Peter Rosegger beschrieb es einmal mit den folgenden Worten:

„Die Blume lebt und liebt und redet eine wunderbare Sprache."

Und die Liebe? Hier handelt es sich um ein ähnliches Phänomen. Wer könnte schon erklären, warum wir uns einem Menschen nah fühlen? Und wer kennt die geheimnisvollen Mechanismen, die aus Zuneigung echte Liebe werden lassen? Ein gemeinsames Hobby wie das Ihrige ist sicherlich eine gute Basis für das Gedeihen von Liebe. Nichtsdestotrotz dürften Sie beide längst eine eigene Sprache der Liebe entwickelt haben. Und diese funktioniert – wie auch die der Blumen – meist ohne Worte.

Auch ist nicht verwunderlich, dass im Volksmund immer wieder von „blühender Liebe" die Rede ist. Die besondere Schönheit, die die Natur uns bietet, erreichen wir nur als Liebende. Und das hat damit zu tun, dass es in diesem Bereich nicht um den Verstand, nicht um Berechnung, sondern allein um Emotionen geht.

Liebes Brautpaar,

ich räume gern ein, dass all diese Gedanken vermutlich wenig mit Ihrem gemeinsamen Hobby zu tun haben. Nicht umsonst heißt es ja auch Garten-„Arbeit" und die besteht nun einmal nicht allein im Betrachten von Blumen. Doch auch wenn ich die Blütenpracht außen vor lasse, erkenne ich einige Parallelen zwischen einem Garten und einer menschlichen Beziehung.

Da ist zunächst einmal das Säen. Nur wenn sowohl das Saatgut als auch die Bedingungen stimmen, kann eine Pflanze gedeihen. In der Liebe bedeutet dies, dass stets auch die Umstände, unter denen wir uns kennenlernen, von Bedeutung sind. Wir müssen diese aber auch zu nutzen wissen und einen einmal geschlossenen Kontakt aufrechterhalten. Vergleichen wir dies getrost mit der Hege und Pflege der jungen Pflänzchen. Wer in der frühen Phase einer Beziehung nicht ausreichend investiert, wird niemals eine echte und tiefe Liebe empfinden.

Ab einem gewissen Punkt gewinnen beide an Kraft: sowohl Pflanzen als auch die Beziehung. Jetzt ist es so weit, dass auch Regen und Stürme, die sich als Analogien zu den sicherlich immer wieder vorkommenden kleinen und großen Auseinandersetzungen sehen lassen, keinen bleibenden Schaden mehr anrichten. Es ist sogar so, dass gelegentlich ungünstige Wetterbedingungen manche Pflanzen und manche Beziehung zusätzlich stärken.

Irgendwann geht es dann in die Blüte und diese Blütezeit, liebes Brautpaar, kann in einer menschlichen Beziehung über Jahrzehnte andauern. Sie wissen sicher auch, dass der Liebe gleichsam etwas Ewiges innewohnt und diese – bei gegenseitigem Respekt und der richtigen Pflege – niemals welkt.

Zum Vergehen der Zeit in der Natur habe ich ein ebenfalls tröstliches Zitat von Friedrich Hölderlin gefunden. Dieser stellte einmal die Frage:

„Wenn der Baum zu welken anfängt, tragen nicht alle seine Blätter die Farbe des Morgenrots?"

So komme ich zum Schluss meiner Ansprache und wünsche Ihnen eine durch und durch blühende und gelungene Ehe. Möge es an möglichst vielen Tagen „rote Rosen regnen" und mögen Sie auch an den sprichwörtlichen Regentagen stets zueinander stehen.

(Trauformel)

16 Hoch hinaus

Redeübersicht

Stimmung	Romantisch
Adressaten	Paare, die gern klettern bzw. Berge erklimmen
Kernaussage	Eine Ehe lässt sich nur zum Teil mit einem Gipfelsturm vergleichen. Was fehlt, ist die klare Zielsetzung, die in der Liebe so nicht vorhanden ist.
Kurzinhalt	Analogien zwischen dem Bergsteigen und dem Leben in einer Beziehung treffen nur zum Teil zu. Fest steht, dass das gemeinsame Überwinden von Hindernissen und Erreichen von Zielen zu einem tieferen Vertrauen in den anderen führt und damit die Beziehung verbessert. Zudem kann die Liebe sprichwörtlich „Berge versetzen".
Redezeit	Ca. 6 Minuten

Ansprache

Sehr geehrte Hochzeitsgemeinde, liebe Freunde und Verwandte,

liebe Braut und lieber Bräutigam,

als ich hörte, dass Sie beide gern klettern bzw. bergsteigen, sind mir gleich mehrere Assoziationen in den Sinn gekommen. Vordergründig ließe sich gewiss davon sprechen, dass Sie gemeinsam hoch hinaus möchten oder mit Ihrer Liebe den Gipfel der Gefühle erreicht haben. In der Tat eignet sich eine Reihe Parallelen zwischen dem Leben in einer Ehe und dem Erklimmen eines Berges. Gestatten Sie mir an dieser Stelle jedoch, zunächst auf einen in meinen Augen entscheidenden Unterschied hinzuweisen.

Wer auf einen Gipfel steigt oder auch „nur" eine Kletterwand bewältigt, hat stets ein festes Ziel vor Augen. Oben angekommen geht es dann um den sicheren Abstieg und das Wissen, dass man etwas Besonderes geleistet, etwas „bezwungen" hat. Dieses Gefühl, liebes Brautpaar, werden Sie kennen und lieben. Und vermutlich fällt das gemeinsame Glück an Berg oder Kletterwand noch ein bisschen intensiver aus als ein alleiniger Gipfelsturm.

Zum oftmals angestellten Vergleich mit einer Beziehung reicht es in meinen Augen jedoch nicht aus, denn was sollte das Ziel einer Ehe sein? Das Besondere, das die Beziehung zwischen zwei liebenden Menschen ausmacht, ist doch gerade das Fehlen von Intentionen, von Zielen und von Interessen. Wenn wir lieben, dann lieben wir den anderen um seiner selbst willen. Und sollten niemals versuchen, diesen zu verändern oder gar zu „bezwingen". Insofern mag die Liebe in emotionaler Hinsicht so manche Gipfel erreichen – mit einem zielgerichteten Aufstieg lässt sie sich nicht vergleichen. Und wenn wir ehrlich sind, ist das auch gut so, denn zu jedem erfolgreichen Aufstieg gehört auch der Abstieg und damit die Rückkehr auf den Boden bzw. zum Ausgangspunkt.

Wieso ich trotzdem auf das Klettern und Bergsteigen zu sprechen komme? Ganz einfach, weil dieses schöne Hobby viele Elemente enthält, die sich auch im Eheleben nutzen lassen. Nehmen wir nur einmal das gegenseitige Vertrauen. Wer einmal an einem Seil gehangen hat, wird wissen, wie wichtig ein verlässlicher Partner bzw. eine verlässliche Partnerin ist. Vor allem in brenzligen Situationen ersetzt nichts das Wissen um die eigenen Stärken und Schwächen und die des Gegenübers. Oftmals ist es so, dass der Partner oder die Partnerin noch besser einschätzen kann, ob man in der Euphorie des Bergsteigens Gefahren übersieht oder nicht.

Dieses gegenseitige und gleichsam blinde Vertrauen erweist sich auch im alltäglichen Leben als segensreich. Indem wir wissen, dass uns der Partner genau kennt und zu uns steht, erscheinen auch scheinbar überwältigende Probleme plötzlich gemeinsam lösbar. Reinhold Messner sagte hierzu einmal:

„Die Berge, die es zu versetzen gilt, sind in unserem Bewusstsein"

und bringt damit die Analogie zwischen Bergsport und dem übrigen Leben bestens auf den Punkt. Ein interessantes Detail besteht dabei im engen Zusammenhang zwischen diesem „Berge versetzen" und der Liebe. In der Bibel heißt es unter 1. Korinther 13,2:

„[…] hätte [ich] allen Glauben, also dass ich Berge versetzte, und hätte der Liebe nicht, so wäre ich nichts."

Sie sehen also, dass das Versetzen oder in meinen Augen auch Bezwingen von Bergen und Kletterwänden mit Liebe im Herzen deutlich einfacher und erfüllender erfolgt. Und das gilt in vollem Umfang auch für die gemeinsamen Herausforderungen, die Ihnen sicherlich während Ihrer gesamten Ehe begegnen werden.

Dies unterstreicht auch das letzte Zitat, dass ich Ihnen beiden auf Ihren gemeinsamen Weg mitgeben möchte. Es stammt von der achtmaligen Matterhorn-Besteigerin und Bezwingerin des Mont Blanc Eleonore Noll-Hasenclever und lautet:

„Wenn irgendwo, so lernt man einen Menschen in den Bergen kennen, sei es in den Stunden beschaulicher Freude oder des Glücks, das die Berge geben, sei es im einfachen Durchhalten bis zum Äußersten oder gar im Kampf um Sein oder Nichtsein."

Wohlgemerkt: Der Kampf um „Sein oder Nichtsein" wird in Ihrem Fall hoffentlich nie an der Tagesordnung stehen. So wünsche ich Ihnen, dass Sie sich eher in den erwähnten Stunden beschaulicher Freude oder Glücks wiederfinden und sich mit jedem gemeinsamen Jahr besser kennen- und lieben lernen.

In diesem Sinne wünsche ich Ihnen ein rundum gelungenes Hochzeitsfest und viele erfüllte gemeinsame Jahre.

(Trauformel)

17 Für Dich

Redeübersicht

Stimmung	Romantisch
Adressaten	Brautpaare mit Freude an Literatur
Kernaussage	Ein Gedicht kann uns aus der Seele sprechen und die Stationen einer Liebe beschreiben.
Kurzinhalt	Nach einer Zeit der Suche ist es das Wesen der Liebe, im geliebten Menschen die eigenen Sehnsüchte erfüllt zu sehen. Diese Liebe gemeinsam zu erfüllen ist eine freudvolle Lebensaufgabe.
Redezeit	Ca. 6 Minuten

Ansprache

Liebe Hochzeitsgäste, liebe Verwandte und Trauzeugen, liebes Brautpaar,

herzlich willkommen hier im Standesamt von …!

Wenn zwei Menschen erkennen, dass sie füreinander bestimmt sind, ist das ein so großartiges Ereignis, dass Worte ihm kaum Ausdruck verleihen können. Es sei denn, die Worte stammen von Dichtern oder Dichterinnen, die uns aus der Seele sprechen. Die deutsche Schriftstellerin Lessie Sachs – sie lebte von 1897 bis 1942 und musste, weil sie Jüdin war, in die USA emigrieren – hat ihr Leben lang Liebesgedichte geschrieben.

Eines ihrer schönsten heißt „Für Dich" und dieses Gedicht möchte ich Ihnen beiden heute widmen. Die erste Strophe lautet:

„Als sich mein Weg im Anfang zu Dir bahnte,
Da war es so, als ob das vorgeahnte,
Und vorbestimmte Schicksal zu mir hin,
Ein Wissen trug um aller Liebe Sinn."

Diesen Sinn haben Sie miteinander gefunden. Ging es Ihnen dabei so, dass Sie schon immer „vorgeahnt" haben, dass Sie aufeinander zukommen würden? War es ein „vorbestimmtes Schicksal", das Sie zueinander geführt hat? Oder war es der glücklichste Zufall Ihres Lebens?

In jedem Fall sind Sie heute hier, um sich das wichtigste Versprechen zu geben, das es gibt. Sie sind jetzt bereit, miteinander zu entdecken, worum es wirklich geht, „denn" – ich zitiere die nächsten Zeilen des Gedichts –

„Denn das, was vorher war, war Vorbereiten,
War Zögern, Rausch; war Strömung; war Entgleiten.
War Sehnsucht, Trieb, Erfahrung, Irrtum, Spiel,
War Weg und Wand'rung, ferne von dem Ziel.
Denn es war so, als ob das Blut noch säume,
Und wo es ganz sich hingab, halb noch träume …"

Das, wovon Sie früher nur geträumt haben, können Sie nun miteinander verwirklichen. In Zukunft setzen Sie als Paar die Ziele, die Sie erreichen möchten. Und wenn Sie auf Ihrem weiteren Weg einmal nicht sicher sein sollten, überstürzen Sie nichts, halten Sie inne und gönnen Sie sich die Zeit zu gemeinsamer Orientierung.

Inspirieren Sie sich gegenseitig immer wieder aufs Neue und geben Sie sich den stetigen Rückhalt, der aus tagtäglich gelebtem Vertrauen erwächst. Seien Sie füreinander da! Leben Sie Ihre Liebe!

Dann, denke ich zuversichtlich, werden Sie ein Glück finden, das dem von der Dichterin beschriebenen ähnelt, die ihren Traumpartner schließlich wissen lässt:

„So blieb der Seele Glanz und Feuer rein,
Und Glut und Süße sind für Dich allein."

Um Sie auf ein gemeinsames Dasein voll „Glut und Süße" vorzubereiten, bitte ich Sie und alle Festgäste nun, sich für das Traugelöbnis zu erheben.

(Trauformel)

Und nun wünsche ich Ihnen von Herzen, dass Ihre Ehe ein Gedicht und ein Fest fürs Leben wird!

18 Brauchtum verbindet

Redeübersicht

Stimmung	Feierlich
Adressaten	Paare, die nach regionalen Bräuchen heiraten
Kernaussage	Die Ehe gehört wie das Brauchtum zu den zeitlosen Werten, die es unbedingt zu erhalten gilt.
Kurzinhalt	Eine traditionelle Ehe wird in nahezu jeder Kultur als ideale Form des Zusammenlebens angesehen. Dabei sollten Traditionen jedoch nicht als starre Gebilde aufgefasst, sondern aktiv gelebt werden. Eine weitere Parallele besteht in der Heimat, die sowohl regionale Wurzeln als auch eine funktionierende Partnerschaft bieten.
Redezeit	Ca. 6 Minuten

Ansprache

Sehr geehrte Damen und Herren, liebe Freunde und Verwandte,

liebes Brautpaar,

Sie werden sicherlich zustimmen, dass wir in Zeiten stetigen Wandels leben. Allerorten hört man von Globalisierung, von neuen Technologien und von einschneidenden Veränderungen unserer Gesellschaft. Keine Sorge: Ich verkneife mir jedwede politische Betrachtung, die aufgrund der Komplexität der einzelnen Themen sicher auch unangebracht wäre. Angesichts einer Hochzeit wie der Ihrigen möchte ich hingegen einen kurzen Blick auf die Bedeutung regionaler Verwurzelung und Traditionen werfen.

Mir fällt dazu das hier und da bekannte Zitat des Komponisten Gustav Mahler ein, der einmal sagte:

„Tradition ist Bewahrung des Feuers und nicht Anbetung der Asche."

Wenn ich mir Sie beide und Ihre Hochzeitsgemeinde so ansehe, dann ist dieses „Feuer" im besten Sinne des Wortes zu spüren. Man spürt, dass Sie Ihre regionale Verwurzelung und die Bräuche der Altvorderen auch im 21. Jahrhundert mit Leben füllen. Und damit den Beweis antreten, dass die Werte, für die Sie stehen, gleichsam etwas „Zeitloses" haben und im „Hier und Jetzt" funktionieren. Dabei darf es sich durchaus auch um eine Neuinterpretation handeln, denn schließlich geht es bei jeder Tradition auch darum, deren Kern herauszuarbeiten und diesen zu leben.

Zu den vorhin erwähnten zeitlosen Werten, liebes Brautpaar, gehört natürlich auch die Ehe. In früheren Jahren war es kaum vorstellbar, dass Paare nicht heiraten und Kinder bekommen. Mittlerweile gerät die Ehe als Institution gleich von mehreren Seiten unter Beschuss oder wird zumindest infrage gestellt. Vermeintliche „Erneuerer" vertreten die Auffassung, dass es keines so festen Brauchs und keines Besiegelns einer Bindung mehr bedarf. Man mag dies auf der einen Seite mit Toleranz und Verständnis betrachten, sofern die Kritik am Althergebrachten nicht auf dessen vollkommene Abschaffung abzielt. Auf der anderen Seite hat es gewiss auch Gründe, dass die Ehe fast seit Anbeginn der Menschheit existiert und sich somit wahrlich bewährt hat. Egal in welche Kultur man blickt: Ehen und Hochzeiten existieren überall und sind integraler und gelebter Bestandteil einer jeden Kultur.

Sie gehen mit einer Hochzeitsfeier und Eheschließung wie der heutigen noch einen Schritt weiter und verbinden die Tradition der Ehe mit einem klaren

Bekenntnis zur Heimat. In der Tat lassen sich beide Begriffe gut in Einklang bringen und weisen eine Fülle von Parallelen auf. Im Vordergrund steht nach meiner Einschätzung der Aspekt des „Nach-Hause-Kommens“. Dies lässt sich sowohl in Bezug auf die eigenen vier Wände und den liebenden Partner oder die liebende Partnerin als auch auf die heimatliche Stadt oder Region anwenden.

Der polnische Dichter Adam Mickiewicz brachte es einmal in für die heutige Zeit etwas pathetisch klingenden Worten zum Ausdruck, als er sagte:

„Liebe … Göttliches Wort, ihm kommt an erhabner Größe nur ein einziges gleich, das göttlich wie dieses ist: Heimat!“

Man mag die Wortwahl des frühen 19. Jahrhunderts nicht mehr unbedingt in die heutige Zeit übernehmen wollen, doch zeigt der Satz recht gut, wie eng die Themenkomplexe „Heimat“ und „Liebe“ oftmals zusammenhängen.

Sie beide verbindet nicht nur die Liebe zueinander, sondern auch die Liebe zu Ihrer Heimat und den dortigen Bräuchen. Insofern setzen Sie auch für die Zukunft ein Zeichen und unterstreichen, dass Brauchtum mehr ist als nur leere Hüllen oder gar touristisches „Lokalkolorit“.

Dass damit keineswegs Enge einhergeht, lässt sich anhand der vielen unterschiedlichen und sicherlich weltoffenen Personen Ihrer Hochzeitsgemeinde deutlich ablesen. Dass Heimatliebe und Brauchtum oftmals erst die Voraussetzungen für einen Blick über den Tellerrand bieten, unterstreicht ein Sprichwort aus dem Kaukasus. Es lautet:

„Wer die Heimatberge nicht liebt, kann auch fremde Täler nicht lieben. “

Mögen Sie Ihre Liebe zu Ihren Bräuchen, vor allem aber die Liebe zueinander stets im Herzen tragen. Auf dass Ihnen auf dieser Basis eine lange und erfüllende Ehe gelingt. Und eines sei zum Schluss gesagt: Alles Neue, was aus einer Ehe hervorgeht, kann wieder den Grundstein zu einer langen – in diesem Fall familiären – Tradition bilden.

(Trauformel)

Bezug zu besonderen Umständen am Hochzeitstag

1 Doppelhochzeit

Redeübersicht

Stimmung	Neutral
Adressaten	Zwei Paare, die gemeinsam heiraten
Kernaussage	In der Ehe geht es um die Balance zwischen Zweisamkeit und Weltzugewandtheit.
Kurzinhalt	Motive für eine Doppelhochzeit können sein: familiäre (freundschaftliche) Bande, Spaß an gemeinsamer, großer Feier und gemeinsamem Beginn eines neuen Lebensabschnitts. Die Paare zeigen damit auch, dass ihnen nicht nur ihre Zweisamkeit wichtig ist, sondern sie auch offen für ihre Umgebung bleiben. Das ist eine gute Basis für eine Ehe, da Eheleute nicht nur Teil eines Paares sind, sondern auch Individuen mit eigenen Interessen. Sie brauchen auch einen eigenen Bereich, so wie eine Ehe auch Anregungen von außen braucht. Die Paare legen sicher Wert auf Zweisamkeit, wenden sich aber auch ihrem Umfeld zu.
Redezeit	Ca. 6 Minuten

Ansprache

Liebe Brautpaare, sehr geehrte Gäste, ich freue mich, Sie hier im ...er Standesamt begrüßen zu dürfen.

Sie, liebe Hochzeitspaare, haben den Wunsch geäußert, sich gemeinsam trauen zu lassen. Da Sie durch familiäre Bande verbunden sind (auch sonst viel gemeinsam unternehmen, sich zusammen kennen gelernt haben), lag es für Sie nahe, auch den Schritt in die Ehe gemeinsam zu wagen.

Vielleicht haben Sie daran gedacht, dass es viel mehr Spaß macht, gemeinsam oder in ganz großer Runde zu feiern und sich an diesem Festtag tatsächlich etwas Besonderes leisten zu können. Vielleicht fanden Sie es angenehm, die ganzen Vorbereitungen nicht alleine treffen zu müssen. Und möglicherweise hat Ihnen auch die Vorstellung gefallen, den Weg in einen neuen Lebensabschnitt nicht allein zu gehen. Es hat ja immer etwas für sich, mit Menschen, die man gut kennt, bestimmte Lebensphasen zur selben Zeit zu durchlaufen.

Wie dem auch sei, mit Ihrer Entscheidung für eine Doppelhochzeit zeigen Sie auch noch etwas anderes. Mit Ihrer Heirat bekunden Sie, dass Ihnen viel an der Partnerschaft mit Ihrem Ehepartner beziehungsweise Ihrer Ehepartnerin liegt. Mit der Doppelhochzeit sagen Sie, dass Sie sich jetzt nicht völlig in die Zweisamkeit zurückziehen wollen, sondern den Menschen, die Sie gut kennen, weiterhin Aufmerksamkeit schenken.

Und das ist bestimmt eine gute Basis für eine funktionierende Ehe.

Denn jede Ehe bewegt sich zwischen den Polen Zweisamkeit und Weltzugewandtheit, und Eheleute sind weiterhin Individuen wie auch nun Teile eines Paares.

Zwei Menschen leben zusammen, weil sie ihr Leben miteinander teilen wollen. Weil sie sich mögen, einander vertrauen und gemeinsame Ziele haben. Doch das bedeutet nicht, dass es nur noch das Miteinander gibt, vielmehr bleiben beide eigenständige Persönlichkeiten mit auch eigenen Interessen und Zielen. Sie gehen ihrem Beruf nach oder anderen Verpflichtungen und haben vielleicht jeweils andere Hobbys.

Zwei Menschen, die sich lieben, können sich viel geben und einander viel bedeuten. Sie werden ihre Ehe als etwas ungemein Wichtiges in ihrem Leben ansehen. Doch sie können sich nicht alles sein. Das wäre eine ziemliche Überforderung.

Jeder Mensch braucht auch in der Ehe seinen eigenen Bereich, ein paar Stunden für sich und Kontakte zu anderen, mit denen er fachsimpeln kann oder mal zum

Fußball oder ins Ballett geht. Warum auch sollte der andere etwas mitmachen, was ihn nicht interessiert? Es ist doch viel besser, wenn beide ihren unterschiedlichen Hobbys jeweils allein nachgehen und sich dann hinterher erzählen, was sie erlebt haben. Das führt ein Paar nicht auseinander, sondern enger zusammen.

Zwei Menschen, die sich mögen und zusammenleben, können und wollen natürlich viel Zeit miteinander verbringen. Sie möchten miteinander reden und Pläne schmieden, sie möchten gemeinsam etwas unternehmen. Aber sie brauchen auch Anregungen von außen, über die sie sich dann austauschen oder die sie auf neue Ideen bringen. Denn eine Beziehung, die nur um sich selbst kreist, verliert leicht ihren Schwung.

Die Welt außerhalb der eigenen vier Wände spielt natürlich schon durch den Beruf und andere Verpflichtungen eine Rolle; insofern lässt sie sich gar nicht aussperren. Doch ein weltoffenes Paar wird sich auch von sich aus seiner Umgebung zuwenden, indem es in irgendeiner Form am öffentlichen Leben teilnimmt und seinen Freundeskreis pflegt.

So wie Sie vier es offensichtlich machen. Denn Ihnen ist der Kontakt zu Ihren Freunden (Verwandten) wichtig genug, um heute den Schritt in die Ehe gemeinsam zu gehen.

Eine Ehe ist ein Bündnis zwischen zwei Menschen, die zusammen das Beste aus ihrem Leben machen wollen. Dabei ziehen sie sich nicht in eine Burg zurück, sondern gehen zusammen in die Welt hinaus. Sie teilen, was sie allein oder zusammen erleben. Sie unterstützen sich bei ihren Zielen und geben sich gegenseitig Halt. Sie freuen sich über das Erreichte und suchen zusammen dem Leben die schönen Seiten abzugewinnen. Sie bleiben neugierig auf alles, was um sie herum passiert, aber ihnen liegt auch viel an ihrer Zweisamkeit.

Und damit komme ich zur eigentlichen Trauungszeremonie und bitte Sie, sich von den Plätzen zu erheben …

(Trauformel)

Zum Schluss möchte ich Ihnen allen noch viel Glück für den weiteren Lebensweg wünschen.

2 Winterhochzeit

Redeübersicht

Stimmung	Feierlich
Adressaten	Brautpaare, die im Winter heiraten
Kernaussage	Winterhochzeiten haben einen besonderen Charme und stehen in einer alten Tradition.
Kurzinhalt	Am Ende eines arbeitsreichen Jahres kommt das Brautpaar zur Ruhe, um den wichtigen Schritt ins Eheleben zu wagen. Die Brautleute setzen damit eine alte Tradition fort: Nach dem Einbringen der Ernte und der Arbeit des Sommers hatten die Menschen Muße, in der kalten Jahreszeit vor den Traualtar zu treten. Heute gibt es andere Gründe für eine Winterhochzeit – meist ist es ein ganzes Bündel unterschiedlicher Motive.
Redezeit	Ca. 6 Minuten

Ansprache

Liebes Brautpaar, liebe Gäste!

Herzlich willkommen an diesem Wintertag in unserem Standesamt! Es ist mir eine Freude, Sie heute bei diesem wichtigen Schritt in Ihrem Leben zu begleiten.

Sie haben sich für eine Winterhochzeit entschieden und verleihen Ihrer Hochzeitsfeier damit eine ganz besondere Stimmung. Das Tageslicht schwindet früh, Straßen und Plätze sind schummrig beleuchtet, und es ist kalt. Die Welt ist etwas stiller als an einem heißen Sommertag. Die Natur reduziert ihre Aktivitäten und sammelt Kraft für das kommende Jahr.

Früher fanden viele Hochzeiten in der kalten Jahreszeit statt, genauer gesagt zwischen Herbst und Weihnachten. Man konnte dann davon ausgehen, dass es für die Hochzeitsgesellschaft genug zu essen gab, denn die Ernte war gerade frisch eingebracht worden und die Vorräte waren noch nicht zusammengeschmolzen. Im Winter ruhte zudem die Feldarbeit und die Menschen hatten mehr Zeit und Muße, Feste vorzubereiten und zu feiern.

Heute müssen wir nicht mehr darüber nachdenken, ob die Arbeit im Wald und auf den Feldern genug hergegeben hat, um ein Festessen zu veranstalten. Wann eine Feier stattfindet, hängt in unserer Zeit von ganz anderen Faktoren ab. Dennoch geht auch einer modernen Winterhochzeit wie Ihrer häufig ein arbeitsreiches Jahr voraus. Viel ist geschehen in den vergangenen Monaten. Ereignisreiche Wochen liegen hinter Ihnen. Beruf, Partnerschaft, Freunde, Familie und Ihre verschiedenen Interessen mussten miteinander vereinbart und gepflegt werden. Pflichten, Termine und Anforderungen zupften und zerrten an Ihnen.

Zusätzlich zu all den Beanspruchungen des Alltags haben Sie den Plan gefasst, einander das Jawort zu geben. Sie haben die bürokratischen Hürden genommen und eine Feier vorbereitet, die Ihren Vorstellungen entspricht und die zu Ihnen passt. Sie beschließen das Ende des Jahres mit einem weitreichenden rechtlichen Schritt und einem festlichen Ereignis. Insofern folgen Sie den alten Traditionen. Auch Sie haben die Ernte des Jahres eingebracht und nehmen sich nun die Zeit, ein wichtiges Fest zu feiern.

Diesen Schritt gehen Sie sicher nicht leichtfertig. Meist gehen dem Entschluss eines Paares, einander zu heiraten, viele Überlegungen voraus. Treffen wir die richtige Entscheidung? Wie soll unsere Hochzeit ablaufen? Wann ist ein guter Zeitpunkt? Oft ist es dann eine Mischung aus ganz verschiedenen Beweggründen, die dazu führen, dass sich ein Paar wirklich trauen lässt. Liebe und Zuneigung der Partner stehen ganz oben auf der Liste. So manches Paar bewegt auch der Wunsch, eine Familie zu gründen. Daneben spielen steuerliche Vorteile eine Rolle oder das Bedürfnis nach Sicherheit und Verbindlichkeit. Und viele Menschen möchten ganz einfach ihre Zusammengehörigkeit vor aller Welt besiegeln. Auch Sie haben viele gute und wichtige Gründe für Ihre Eheschließung gefunden – sonst wären Sie jetzt nicht hier.

Ich wünsche Ihnen, dass Ihre Ehe, die Sie in dieser kühlen Jahreszeit beginnen, ebenso wachsen und gedeihen wird wie die Natur, wenn in ein paar Monaten der Frühling einzieht. Sie werden in Ihrer Lebensgemeinschaft Blütephasen und Sonnenschein erleben, aber auch Stürmen trotzen müssen und Regenzeiten überstehen. Womöglich hilft es Ihnen in turbulenten Zeiten, an diesen Wintertag zurückzudenken und sich an die besondere Stimmung zu erinnern, die an Ihrer standesamtlichen Trauung geherrscht hat. Vielleicht können Sie Kraft ziehen aus dem Zauber des Anfangs, an dem Sie hier stehen.

Bitte erheben Sie sich, damit wir die Trauzeremonie beginnen können.

(Trauformel)

3 Der besondere Rahmen

Redeübersicht

Stimmung	Feierlich
Adressaten	Brautpaare jüngeren und mittleren Alters, die sich mit Bedacht einen besonderen Ort für ihre Trauung ausgesucht haben
Kernaussage	Jedes Paar wünscht sich, eine glückliche Ehe zu führen. Dies ist erreichbar, wenn beide dem anderen und der Beziehung Zeit und Aufmerksamkeit widmen.
Kurzinhalt	Hinter dem Wunsch, an einem schönen Ort zu heiraten, steht auch der Wunsch nach einem schönen Leben. Ein vollkommenes Glück zu erlangen, das ist naturgemäß nicht möglich, aber eine gute Ehe zu führen, das ist mit etwas gutem Willen durchaus zu erreichen.
Redezeit	Ca. 6 Minuten

Ansprache

Liebes Brautpaar, sehr verehrte Gäste, ich begrüße Sie ganz herzlich hier in …

Sie beide haben sich diesen besonderen Ort ausgesucht, um einem besonderen Ereignis, Ihrer Heirat, einen entsprechenden Rahmen zu geben. Sie haben für den großen Augenblick, in dem Sie „Ja" zueinander sagen, eine ansprechende Umgebung gesucht, eine Stätte, die stimmungsvoller wirkt als ein Raum in einem Verwaltungsgebäude und die im Gedächtnis haften bleibt.

Der Wunsch, einen passenden Rahmen für bedeutungsvolle Geschehnisse zu finden und große Ereignisse auch groß zu feiern, ist gerade in unserer Zeit von Bedeutung, die so schnelllebig ist und alle Werte relativiert. Mit der Wahl eines besonderen Ortes hingegen versuchen Sie, der Bedeutung des Tages gerecht zu werden und einem wichtigen Moment Dauer zu verleihen. Sie möchten diese bedeutsamen Stunden so gestalten, dass Sie sich lang und gern an sie erinnern.

Und hinter der Entscheidung, ein wichtiges Ereignis an einen schönen Ort zu verlegen, steht vielleicht auch die Sehnsucht nach einem schönen Leben beziehungsweise der Wunsch, dass auch die weiteren Jahre so schön und stimmungsvoll wie der heutige Tag verlaufen mögen.

Denn wer erhofft sich nicht, dass die Ehe das große Glück bringt? Wer wünscht sich nicht, dass die eigene Beziehung konfliktlos verläuft?

Auch wenn wir insgeheim wissen, dass das Leben und damit auch die Partnerschaft immer Höhen und Tiefen mit sich bringen, hegen wir die Träume vom großen Glück. Solche Träume sind nicht nur Utopien, sie enthalten auch so etwas wie Zielvorgaben. Sie rufen also zum Handeln auf.

Zwei Menschen können das Glück in der Ehe finden, wenn sie sich darum kümmern. Sie können viele glückliche Stunden miteinander verleben, wenn sie sich vornehmen, einander glücklich zu machen, wenn sie das ergreifen, was Freude ins Leben bringt, und das, was sie haben, auch genießen.

Beispielsweise indem sie sich für den anderen und die Partnerschaft Zeit nehmen, indem sie sich dem anderen und der Beziehung zuwenden. Wenn sie es sich zum Ziel setzen, eine glückliche oder gute Ehe zu führen, werden sie auch Mittel und Wege finden, diesen Wunsch zu verwirklichen. Wenn sie an ihre Ehe glauben, werden sie auch viel für das Zusammenleben tun. Und mit diesen Bemühungen kommen sie ihrem Ziel immer näher.

Sie beide haben mit der Wahl eines besonderen Heiratsortes danach gestrebt, Ihre Hochzeit zu einem großen Ereignis zu machen und Ihre Ehe an einem stimmungsvollen Ort beginnen zu lassen. Es war Ihnen also nicht gleichgültig, wo Sie sich Ihr Jawort geben. Sie wissen, dass es darauf ankommt, dem, was wichtig ist – also Ihrer Beziehung –, Zeit und Aufmerksamkeit zu schenken. Denn dann lässt sich ein glückliches Zusammenleben erreichen und eine gute Ehe führen.

Um Ihre Ehe nun zu schließen, möchte ich Sie bitten, sich von den Plätzen zu erheben …

(Trauformel)

Ich wünsche Ihnen, dass Sie in Ihrer Ehe das ersehnte Glück finden.

4 Schnapszahldatum

Redeübersicht

Stimmung	Feierlich – Neutral
Adressaten	Diese Rede kann an alle Paare gerichtet werden, die an einem Schnapszahldatum heiraten. Sie ist auch in Auszügen verwendbar und mit anderen Textbausteinen aus anderen Musteransprachen kombinierbar. Zum Beispiel können Sie nur den entsprechenden Textbaustein einer Ziffer dieser Rede herausnehmen und mit Ihrer Lieblingsrede kombinieren. Ein Hinweis am Rande: Vergessen Sie im Vorfeld nicht, auch internationale Heiratsurkunden anzubieten, da nur diese das Datum numerisch enthalten.
Kernaussage	Sie haben sich ein außergewöhnlich schönes Datum zur Hochzeit ausgewählt.
Kurzinhalt	Die Rede enthält Wissenswertes zum Kalender. Nebenbei enthält sie auch ein paar Tipps, wie sich mit Bezug zur Partnerschaft Zahlen gut merken lassen. Als Leitgedanke zum Tag wird ein Text von Leo Tolstoj zitiert.
Redezeit	8 Minuten

Ansprache

Liebes Brautpaar, liebe Gäste,

herzlich willkommen heute am *(Schnapszahldatum)* in unserem Standesamt.

Heute ist also der herbeigesehnte, bedeutungsvolle Tag. Sie haben dieses Datum schon weit im Voraus ins Auge gefasst und geplant, sonst wäre es Ihnen nicht möglich gewesen, heute zu heiraten, denn die Termine waren schon innerhalb weniger Wochen, nachdem der neue Kalender aufgelegt wurde, ausgebucht. (*Alternative:* denn die Nachfrage nach diesem schönen Heiratsdatum war wesentlich größer, als wir Termine anbieten konnten.)

Mir gefällt es, Paare anzutreffen, die Ihren Hochzeitstag wichtig nehmen und von langer Hand planen und nicht so nebenbei von heute auf morgen heiraten. Von daher habe auch ich mich schon seit langem auf diesen Tag gefreut.

Wir schreiben heute den *(Schnapszahldatum)*, und natürlich möchte ich dieses Datum hier ansprechen, wie Sie vielleicht auch erwartet haben.

Am heutigen Tag ist es gut, nicht in Thailand zu sein, denn dort schreibt man heute das Jahr *(unsere Jahreszahl plus 543 Jahre)*. Und es ist gut, nicht im Iran zu heiraten, denn dort wären wir im Jahr *(unsere Jahreszahl minus 622 Jahre)* – das klingt schon nicht so rund wie das *(Schnapszahldatum)*. Das Jahr 1 richtet sich im iranischen Kalender nach der Auswanderung des Propheten Mohammed von Mekka nach Medina, und das Jahr beginnt mit Frühlingsanfang am 21. März.

Unsere Zeitrechnung dagegen geht auf Papst Gregor den VIII. zurück. 1582 führte er nach langen Beratungen mit vielen Fachgelehrten den Gregorianischen Kalender ein, den dann vorerst nur die katholischen Länder übernahmen. Die evangelischen Staaten in Deutschland folgten dieser Vorgabe erst im Jahre 1700, also 118 Jahre später. Blicken wir in ein Lexikon, so können wir dort von vielen verschiedenen Kalendersystemen lesen. Es ist also keine Selbstverständlichkeit, dass wir heute den *(Datum)* schreiben.

Doch für Sie war es eine Selbstverständlichkeit, dieses bemerkenswerte (tolle) Datum für Ihre Hochzeit auszusuchen. Natürlich kann es da auch vorkommen, dass Sie ein Verwandter, ein Kollege oder eine Freundin necken und auf die Vergesslichkeit anspielen wird, denn es kommt ja bekanntlich nicht so gut an, den Hochzeitstag zu vergessen.

Diese Neckerei hat Sie jedoch nicht abhalten können, denn der *(Datum)* ist einfach ein zu schönes Zahlenspiel. Zahlen können sprechen, sie haben eine Bedeutung.

An dieser Stelle möchte ich Ihnen ein paar Gedankenbrücken nennen, die es leicht machen, sich Zahlen zu merken, und die einen gleichzeitig nie vergessen lassen, welche Bedeutung die Ehe für das eigene Leben, aber auch für den Ehepartner hat.

Bei der **Ziffer 1** denke ich daran, wie schön es ist, wenn man sich als Ehepaar gegenseitig den ersten Platz einräumt. Sicher gibt es im Leben auch Zeiten, wo der Beruf einen voll und ganz in Anspruch nimmt oder ein neugeborenes Kind viel Zeit und liebevolle Zuwendung einfordert –und dennoch sollte man den Vorsatz nie vergessen, dem Ehepartner den 1. Platz einzuräumen. Auf die Weise lässt sich die Ziffer 1 recht gut merken und die Erinnerung an den Hochzeitstag wachhalten.

Wenn ich die **Ziffer 2** anschaue, sehe ich in meiner Vorstellung einen stilisierten Schwan und daneben noch einen, die sich in einem Burggraben friedvoll und majestätisch treiben lassen – ohne Hektik und Alltagsgetriebe. Es ist ein Bild der Harmonie vor meinem inneren Auge. Harmonie, Sorglosigkeit und Frieden, wie ich es Ihnen für Ihr Eheleben wünsche.

Wenn man die **Ziffer 3** umdreht, wie es auch Kindern passiert, wenn sie schreiben lernen, ist es ein „E". Auf der Suche nach einem Gedankenspiel, einem Wort, das mit „E" beginnt und gleichzeitig etwas mit Partnerschaft zu tun hat, könnte man an Eifersucht denken. Über dieses Thema wurde in der Klatschpresse wie auch in Fachkreisen schon viel diskutiert und geschrieben. Die einen meinen, es gehört unbedingt zu einer Ehe, weil dieses Gefühl dem Partner auch zeigt, wie wichtig und attraktiv er für den anderen ist, gleichfalls auch den anderen anstachelt, sich für die Partnerschaft einzusetzen, damit sie nicht in die Brüche geht. Die Gegner dieses Standpunkts vertreten die Auffassung, dass Eifersucht auch die Ehe zerstören kann und es besser wäre, dieses Gefühl und auch Situationen, die den anderen eifersüchtig machen, zu meiden. Hierzu gibt es keine Patentrezepte, und Gott sei Dank ist es auch nicht meine Aufgabe, mit Patentrezepten die Eheschließung zu umrahmen.

Die 4 ist eine sehr kantige Ziffer. Wenn man sie auf ein großes Papier aufzeichnet, könnte es der Beginn sein, ein Haus zu skizzieren, wie man es schon als Kind tat. Ein schönes Heim braucht Ihr junges Eheglück, einen Platz der Geborgenheit, und sei es die kleinste Hütte, die Sie sich gemütlich einrichten.

Die **Ziffer 5** ist wie ein Haken. Daran sollten Sie nicht Ihre Eigenständigkeit und alle Ihre lieb gewonnenen Hobbys hängen, wenn Sie heute in Ihr Eheleben starten; sondern sie sollten diesen symbolischen Haken an einer gut sichtbaren Stelle in der Wohnung anbringen, um Ihre Vorsätze für Ihre Zeit zu zweit gut sichtbar dranzuhängen, gleich einem Kalender, den man jeden Tag beachtet. So kann es Ihnen gelingen, sich leichter daran zu erinnern, dem Partner zum Beispiel ein Kompliment zu machen oder sich eine kleine nette Überraschung auszudenken.

Nun, wie kann es anders sein, kommen wir zur **Ziffer 6**, und Sie haben es gehört: Ich habe dieses Wort ganz aus dem Rachen gesprochen, und dennoch könnte man auch an etwas anderes denken. Was jeder heute darüber denkt, bleibt sein Geheimnis.

Die 7 ist für viele Menschen eine Glückszahl. Sie beinhaltet die 4, die für das Irdische steht, und die 3, die für das Göttliche steht.

Die 7, wenn sie einfach geschrieben ist, wie zum Beispiel auf einer PC-Tastatur, ist umgedreht ein „L".

Was liegt näher als heute an „L" wie Liebe zu denken:

Sie ist die Basis jedes Ehelebens,
die Kraft, für den anderen da zu sein,
die Kraft, Egoismen zurückzudrängen zugunsten der Ehe,
die Kraft den Partner so anzunehmen, wie er bzw. sie ist,
die Kraft zu verzeihen,
die Kraft, den Anfang zu machen nach einer Flaute der Gefühle,
die Kraft, die auch Schwierigkeiten überwinden lässt.
Die Liebe wird Ihre Ehe zusammenhalten.

Auch **die 8** ist eine Ziffer, die ganz leicht zu merken ist. Die zwei Trauringe in dieser Schale nebeneinander gelegt, bilden eine 8. Das Unendlichkeitssymbol! Wenn man mit dem Finger diese 8 nachzeichnet, kommt man nie an ein Ende, sondern wechselt nur die linke und rechte Kreisbahn. Auf die Ehe übertragen ist es ein wunderschönes Symbol. Die Ringe nebeneinander liegend sind gleichberechtigt, sie treffen sich idealerweise in der Mitte, ohne Ihre Eigenständigkeit zu verlieren. (Sie haben heute den 8.8.2008 als Ihren Hochzeitstag gewählt. Ich würde mir wünschen, dass Sie stets gerne an dieses Unendlichkeitssymbol denken, zwischendurch und immer wenn sich Ihr Hochzeitstag jährt.)

Wenn ich mir **die 9** so anschaue, schaut sie fast wie ein fliegender Ballon an einem Strick aus. Manche Hochzeitsgesellschaften schicken am Hochzeitstag Ballone in den Himmel. Man schaut nach und träumt: Was wird wohl mit den Ballonen passieren? Auch Ihre Ehe braucht gemeinsame Träume – Luftschlösser, an denen Sie gemeinsam bauen.

Die **Ziffer 0** braucht man, um alle Ziffern zu bilden. Die 0 ist eine runde Sache und was liegt da näher, als dabei an das Glück zu denken. Die Krönung jedes eigenen Bemühens für eine gute Ehe ist das Glück, das uns der Zufall schenkt: durch Umstände, die sich gut fügen, durch Vorhaben, die ein gutes Ende finden, und nicht zu vergessen auch durch das Glück, nicht in persönliche oder materielle Not zu geraten.

Sie haben nun heute für jede Ziffer eine Bedeutung erhalten, also wird es für Sie in Zukunft leicht sein, sich Termine zu merken. Gleichzeitig erinnern Sie sich dabei an wichtige Pfeiler einer Ehe, wie 1. dem anderen den 1. Platz einräumen, 2. Harmonie, 3. keine zerstörerische Eifersucht, 4. ein trautes Heim, 5. eine Menge guter Vorsätze, umgesetzt und nicht nur am Haken hängend, 6. Zärtlichkeit, Nähe und auch mehr, 7. Liebe, 8. ein Bund fürs ganze Leben, 9. Träume, und bei 0 haben Sie das Glück immer in Ihren Gedanken präsent.

Dieses Datum, das Sie für Ihren Hochzeitstag gewählt haben, der *(Datum)*, ist ein sehr harmonisches, rundes Datum. So hatten Sie beide es wohl auch im Gefühl, als Sie es ausgesucht haben, so harmonisch, wie Sie es sich für Ihr zukünftiges Eheleben wünschen.

Den Zauber, dieses besondere Flair, das über dem heutigen Tag liegt, gilt es zu bewahren. Wie Ihnen das gelingen kann, möchte ich Ihnen mit den Worten von Leo Tolstoj sagen:

Die wichtigste Stunde in unserem Leben
ist immer der gegenwärtige Augenblick;
der bedeutsamste Mensch in unserem Leben
ist immer der, der uns am nächsten steht;
das notwendigste Werk in unserem Leben
ist stets die Liebe.

Mit Ihrem Ja-Wort heute bekunden Sie, wer für Sie der bedeutsamste Mensch in Ihrem Leben ist: die Partnerin, der Partner, mit dem Sie fortan durch „dick und dünn" gehen werden.

Ich wünsche Ihnen, dass es Ihnen gelingt, die Liebe, die Sie heute verbindet, zum einen zu bewahren und zum anderen wachsen zu lassen, sodass Sie im Alter auf ein langes, glückliches Eheleben zurückblicken können.

Nun ist also der lang ersehnte, feierliche Moment gekommen, wo Sie durch Ihre Ja-Worte die Ehe schließen können. Ich möchte Sie dazu bitten, mit mir aufzustehen.

(Trauformel)

Sie dürfen sich nun die Ringe anstecken, die ja heute immer noch ein Symbol dafür sind, dass Sie nunmehr fest verbundene Ehegatten sind.

So ein denkwürdiger Tag, und so ein denkwürdiger Augenblick, da darf natürlich auch der Hochzeitskuss nicht fehlen.

Ich werde nun den Anfang machen, Ihnen alles Gute für Ihren gemeinsamen Lebensweg zu wünschen. Die anderen Anwesenden haben dazu gleich Gelegenheit, wenn Sie, liebes Brautpaar, den Heiratseintrag unterschrieben haben.

5 Naturidylle

Redeübersicht

Stimmung	Heiter
Adressaten	Eheleute, die sich das Jawort in einem Wald geben
Kernaussage	Ein Wald ist zumindest in Deutschland ein magischer Ort.
Kurzinhalt	Vor allem in Deutschland ist der Wald ein ganz besonderer Ort, der mit Begriffen wie Sehnsucht, aber auch mit Kraft verbunden ist. Sowohl in der Malerei als auch in Opern und der Literatur spielen Wälder eine besondere Rolle, was sich auch für den heutigen Alltag sagen lässt.
Redezeit	Ca. 6 Minuten

Ansprache

Sehr geehrte Damen und Herren, liebe Freunde und Verwandte,

liebes Brautpaar,

kaum ein anderer Ort ist hierzulande so viel mit Mythen aufgeladen wie der Wald. Natürlich kann man einfach nur die Natur genießen, den Vögeln lauschen und den einzigartigen Geruch auf sich wirken lassen, doch hat jeder Wald auch etwas Heiliges. Wohlgemerkt: Ich meine das nicht im christlichen Sinne, sondern eher in Bezug auf die keltische und germanische Mythologie und den seinerzeit existierenden vitalen Volksglauben. Keine Sorge: Die Möglichkeiten einer genauen Definition eines Waldes sind vielfältig, sodass dieser besondere Ort für jeden etwas anderes bedeuten kann. Weltweit existieren mehr als 60 Festlegungen dessen, was ein Wald ist – die sich allesamt unterscheiden.

Doch bleiben wir bei der Symbolik und lassen wir die ökologische und ökonomische Bedeutung mit Ihrer Erlaubnis außen vor. Bevor die Kulturen und damit die Dörfer und Städte entstanden, war die gesamte Fläche des heutigen Deutschlands von Wald bedeckt. „Deutscher Wald" war dann auch ein feststehender Begriff der Romantiker des 19. Jahrhunderts, ein regelrechter Sehnsuchtsort, was sich anhand der Gemälde eines Ludwig Richter oder auch eines Caspar David Friedrich unschwer erkennen lässt. Joseph von Eichendorff bezeichnet den Wald in einem seiner Gedichte gar als „Hallraum der Seele" und auch in der Oper „Der Freischütz", die ebenfalls aus dieser Zeit stammt, bildet der Wald das umrahmende, aber auch die Handlung beeinflussende Szenario. Da passt es gut, dass in dem berühmten Werk von Carl Maria von Weber am Ende eine Liebeshochzeit ansteht, was eine schöne Parallele zum heutigen Tag ermöglicht.

Doch für was steht der Wald? Was macht diese scheinbar so willkürliche Ansammlung von Bäumen, Moos und Sträuchern so besonders? Hierauf hat vermutlich jeder der hier Anwesenden seine ganz eigene Antwort, doch feststeht, dass meist das Natürliche und Urwüchsige gegenüber der vom Menschen gestalteten und geschaffenen Kulturlandschaft gepriesen wird. Im Wald ist die Welt im besten Sinne des Wortes „in Ordnung", da hier kaum menschliche Eingriffe stattfinden. Ob das tatsächlich so ist, sei dahingestellt; doch geht es hier und heute ja eher um Symbolik und Bedeutungen. Im Volksmund existieren Sätze wie das „im Wald stehen", wenn man gerade nicht weiterweiß, oder auch „den Wald vor lauter Bäumen" nicht sehen, was man in Ihrem Fall wahrlich nicht sagen kann, denn schließlich haben Sie eine bewusste Entscheidung zugunsten dieses ungewöhnlichen Eheschließungsorts gewählt.

Der Wald ist immer auch ein Ort der Kraft und natürlich der Ruhe. Neuerdings gibt es auch hierzulande die ursprünglich japanische Tradition des Waldbadens, des „Shinrin Yoku", das als perfektes Mittel zur Reduktion von Stress und zum Abbau von Verspannungen angesehen wird. Im Wald kommt die Seele zur Ruhe und wir werden wieder eins mit der Natur. Für eine Ehe ist die Eheschließung in einer so ruhigen und beseelten Atmosphäre der perfekte Auftakt, was für die kommenden Jahre als gutes Omen angesehen werden kann. Vielleicht halten wir es ja wie der persische Dichter Saadi, der bereits im 13. Jahrhundert einen guten Vorschlag parat hatte. Saadi schrieb seinerzeit:

„Betrachte jeden Baum und merke, auf jedem Baum ist jedes Blatt ein Blatt von einem Buch, darin der Herr der Stärke die Schöpfung aufgezeichnet hat."

Ein Satz, der bis heute nichts an Bedeutung eingebüßt hat.

In diesem Sinne wünsche auch ich Ihnen viel Stärke und eine rundum gelingende Ehe.

Mögen Sie immer wieder die Zeit und die Muße haben, hierhin zurückzukehren und in den Dialog mit dem Wald zu treten.

(Trauformel)

6 Gemeinsam zu neuen Ufern

Redeübersicht

Stimmung	Heiter
Adressaten	Paare, die auf hoher See heiraten und/oder eine Kreuzfahrt als Hochzeitsreise unternehmen
Kernaussage	Eine Ehe gleicht einerseits einem sicheren Hafen, andererseits aber auch dem gemeinsamen Aufbruch in ein neues, bislang unentdecktes Land.
Kurzinhalt	Eine Schiffsreise ist eine probate Möglichkeit, um eine Ehe zu beginnen. Die Seefahrt lässt sich durchaus als Metapher für eine Beziehung auffassen. Auch hier existieren verschiedene Wetterbedingungen, doch wenn die Ehepartner stets die passenden Worte füreinander finden, herrscht ganz sicher nie Flaute bzw. Stillstand.
Redezeit	Ca. 6 Minuten

Ansprache

Sehr geehrte Damen und Herren, liebe Hochzeitsgäste,

liebes Brautpaar,

eine Eheschließung auf hoher See ist ebenso eine Besonderheit, wie eine Kreuzfahrt, die als Hochzeitsreise unternommen wird. Bevor wir hier und heute zur Tat schreiten, muss ich aber mit einem lieb gewonnenen Mythos aufräumen. Es heißt immer wieder, dass auch ein Kapitän auf hoher See in der Lage ist, eine gültige Ehe zu stiften. Das klingt zwar romantisch, trifft jedoch leider nicht zu. In Deutschland müsste neben dem Kapitänspatent auch noch eine Ausbildung und Tätigkeit als Standesbeamter vorgewiesen werden. Und diese Kombination wurde in der Realität bislang nicht angetroffen. Manche Länder gehen sogar so weit, dass eigens Hinweisschilder auf Schiffen aufgestellt werden, wonach explizit darauf hingewiesen wird, dass Ehen vor einem Kapitän oder einem anderen Seemann nur auf hoher See gelten und nicht an Land.

Nichtsdestotrotz laufen Sie in ein paar Tagen oder Wochen garantiert in den sicheren Hafen der Ehe ein. Gemeint ist damit, dass Ihre Ehe ab dem heutigen Tag gültig ist und Sie praktischerweise auch gleich schon die Hochzeitsreise mit gebucht haben. Was gibt es Schöneres, als gemeinsam zu neuen Zielen zu segeln und die Welt zu entdecken? Mit einer Schiffsreise haben Sie zudem eine angenehm entschleunigte Variante gewählt.

Doch aufgepasst, denn folgt man dem schwedischen Schriftsteller August Strindberg, so stellt die Hochzeitsreise

„den ersten Versuch dar, der Ehe-Realität zu entgehen."

Ich möchte diesem provokativen Satz aber nur wenig Glauben schenken, denn Strindberg war durchaus eine streitbare Persönlichkeit und zudem gleich dreimal verheiratet. Entsprechend sollten Sie Ihre Schifffahrt in vollen Zügen genießen und sich auf die vielen spannenden Reiseziele freuen.

Wahrscheinlich, liebes Brautpaar, ist es kein Zufall, dass Sie ausgerechnet ein Schiff auf hoher See für Ihre Eheschließung und/oder Hochzeitsreise gewählt haben. Auf der einen Seite ist da die Romantik, die jeder Schiffsreise innewohnt. Und natürlich der Komfort, den in dieser Form nur eine Kreuzfahrt bieten kann. Andererseits verstehe ich es als gutes Omen, dass Sie von Anfang an in dieselbe Richtung „segeln" und Wind und Wetter trotzen. So sagte es auch der französische Schriftsteller André Gide, der einmal anmerkte:

Gemeinsam zu neuen Ufern

„Man kann keine neuen Ozeane entdecken, hab man nicht den Mut, die Küste aus den Augen zu verlieren."

In Ihrer beider Fall bedeutet die Ehe den neuen Ozean, den es fortan zu entdecken gilt. Darüber, ob Sie dabei die Küste aus den Augen verlieren müssen oder nicht, ließe sich trefflich streiten. Tatsache ist aber, dass so manche Gewohnheit aus dem Single-Dasein nicht eins zu eins in das Eheleben hinübergerettet werden kann. Und das lässt sich gewiss auch als Vorteil ansehen.

Die Ehe, liebe Braut und lieber Bräutigam, gleicht in vielerlei Hinsicht einer Reise über das Meer. Hier wie da existieren unterschiedliche Wetterlagen und hier wie da kann es mitunter stürmisch zugehen. Wenn es Ihnen dabei gelingt, stets den Blick für den anderen zu bewahren und sich gegenseitig zu respektieren, so werden Sie aber mit Sicherheit nie Schiffbruch erleiden oder auf dem Trockenen sitzen.

Zum Abschluss meiner Rede möchte ich noch einen österreichisch-ungarischen Schriftsteller bemühen, der hierzu – wenn auch vielleicht nicht in direktem Bezug zur Ehe – einen guten Rat parat hatte. Arthur Koestler sagte einmal:

„Worte sind Luft. Aber die Luft wird zum Wind, und der Wind macht die Schiffe segeln."

So lässt sich auch von einer gelungenen Ehe sagen, dass beiden Ehepartnern niemals die Worte füreinander ausgehen sollten. Wann immer es zu Unstimmigkeiten kommt, lassen sich diese durch Offenheit und letztlich vor allem durch Worte aus der Welt schaffen.

Entsprechend wünsche ich Ihnen beiden, dass Ihre Ehe stets von einem günstigen Wind begleitet wird und Sie genau dorthin gelangen, wohin Sie sich gemeinsam wünschen.

(Trauformel)

7 Top Secret

Redeübersicht

Stimmung	Romantisch
Adressaten	Eheleute, die unter dem Ausschluss der Öffentlichkeit heiraten
Kernaussage	Die Liebe ist ein Zauber, der nur zwei Menschen betrifft und dem ein eher leiser Charakter innewohnt.
Kurzinhalt	Wenn sich zwei Menschen lieben, genügen sie sich selbst. Durch eine Ehe zu zweit wird diese tiefe Verbundenheit unterstrichen. Dass irgendwann auch eine Interaktion mit anderen Menschen hinzukommt, versteht sich von selbst und muss dem besonderen Moment der Zweisamkeit nicht im Wege stehen.
Redezeit	Ca. 6 Minuten

Ansprache

Liebe Braut, lieber Bräutigam,

der französische Schriftsteller Antoine de Saint-Exupéry, dem wir auch die zauberhafte Geschichte des kleinen Prinzen verdanken, nannte die Liebe einmal

„ein Lauschen im Schweigen".

Eine Aussage, die viel Wahres beinhaltet. Denn wer liebt, benötigt nicht viele Worte, sondern kann dies ohne Weiteres auch in aller Stille tun. Zwei Menschen, die zueinandergefunden haben, verstehen sich wortlos – und meist reicht ein Blick, um tiefes Einverständnis und Geborgenheit zu signalisieren.

Wer käme angesichts einer so stillen und so tiefen Verbundenheit auf die Idee, deren Bekräftigung und Besiegelung in der Anwesenheit anderer Personen zu feiern? Sie beide haben sich dazu entschieden, den besonderen Moment der Eheschließung nur zu zweit zu genießen, was voll und ganz verständlich ist. Eine Ehe ist nun einmal der Zweisamkeit gewidmet, sodass es an einem Tag wie dem heutigen auch nicht unbedingt weiterer Menschen bedarf. Johann Wolfgang von Goethe kleidete es einst in sehr poetische Worte, als er sagte:

„Zufällig naht man sich, man fühlt, man bleibt,
und nach und nach wird man verflochten."

Dieser Zauber, der der Liebe innewohnt, ist nichts Lautes und nichts Öffentliches, sondern eine Magie, die sich Außenstehenden vielfach nicht erschließt oder auch nicht erschließen soll.

Dennoch,

liebes Brautpaar,

werden Sie beide auch als Eheleute mit zahlreichen Menschen in Kontakt stehen und treten. Auch, wenn wir uns manchmal sehnlichst wünschen, dass es nur den einen geliebten Menschen gibt, existieren soziale Umfelder und Familien. Wohlgemerkt: Das muss keineswegs immer mit Problemen einhergehen und vielfach ist es so, dass nach einer kurzen oder auch etwas längeren Eingewöhnungszeit auch Freundeskreise und Verwandte zueinanderfinden. Teilweise bedarf es ein wenig der Geduld, doch kann sich das Warten auch lohnen.

Wenn Sie beide hier und heute eine Ehe eingehen, entsteht möglicherweise eine neue Familie, auf jeden Fall aber eine Zweisamkeit, die stärker als die bisherigen familiären Bindungen ausfällt. Diese bleiben allerdings ebenso bestehen wie die Freundschaften und Bekanntschaften.

Ich bin sicher, dass Ihr Entschluss einer Eheschließung zu zweit nicht gegen mögliche Hochzeitsgäste gerichtet ist, sondern einfach nur bedeutet, dass Sie einander genügen und diesen tollen Moment nicht teilen möchten. Ich hoffe, dass diese Entscheidung den Respekt und das Verständnis erhalten hat, das sie verdient und Sie nach dem heutigen Tag vielleicht auch noch Gelegenheit finden, gemeinsam mit anderen zu feiern. Das muss ja nicht im Sinne eines Hochzeitsfestes mit den verbundenen Ritualen sein, sondern kann auch im gemütlichen Beisammensein oder im Rahmen eines Verwandtenbesuchs erfolgen.

Vielleicht hüten Sie den heutigen Tag ja auch als ein Geheimnis und verraten erst zu einem späteren Zeitpunkt, dass Sie sich getraut haben. Wie auch immer Sie es handhaben: Es ist Ihnen überlassen und es war und ist ein guter Entschluss, da es Ihr persönlicher und gemeinsamer Entschluss als Ehepaar ist.

Auch für die Zukunft wünsche ich Ihnen die Stärke, die Sie hier und heute an den Tag legen. Mögen Sie stets respektvoll und in Liebe zueinander stehen und mögen Sie beide auch in Ihrem gemeinsamen Umfeld geborgen und gut aufgehoben sein.

(Trauformel)

8 Freitag, der 13.

Redeübersicht

Stimmung	Nachdenklich – Feierlich
Adressaten	Dies ist eine vielseitig verwendbare Standardansprache, die man an einem Freitag, dem 13., halten kann.
Kernaussage	Das Thema dieser Ansprache ist Freitag, der 13. Es wird auf den Aberglauben eingegangen, aber auch auf das positive Denken, das die Richtschnur für ein gemeinsames glückliches Leben darstellt.
Kurzinhalt	Es kommt auf unsere Einstellung an, ob wir Freitag, dem 13. Glück oder Pech zuschreiben. Für das Brautpaar stellt dieser Tag einen Glückstag dar. Die Meinung der anderen ließ sie kalt. Die Brautleute haben eine positive Einstellung. Die positiven Gedanken und Ideen für die Zukunft ziehen Positives nach sich. Neben positiven hat kein negativer Gedanke Platz.
Redezeit	Ca. 5 Minuten
Besondere Hinweise	Zum Datum: Noch persönlicher wird die Ansprache natürlich, wenn Sie erfahren haben, warum das Brautpaar gerade an diesem Tag heiraten möchte. Ein paar Sätze dazu kommen bestimmt bestens an.

Ansprache

Liebes Brautpaar, werte (Trauzeugen und) Gäste, ich darf Sie alle recht herzlich willkommen heißen in den Räumen des Standesamts ..., heute am Freitag, dem 13.

Vor einiger Zeit (Vor kurzem) sind Sie auf das Standesamt zugekommen, um die Eheschließung anzumelden. Wir hatten Sie informiert, welche Unterlagen beizubringen sind, haben diese schließlich überprüft und konnten sofort überblicken, dass einer standesamtlichen Heirat nichts im Wege steht.

Heute soll es nun feierlicher zugehen. Um dieser Amtshandlung einen netteren Rahmen zu geben, möchte ich, bevor ich zum eigentlichen Teil der Eheschließung komme, ein paar persönliche Worte an Sie richten.

Vielleicht waren Sie schon die Tage zuvor gespannt, wie Ihre Eheschließung ablaufen wird. Nun, da möchte ich Sie nicht länger auf die Folter spannen. Mein Thema wird heute unter anderem Freitag, der 13. sein.

Im Jahr gibt es nur wenige besondere Daten, die ins Auge springen und besser im Gedächtnis bleiben. Die Feiertage fallen schon von vornherein aus. Selten gibt es eine Schnapszahl im Kalender, die sich besonders einprägt. Aber einen Freitag, den 13. zu wählen, das ist etwas Besonderes. Ein Freitag, der 13. kommt selten vor. Dieser Tag sorgt schon lange vor der Eheschließung für Gesprächsstoff. Da kommt in der Regel von Außenstehenden die obligatorische Frage: „Seid ihr nicht abergläubisch?"

Ich meine, der Aberglaube hat in unserer Gesellschaft lang nicht mehr die Bedeutung, die er früher hatte. Wir wissen, wir können unser Leben selbst in die Hand nehmen. Trotzdem haben sich noch manche Bräuche und Redensarten aus alter Zeit bis heute gehalten. Das Reisstreuen ist zum Beispiel so ein Brauch. Man glaubt, dass der Reisregen über die Braut einen reichen Kindersegen bringt. Man sagt auch, regnet es auf den Schleier der Braut, winkt den beiden Reichtum.

Und Freitag, der 13. soll Unglück bringen. Man sagt es so, aber keiner weiß im Grunde mehr, warum gerade dieser Tag schlecht sein soll. Ich habe gehört, der Grund sei der, dass Jesus an einem Freitag von seinem 13. Jünger verraten wurde. Dies mag stimmen oder nicht. Fest steht, es kommt ganz allein auf unsere Einstellung an, ob wir einem bestimmten Datum Glück oder Pech zuschreiben.

Da Sie sich nun diesen Tag extra ausgewählt haben, ist es ein Glückstag für Sie. Die Meinung der Abergläubischen um Sie herum ließ Sie kalt. Sie sind sich Ihrer

Zuneigung sicher! Sie vertrauen einander, dass Ihre Liebe Bestand haben wird! Zusammen planen Sie die Zukunft!

Sie wissen, dass Sie die Zukunft gerade mit einer positiven Einstellung zum großen Teil in der Hand haben. Positive Gedanken ziehen Positives nach sich. In Gedanken kann man sich miteinander alt werden sehen, kann man die Abschnitte eines erfüllten, harmonischen Ehelebens vor seinem inneren Auge vorbeiziehen sehen.

Die Gedanken und Ideen bilden den Ausgangspunkt bei allem, sei es ein gemütliches Heim zu schaffen, sich in seinem Beruf zu verwirklichen oder zu verändern, sei es, eine Familie zu gründen oder weiterhin die Zweisamkeit zu genießen. In Gedanken stellen wir uns einen schönen Urlaub vor und wie wir sonst die Freizeit gemeinsam genießen.

Wenn wir uns diese schönen Dinge vorstellen und im Geiste planen, hat ein negativer Gedanke keinen Platz. Unsere Gedanken geben uns unsere Leitschnur für unser Leben. Zufriedenheit und Glück sind die Resultate unserer positiven Gedanken.

Heute ist ein wichtiges Datum für Ihren gemeinsamen Lebensweg. Sie stehen wie an einer Weggabelung. Zwei Wege münden auf einen Weg. Sie haben sich entschlossen, diesen Weg gemeinsam zu gehen. Ich wünsche Ihnen für Ihren gemeinsamen Lebensweg, dass Sie sich Ihre positive Einstellung stets bewahren, die sicherlich nur **ein** Kriterium für ein gutes Gelingen einer Ehe darstellt.

Ich möchte dann zum wesentlichen Teil der Eheschließung kommen und ich darf Sie bitten, mit mir aufzustehen …

(Trauformel)

Wir wissen nie, was im Leben letztendlich alles auf uns zukommen wird. Ihr gemeinsamer Lebensweg wird Sie vielleicht über Höhen und Täler führen. Meine Glückwünsche und alle Glückwünsche, die von den anderen noch folgen werden, mögen Sie auf diesem Weg begleiten. Möge Ihnen dieser Freitag, der 13., immer in guter Erinnerung bleiben.

Religiöser Bezug

1 Gemeinsam leben, getrennt glauben

Redeübersicht

Stimmung	Nachdenklich
Adressaten	Paar mit unterschiedlichen Religionszugehörigkeiten
Kernaussage	In der Ehe ist es wichtig, den anderen zu lieben und zu akzeptieren, wie er ist.
Kurzinhalt	Manche sagen, Gegensätze ziehen sich an, manche meinen, Gleich und Gleich gesellt sich gern. Ein bisschen Wahrheit steckt in beidem. Wenn Paare mit unterschiedlichem Religionshintergrund zusammenkommen, ist der Glaube nicht das Fundament der Beziehung, er sollte aber auch nicht ignoriert werden. Interesse daran, was dem anderen wichtig ist, und die Freiheit, die Verschiedenheit trotzdem zu wahren, sind für diese Ehen das A und O.
Redezeit	Ca. 5 Minuten

Ansprache

Liebes Brautpaar, liebe Trauzeugen und Gäste,

ich heiße Sie sehr herzlich in unserem Standesamt willkommen und freue mich, das Brautpaar heute in den Ehestand begleiten zu können.

„Wer den anderen liebt, lässt ihn gelten, so wie er ist, wie er gewesen ist und wie er sein wird."

Dieses Zitat von Michel Quoist, einem französischen Autor und Theologen, trifft doch genau das, was wir uns alle in unserem tiefsten Inneren immer ersehnen: dass wir geliebt werden, so wie wir sind, mit unseren kleinen Ecken und Kanten, mit unseren Vorzügen und Begabungen, aber auch mit unseren Fehlern und Macken. Was im normalen Zusammenleben zwischen Arbeitskollegen, Freunden oder in der Familie wichtig ist, nämlich Toleranz füreinander, das ist für eine tiefe, dauerhafte Partnerschaft erst recht unverzichtbar.

Sie, liebes Brautpaar, haben sich kennen- und lieben gelernt, haben Gemeinsamkeiten entdeckt, Dinge, die Sie verbinden. Sie können über dieselben Witze lachen, erfreuen sich an gemeinsamen Unternehmungen und Erlebnissen. Aber da sind auch Unterschiede in Ihrem Wesen, in kleinen oder großen Vorlieben und in dem, woran Sie glauben. Was war es wohl, das Ihnen den anderen so lieb und teuer gemacht hat? „Gleich und Gleich gesellt sich gern", sagt eine alte Binsenwahrheit, aber eine andere verkündet genau das Gegenteil, nämlich, dass gerade Gegensätze sich anziehen. Was stimmt denn nun?

Vielleicht ist es wie so oft im Leben, dass die Wahrheit irgendwo dazwischenliegt. Wenn einem am anderen gar nichts vertraut vorkommt, wenn man überhaupt nichts gemeinsam hat, worauf sollte man da eine Beziehung gründen? Andererseits sind es doch oft genau die kleinen Besonderheiten und Verschiedenartigkeiten, die den anderen so reizvoll erscheinen lassen, um derentwillen wir den anderen näher kennenlernen möchten.

Wer einen anderen liebt, der wird ihm die Freiheit einer anderen Meinung lassen. Der wird keine Erwartungen stellen, die der andere nicht erfüllen kann. Der wird das schätzen und pflegen, was ihn mit dem anderen verbindet, und das achten, was dem anderen wichtig ist, auch wenn er selbst nicht dahintersteht.

Bei Ihnen beiden geht es beim Verschieden-Sein nicht nur darum, dass der eine vielleicht Kaffee zum Frühstück mag und der andere Tee oder dass der eine lieber Rockmusik hört und der andere deutsche Schlager. Wenn Sie persönliche Formulare ausfüllen, dann werden Sie künftig zwar den gleichen Nachnamen und die gleiche Adresse eintragen, aber nach wie vor unterschiedliche Religionsmerkmale. Sie haben nicht denselben Glauben, Sie gehören unterschiedlichen Religionen an und das wird auch weiterhin so sein. Aber Sie haben sich entschieden, dass Ihr Glauben nicht zwischen Ihnen stehen soll, dass Ihre Liebe zueinander groß genug ist, um die persönliche Überzeugung des anderen zu akzeptieren und stehen zu lassen. Das heißt nicht, dass der Glaube künftig ein Tabuthema sein soll. Im Gegenteil: Ein lebendiger Glaube will gelebt sein und wird auch im Alltag zum Ausdruck kommen. Und das ist gut so. Miteinander leben heißt nicht, alles miteinander zu tun und immer am selben Strick zu ziehen, aber sich immer wieder am roten Faden der Gemeinsamkeiten zu orientieren und auszurichten.

Wenn Sie jetzt Ja zueinander sagen und künftig Ihren Alltag, Ihren Lebensweg gemeinsam planen und beschreiten, dann tun Sie das in der Gewissheit, dass der andere Ja zu Ihnen sagt, weil Sie genau SIE sind. Und all das, was Sie denken, tun, sind und glauben, das macht Sie beide zu den Menschen, die Sie sind. Und genau diese beiden Menschen, diese beiden einzigartigen Persönlichkeiten, möchte ich jetzt zu einem Paar zusammenfügen.

Bitte erheben Sie sich, damit ich die Trauung vollziehen kann.

(Trauformel)

2 Liebe ist Hoffnung

Redeübersicht

Stimmung	Nachdenklich – Feierlich
Adressaten	Brautpaare, die einen starken Bezug zum Christentum haben
Kernaussage	Die Liebe lässt zwei Menschen an ihre Beziehung glauben, sie enthält das Prinzip Hoffnung.
Kurzinhalt	Schon in der Schöpfungsgeschichte steht, dass der Mensch nicht dazu geschaffen ist, allein zu sein. Er braucht eine/n Partner/in, der/die ihm zur Seite steht, mit dem/der er sich austauschen kann, der/die ihn versteht. Die Bindungen zwischen Mann und Frau sind vielfältiger Art, wesentliches Element ist jedoch die Liebe. Sie führt beide zueinander und lässt sie auch bei Widrigkeiten aneinander festhalten. Sie befähigt die Menschen dazu, vielem standzuhalten und nie die Hoffnung zu verlieren, wie es auch in Paulus' Korintherbrief zum Ausdruck kommt. Die Liebe richtet den Blick nach vorn, sie vermittelt die Überzeugung, gemeinsam das Beste aus dem Leben machen zu können.
Redezeit	Ca. 7 Minuten
Besondere Hinweise	Die Ansprache wendet sich an religiöse Brautleute, die damit einverstanden sind, auch auf dem Standesamt auf ihren christlichen Glauben angesprochen zu werden. Der religiöse Aspekt der Rede besteht im Wesentlichen aus den Bibelzitaten. Sie ist keine theologische Ausführung, sondern trifft eher allgemeine Aussagen.

Ansprache

Liebes Brautpaar, sehr geehrte (Trauzeugen und) Gäste, ich begrüße Sie ganz herzlich im ...er Standesamt.

Wir sind hier zusammengekommen, weil Sie beide, Frau ... und Herr ..., sich heute Ihr Jawort geben möchten. Sie haben zueinander gefunden und sehen nun in der Ehe die Ihnen gemäße Lebensform. Als Sie mich aufsuchten, um die Formalitäten für Ihre Hochzeit zu regeln, haben wir auch über Ihre Konfession gesprochen. Dabei wurde mir deutlich, dass Ihre Religionszugehörigkeit kein Lippenbekenntnis ist, sondern in ihrem Leben einen hohen Stellenwert hat. Das hat mich dazu bewogen, in meine kleine Ansprache zu Ihrer Trauung auch einige Bibelzitate über Liebe und Ehe beziehungsweise das Zusammenleben von Mann und Frau einzubeziehen.

Schon die Schöpfungsgeschichte geht auf dieses große Thema ein, heißt es doch im ersten Buch Mose:

Es ist nicht gut, dass der Mensch allein sei.

Die Menschen sind soziale Wesen, sie sind auf ein Miteinander ausgerichtet. Sie brauchen andere Menschen, um das Leben gut zu bewältigen und um glücklich zu werden. Sie brauchen Unterstützung, um mit der Mühsal des Lebens gut fertig zu werden, sie brauchen Austausch und Verständnis, sie brauchen jemanden, mit dem sie Trauer und Glück teilen können.

Eine der engsten zwischenmenschlichen Beziehungen ist die Verbindung zwischen Mann und Frau, die bereits in der Schöpfungsgeschichte als Einheit gesehen wird. Eheleute werden ihren Weg gemeinsam gehen, sich durch gemeinsame Ziele verbunden fühlen und die vor ihnen liegenden Aufgaben zusammen erfüllen. Sie bleiben natürlich Individuen, mit auch unterschiedlichen Auffassungen und Interessen, aber sie stehen nicht mehr allein da, sondern haben jemanden zur Seite, auf den sie sich verlassen können und zu dem sie halten. Sie verstehen sich deshalb als ein Paar, als zwei Menschen, die ihre Beziehung wichtig nehmen und ihr Leben miteinander teilen.

Die Bindungen zwischen Eheleuten sind vielfältiger Art, doch einen bedeutsamen Stellenwert nehmen natürlich die gegenseitigen Gefühle ein. Es ist die Liebe, die zwei Menschen zueinander hinzieht und durch ein gemeinsames Leben trägt; es ist die Liebe, die sie auch mit Widrigkeiten fertig werden lässt und die den Grundstein zu ihrem Glück legt.

Liebe ist Hoffnung

Über die Bedeutung der Liebe ist auch in der Bibel viel zu finden. Eine häufig zitierte Definition steht im Brief des Apostels Paulus an die Gemeinde in Korinth. Sie bezieht sich auf Liebe im Allgemeinen, aber sie gilt natürlich auch für die Beziehung zwischen Mann und Frau. Deshalb möchte ich Ihnen ein paar Zeilen aus diesem Brief mit auf den Weg geben.

Die Liebe ist langmütig und freundlich, die Liebe … sucht nicht ihren Vorteil, lässt sich nicht zum Zorn reizen, trägt das Böse nicht nach. … Sie erträgt alles, glaubt alles, hofft alles, hält allem stand. Die Liebe hört niemals auf.

In der Liebe öffnen sich die Menschen einander und fühlen sich beieinander gut aufgehoben. Die Liebe lässt sie Geduld miteinander haben und die Perspektive des anderen in das eigene Denken und Handeln einbeziehen. Zwei Menschen, die sich lieben, nehmen den anderen so, wie er ist. Sie akzeptieren auch die Schwächen des anderen, aber sie sehen ebenfalls das, was in ihm steckt, und können es so fordern und fördern.

Denn die Liebe blickt nach vorn, sie enthält das Prinzip Hoffnung.

Zwei Menschen, die sich lieben, glauben an ihre gemeinsame Zukunft und sind bestrebt, aus ihrer Beziehung das Beste zu machen. Sie legen ihre Verbindung auf Dauer an und geben deshalb nicht auf, wenn sie mit Konflikten konfrontiert sind. Sie sind fähig, Misslichkeiten zu ertragen oder dem anderen etwas nachzusehen. Denn sie fühlen sich eng miteinander verbunden und wissen, was sie aneinander haben.

Sie vertrauen einander und trauen ihrer Beziehung zu, mit allem fertig zu werden. Sie sehen den Weg, der vor ihnen liegt, der sie vielleicht an manchen Klippen vorbeiführt, aber auch auf einige Gipfel hinaufbringt. Sie halten aneinander fest, weil sie überzeugt sind, miteinander auf dem richtigen Weg zu sein.

Glaube, Liebe und Hoffnung, sie gehören in der Theologie wie im Alltag zwischenmenschlicher Beziehungen eng zusammen. Worauf sich die Hoffnung stützt, mag im Einzelnen unterschiedlich sein, aber sie ist immer ein wichtiges Element, um aus dem Leben etwas zu machen. Und wenn zwei Menschen gemeinsam ihr Leben gestalten, dann ist die Liebe immer ein wichtiger Pfeiler, der ihre Beziehung trägt.

Und damit komme ich zur eigentlichen Trauungszeremonie und bitte Sie, sich von den Plätzen zu erheben …

(Trauformel)

Zum Schluss möchte ich Ihnen noch alles Gute (und Gottes Segen) für Ihren gemeinsamen Lebensweg wünschen.

3 In guten wie in schlechten Tagen

Redeübersicht

Stimmung	Nachdenklich – Feierlich
Adressaten	Brautpaare, die gläubig sind und ihre Ehe unter einem christlichen Vorzeichen betrachten
Kernaussage	Fundamente der Ehe sind Liebe, Vertrauen, das Bestreben, in guten wie in schlechten Tagen zusammenzuhalten, und der gemeinsame Glaube.
Kurzinhalt	Wenn zwei Menschen heiraten, dann haben sie im anderen die Person gefunden, mit der sie glücklich werden und mit der sie sich ein gemeinsames Leben vorstellen können. Sie sind bereit, in guten wie in schlechten Tagen zusammenzuhalten, denn das Leben bringt nicht nur schöne Momente mit sich, sondern auch traurige. Gerade dann wollen sie füreinander da sein. Und wenn sie eine religiöse Grundhaltung haben, werden sie als Fundament der Ehe nicht nur Liebe, Vertrauen und den Willen zusammenzuhalten sehen, sondern auch den gemeinsamen Glauben.
Redezeit	Ca. 7 Minuten
Besondere Hinweise	Die Ansprache ist für Paare geschrieben, denen ihr Glaube viel bedeutet und die eventuell gern kirchlich geheiratet hätten, es aber nicht können. Sprechen Sie vorher mit dem Paar darüber, ob es auf dem Standesamt eine Ansprache mit religiösen Aspekten möchte. Sie selbst müssen natürlich nicht gläubig sein, um die Rede zu halten, aber es wäre günstig, wenn Sie mit dem Inhalt des Textes etwas anfangen können.

Ansprache

Liebes Brautpaar, sehr geehrte (Trauzeugen und) Gäste, ich heiße Sie hier im ...er Standesamt herzlich willkommen.

Liebe Frau ..., lieber Herr ..., wir haben uns bei der Anmeldung Ihrer Eheschließung kennen gelernt. In diesem Gespräch haben Sie zum Ausdruck gebracht, dass Ihnen beiden Ihr Glaube viel bedeutet und dass Sie auch Ihre Verbindung unter einem christlichen Vorzeichen sehen. Deshalb möchte ich, obwohl ich kein(e) Pastor(in) und theologisch nicht sehr beschlagen bin, in meiner kleinen Ansprache vor der eigentlichen Trauung auch einen religiösen Aspekt aufgreifen.

Es ist Ihnen beiden anzumerken, dass Sie sich auf Ihren Hochzeitstag gefreut haben. Auf den Tag, an dem Sie öffentlich bestätigen, dass Sie sich trauen oder sich zutrauen, Ihr Leben miteinander zu teilen; auf den Tag, an dem Sie bekräftigen, dass Sie einander vertrauen und sich dem anderen anvertrauen.

Denn Sie haben in Ihrem Partner beziehungsweise in Ihrer Partnerin den Menschen gefunden, den Sie lieben und mit dem Sie glücklich werden können. Sie haben den Menschen gefunden, mit dem Sie sich ein gemeinsames Leben, eine christliche Gemeinschaft vorstellen können.

Sie wollen nun Ihren weiteren Lebensweg Hand in Hand gehen, sie wollen sich gemeinsam weiterentwickeln, sie wollen zusammen das Beste aus Ihrem Leben machen.

Und das bedeutet, dass Sie bereit sind, in guten wie in schlechten Tagen zusammenzuhalten. Denn das Leben kennt ja nicht nur glückliche Momente wie die Stunden tiefer Verbundenheit oder das Glück, die Kinder heranwachsen zu sehen, oder die Freude, gemeinsam etwas erreicht zu haben. Das Leben bringt manchmal auch traurige oder schwer zu bewältigende Augenblicke mit sich. Gerade dann brauchen wir jemanden, der zu uns hält, der die schwierige Phase mit uns durchsteht, der uns aufmuntert und uns hilft.

Sein Leben miteinander zu teilen heißt dann, füreinander da zu sein, einander Halt zu geben sowie sich gegenseitig mit Rat und Tat zur Seite zu stehen. Es bedeutet, nicht nur das Glück zu teilen, sondern auch den Schmerz. Die Voraussetzungen dafür sind gegenseitige Zuneigung und Vertrauen. Sie knüpfen ein enges Band zwischen zwei Menschen und befähigen sie, auch die Belange und das Wohlbefinden des anderen im Auge zu haben.

Das Fundament der Ehe ist also in Liebe und Vertrauen zu finden, in dem Bestreben, in guten wie in schlechten Tagen zusammenzuhalten, sowie in dem gemeinsamen Glauben.

Dieses Fundament wird gebraucht, um die Wechselfälle des Lebens zu bestehen. Denn es ist weder immer einfach, traurige Ereignisse zu verkraften oder Konflikte zu bewältigen, noch ist es immer leicht, sich die Liebe zu bewahren oder der Ehe neue Impulse zu geben.

Schließlich hat jeder mal mit Problemen oder Unglücksfällen zu tun, die ihn niederdrücken oder ihm alle Energien abfordern. Und zwischen jedem Paar kommt es mal zu Unstimmigkeiten oder Missverständnissen, auch wenn beide sich eigentlich gut verstehen.

In solchen Fällen geht es darum, Verständnis für den anderen zu zeigen, wieder aufeinander zuzugehen oder gemeinsam neue Wege einzuschlagen. Denn beide vertrauen ja auf die Bindung, die zwischen ihnen entstanden ist.

Und sie vertrauen darauf, dass sie in ihrem Glauben die Kraft finden, auch schwierige Phasen zu bewältigen. Sie wissen, dass menschliches Wollen und Handeln an Grenzen stößt. Sie wissen, dass Menschen Hilfe brauchen, und sie finden sie in ihrem Gottvertrauen. Denn wenn sie Gott zutrauen, sie zu halten, dann gewinnen sie selbst Kraft und können anderen Halt geben. Dann können sie füreinander da sein, dann können sie die Zuneigung und die Vertrautheit, die zwischen ihnen besteht, weiterentwickeln.

Zum Schluss möchte ich Ihnen einen Ausspruch der Mystikerin Hildegard von Bingen mit auf den Weg geben, in dem Sie vielleicht Ihre eigenen Vorstellungen wiederfinden. Er lautet:

Die Liebe ist die Mitte von allem: im Menschen wie im Wirken Gottes. … Sie ist und bleibt der Kern unseres Daseins. Sie ist die Seele und das Auge. Sie rundet den Lauf der Welt und verwirklicht das Gute.

Um Ihre Ehe nun zu schließen, bitte ich Sie, sich von den Plätzen zu erheben …

(Trauformel)

Ich darf Ihnen noch herzlich zu Ihrer Heirat gratulieren (und Ihnen Gottes Segen für Ihren gemeinsamen Lebensweg wünschen).

Bezug zur Ehe als Institution

1 Die Ehe früher und heute

Redeübersicht

Stimmung	Neutral
Adressaten	Dies ist eine für alle Paare geeignete Standardansprache vor großen oder kleinen Hochzeitsgesellschaften.
Kernaussage	Es wird die historische Bedeutung der verschiedenen Begriffe für die Ehe erklärt.
Kurzinhalt	Hauptthema der Ansprache ist die Erläuterung der Begriffe „Ehe", „Heirat", „Vermählung", „Trauung", und „Hochzeit". Jedes Wort geht auf einen Aspekt der Lebensgemeinschaft von Mann und Frau ein. Ehe ist jedoch mehr, sie basiert auf Gefühlen von Zuneigung und Liebe. Diese bilden das Fundament für eine lebenslange Partnerschaft.
Redezeit	Ca. 7 Minuten
Besondere Hinweise	Der letzte Absatz sollte gekürzt werden, wenn Sie erfahren haben, dass die Hochzeit nicht groß gefeiert wird. In diesen Fällen kommt das Brautpaar meistens alleine. Sind jedoch zumindest ein paar Gäste anwesend, kann man davon ausgehen, dass sich mindestens ein gemeinsames Essen oder ein Umtrunk anschließen wird.

Ansprache

Sehr geehrtes Brautpaar, werte Hochzeitsgesellschaft,

ich begrüße Sie recht herzlich hier im Rathaus (Standesamt) der Stadt (Gemeinde) … Für die, die mich noch nicht kennen, mein Name ist … und ich bin hier seit … Jahren Standesbeamter.

(*Alternative:* und ich bin hier seit … Jahren Erster Bürgermeister der Gemeinde (Stadt) … und damit habe ich auch die Funktion, Ehen zu schließen.)

Für mich gehört diese Aufgabe zu den „Highlights" der Woche neben meiner täglichen anderen Arbeit. Dazu tragen auch Sie bei mit Ihrer guten Laune, die Sie mit hier herein gebracht haben. Manchmal schwingt auch ein bisschen Aufregung mit und dies ist ja auch ganz normal, denn eine Eheschließung ist immer etwas Besonderes, ja, ein Fest für alle Beteiligten.

Mit Ihrem Jawort heute gelten Sie dann nicht nur in Ihrem Verwandten- und Bekanntenkreis als Paar, sondern dann auch offiziell vor der Gesellschaft als Ehepaar. Der Gesetzgeber hat vorgesehen, dass vor jeder Trauung die Dokumente geprüft werden. Dieses Verfahren haben Sie schon vor einiger Zeit (vor kurzem) hinter sich gebracht. Nun steht also der Eheschließung nichts mehr im Wege.

Doch bevor ich nun zum wesentlichen Teil der Eheschließung, nämlich der Frage nach dem Jawort komme, möchte ich noch eine kleine Ansprache an Sie richten.

Schon bevor ich die Funktion als Eheschließungsstandesbeamter innehatte, hatte mich das Thema Ehe interessiert. (Denn auch ich bin seit … Jahren verheiratet.). Ich machte mich dann auf die Suche nach Literatur über die Ehe. In einem Buch fand ich die Herkunft der verschiedenen Begriffe, „Ehe", „Vermählung", „Heirat", „Trauung", und „Hochzeit" erklärt.

Das Wort „Ehe" hatte in alt- und mittelhochdeutsch noch den umfassenden Sinn von Recht, Gesetz und Verbindlichkeit. Seit ca. 1.000 Jahren wird dieses Wort dann für den Lebensbund von Mann und Frau verwendet. Heute ist die alte Bedeutung vergessen, obwohl die Ehe auch heute mit Gesetzen zu tun hat. Der Artikel 6 GG stellt die Ehe unter den Schutz des Staates. Da heißt es im Gesetz: *Ehe und Familie stehen unter dem besonderen Schutze der staatlichen Ordnung.*

Das heutige Wort „Heirat" ist angelehnt an das germanische Wort „hiwa", das für Hausstand, Hausgemeinschaft steht. Die zweite Silbe „rat" steckt heute in „Hausrat" und „Vorrat". Es war also die wirtschaftliche Ausstattung für das Brautpaar wichtig. Die Grundlage der Ehe war oft ein Vertrag, zum Beispiel darüber, was die Braut in die Ehe mitzubringen hatte.

Die Ehe früher und heute

Das Wort „Vermählung“, „Gemahl“ oder „Gemahlin“ hat sich aus dem althochdeutschen Wort „mahalan“ entwickelt, was sprechen, versprechen bedeutet. In einem Ritus wurden Braut und Bräutigam zusammengesprochen.

Die Bezeichnung „Trauung“ meint etwas Ähnliches, nämlich die Braut wird dem Mann anvertraut. Da wird auch die Stellung der Frau zu dieser Zeit deutlich. Als Gegenleistung für das Eheversprechen war rechtlich ein Lohngeld des Bräutigams üblich, das er vielfach in Form eines Ringes gab. Erst seit dem 13. Jahrhundert kam dann der Ringwechsel auf. Der Ausdruck „Trauung“ geht auf das germanisch-deutsche Recht zurück.

Der Begriff „Hochzeit“ kommt von „Hochgezit“ und wurde früher für alle besonderen Feste gebraucht.

Es ist erstaunlich, aber bis heute gibt es nicht mehr Begriffe, obwohl die Ehe mehr ist. Die Ehe bedeutet nicht einfach nur einen neuen Güterstand zu wählen, sie ist mehr, als nur einen gemeinsamen Hausrat zusammenzutragen. Es wird auch nicht nur die Braut dem Bräutigam anvertraut, sondern Sie vertrauen sich gegenseitig an. Das Wort „Trauung“ hat dieselbe Sprachwurzel wie das Wort „Treue“. Früher wie heute ist die Treue für ein langes gemeinsames Eheleben notwendig. Ihr innigster Wunsch und Ihr Streben sollte es sein, Ihr ganzes Leben gute Ehepartner zu sein.

Somit spricht jeder eben erwähnte Begriff einen Aspekt der Lebensgemeinschaft von Mann und Frau an.

Der Begriff „Ehe“: das Gesetz,

das Wort „Vermählung“: das sich gegenseitig versprechen, zusammenzugehören,

die Bezeichnung Trauung: das sich dem anderen anvertrauen und ihm die Treue halten,

das Wort „Heirat“: einen gemeinsamen Hausstand zu haben,

der Begriff „Hochzeit“: ein besonderes Fest zu feiern.

Es fehlt jedoch ein Begriff in unserer Sprache, der die Ehe umfassender sieht, denn sie hat für die meisten Menschen eine sehr große Bedeutung. Kein Begriff deutet darauf hin, dass die Ehe im heutigen Sinn, und damit meine ich Ehe als Ideal, auf Gefühlen von Zuneigung und Liebe basiert. Früher gab man den Gefühlen nicht diesen Stellenwert wie heute. Oft wurde die Braut von den Eltern ausgesucht. Eine Heirat war nur innerhalb des gleichen Standes möglich und man achtete darauf, dass sich der Wohlstand für die beiden Familien durch die Heirat vermehrte.

Heute ist es Gott sei Dank anders. Ihre Gefühle, die Sie füreinander haben, sind wichtig, und sind die Basis dafür, dass Ihre Beziehung Bestand hat. Geben Sie diesem Aspekt der Eheschließung das größte Gewicht, dann werden Sie glücklich und zufrieden bis ins hohe Alter zusammenleben können.

Sie haben sich nun entschieden, einen gemeinsamen Lebensweg zu gehen, heute ist Ihr Hochzeitstag, ein außergewöhnlicher Festtag in Ihrem Leben, (den Sie sicher mit Ihren Freunden noch ausgiebig feiern werden). Eingeleitet wird dieses Fest nun mit Ihren Jaworten, die Sie jetzt vor mir abgeben können …

(Trauformel)

Alles Gute für Ihren gemeinsamen Lebensweg.

2 Der gemeinsame Traum

Redeübersicht

Stimmung	Neutral
Adressaten	Dies ist eine vielseitig verwendbare Standardansprache, die sich für alle Altersgruppen gut eignet und besonders auch an dem Standesbeamten unbekannte Brautleute gerichtet werden kann.
Kernaussage	Die Ehe war in den letzten hundert Jahren einem starken Wandel unterworfen. Sie ist partnerschaftlicher geworden.
Kurzinhalt	Früher hatte allein der Mann in der Ehe das Sagen und entschied alle wichtigen Fragen. Heute sind Mann und Frau gleichberechtigt und tauschen sich aus, wie sie gemeinsam ihr Leben und ihre Zukunft gestalten wollen. Wenn einer allein „träumt", bleibt es nur ein Traum, wenn beide Partner gemeinsam „träumen", ist es der Anfang der Wirklichkeit.
Redezeit	Ca. 5 Minuten
Besondere Hinweise	In meiner Praxis verwendete ich diese Einleitung gegenüber mir unbekannten Brautpaaren sehr häufig und erntete dabei immer zustimmende Mimik. Das Brautpaar wird mit diesem Satz darauf eingestimmt, dass es vom Standesbeamten keine allzu persönlichen Worte erwarten kann. Ist das Brautpaar jedoch bekannt, sollte diese Einleitung ausgetauscht oder einfach weggelassen werden.

Ansprache

Sehr geehrte Frau …, sehr geehrter Herr …,

Sie haben sich nun heute im Standesamt eingefunden zu einem wichtigen Ereignis in Ihrer beider Leben. Ihnen genügt es nicht mehr nur befreundet zu sein, sondern Sie wollen einen festen Lebensbund schließen, eine Ehe begründen. Ich heiße Sie dazu herzlich willkommen hier im Standesamt … Herzlich begrüße ich auch (Ihre Trauzeugen und) Ihre (zahlreich erschienenen) Gäste.

(Es ist nicht immer ganz einfach für Menschen, die man gar nicht persönlich kennt, die passenden Worte zu finden. Für mich ist es jedes Mal von neuem ein kleiner Versuch.)

Heute bekommt Ihre Beziehung durch Ihre Jaworte gleich anschließend eine neue Komponente, denn der Staat hat an die Ehe verschiedene Rechte und Pflichten geknüpft.

Die Ehe war in den vergangenen hundert Jahren einem großen Wandel unterworfen. Früher hatte vor allem der Mann in der Ehe das Sagen. Er war das Familienoberhaupt und entschied damit alle wichtigen Fragen. Selbst das Vermögen, das die Frau in die Ehe mitbrachte, durfte sie nicht selbst verwalten. Dagegen oblag die Haushaltsführung der Frau. Erst 1977 wurde im Ehe- und Familienrecht die Arbeitsteilung beider Ehegatten vereinbart. Davor konnte die Frau nur mit Zustimmung des Mannes einer Erwerbstätigkeit nachgehen. Heute erscheint uns dies wie eine Geschichte aus uralter Zeit.

Die Ehe ist eine Partnerschaft geworden, in der beide Ehegatten gleichberechtigt sein sollten. Natürlich kann es nach wie vor Arbeitsteilung geben. Doch zu einem harmonischen Zusammenleben führt das nur dann, wenn jeder mit seinem Part einverstanden ist. Das Gemeinsame, der Konsens zwischen Ihnen steht im Mittelpunkt Ihres Ehelebens. Sie tauschen sich aus, wie Sie Ihr Leben und Ihre gemeinsame Zukunft gestalten wollen.

Ein Zitat von Pessoa Hélder Camara greift ebenfalls die Gemeinsamkeit der Partner auf:

Wenn ich allein träume, ist es nur ein Traum. Wenn wir gemeinsam träumen, ist es der Anfang der Wirklichkeit.

Ein Traum kann auch eine Idee sein, ein Gedanke, so wie man zum Beispiel erst darüber nachdenkt und schließlich diskutiert, wie man seine Wohnung einrichten will.

Pessoa Hélder Camara hat wohl mit seinem Ausspruch sagen wollen, dass man nur, wenn man *gemeinsam* träumt, laut träumt, sich dem anderen mitteilt. Der Gedanke bleibt nicht im Gehirn verborgen, sondern der Gedankenaustausch ist der Beginn der Verwirklichung.

Doch in diesem Zitat steckt ein weiterer Aspekt. Gemeinsam träumen – wie geht das? – Nur, indem man sich dem anderen mitteilt. Der Traum – der Gedanke bleibt nicht im Gehirn verborgen. Durch den Gedankenaustausch mit dem Partner ist der Anfang gemacht, die Gegenwart zu gestalten und die Zukunft zu planen.

Ein Traum, an dem man zusammen bastelt, ist wie ein Pfeil auf einem gespannten Bogen. Er braucht nur noch losgelassen zu werden. Genauso verhält es sich mit Ihren gemeinsamen Lebensplänen. Die Eheschließung ist einer dieser Träume, der sich heute realisiert. Nun bestimmen Sie als frisch gebackenes Ehepaar gemeinsam die Richtung, in die Ihr Pfeil fliegen soll, um bei diesem Bild zu bleiben. Zusammen haben Sie mehr Kraft, den Bogen zu spannen. Einer motiviert den anderen. Im Gespräch ergeben sich eine Vielzahl von Möglichkeiten, das Leben zu gestalten. Eine Idee baut auf die andere auf. Gemeinsam werden Fern- und Nahziele gesteckt. Mit der Entschlossenheit, sie zu verwirklichen, vergleichbar einem gespannten Bogen, können Sie diese erreichen, wenn Sie beide es wollen.

Heute, am Beginn Ihrer Ehe, werden Sie Ihren Bogen auf das Ziel, eine partnerschaftliche und harmonische Ehe zu führen, richten. Ich wünsche Ihnen, dass Sie dieses Ziel nie aus den Augen verlieren, und Sie im Alter (später) zurückblickend sagen können, der Pfeil ist angekommen, wo er sein sollte …

(Trauformel)

Ich darf Ihnen nun herzlich zu Ihrem Ehebunde gratulieren. Nehmen Sie die gute Laune dieser Stunde mit in diesen Tag und auf Ihren gemeinsamen Lebensweg.

3 Kraft des Symbols

Redeübersicht

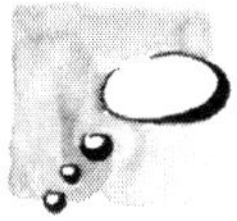

Stimmung	Nachdenklich
Adressaten	Eheleute, die sich für die Symbolik des Eherings interessieren
Kernaussage	Das Symbol des Eherings stammt bereits aus der Antike und hat sich kaum verändert.
Kurzinhalt	Wer einen Ehering am Finger trägt, zeigt auf diese Weise seine Verbundenheit und Gebundenheit. Die Symbolik geht auf das antike Ägypten zurück, existierte sowohl im alten Rom als auch während des Mittelalters und reicht bis in die heutige Zeit.
Redezeit	Ca. 7 Minuten

Ansprache

Sehr geehrte Damen und Herren, liebe Freunde und Verwandte,

liebes Brautpaar,

in wenigen Augenblicken ist es soweit und Sie geben sich das Jawort. Sicher haben Sie sich vor diesem Schritt eine Menge Gedanken gemacht und Ihre Liebe auf ein stabiles Fundament gestellt. Bekräftigt wird der Bund, den Sie hier und heute schließen, mit dem Austausch des Eherings, der nach der Ansicht des englischen Schriftstellers und Schauspielers Sir Noël Pierce Coward

„eine Tapferkeitsauszeichnung [ist], die man am Finger trägt".

Hierzu muss ein wenig entschuldigend gesagt werden, dass der Urheber dieses Satzes zeitlebens unverheiratet blieb und zudem als exzentrisch galt. Dennoch hat er ein klein wenig recht, wenngleich ich den etwas antiquierten Begriff der Tapferkeit gerne durch „Mut" ersetzen würde. Sie trauen sich, in einer doch recht schnelllebigen Zeit ein Zeichen der Konstanz zu setzen und eine Entscheidung mit langfristigen Folgen zu treffen – und das ist gut so. Der Mut besteht auch darin, nicht den vermeintlich einfachen Weg zu gehen und sich alle Optionen offenzuhalten. Der Ehering ist somit die äußerliche Bestätigung einer inneren Haltung, die sich als Treue, Verbundenheit, vor allem aber als tief empfundene Liebe bezeichnen lässt.

Die Tradition des Rings als Ausdruck der Zusammengehörigkeit existiert bereits seit der Antike. Sowohl die Ägypter als auch die alten Römer trugen einen eisernen oder auch goldenen Ring am Ringfinger der linken Hand. Der Grund lag in der romantischen Idee, dass von dort eine Liebesader, die „Vena amoris" auf dem schnellsten Weg zum Herzen führt. In Deutschland und Österreich trägt man den Ring mittlerweile vor allem am rechten Finger, doch tut dies der Symbolik ganz sicher keinen Abbruch. Bei den Kelten existierten Ringe, die aus Gras geflochten waren, die Sumerer zogen jeweils einen Faden aus der Kleidung der Brautleute und banden diese zusammen und auch in der germanischen Mythologie existiert der Ring als Zeichen von Verbundenheit, was unter anderem am „Ring des Nibelungen" deutlich wird.

Interessant ist aber auch ein von Mythen befreiter Blick auf die Geschichte des Eherings, die bis in die heutige Zeit reicht. Mancherorts war der Ehering schlichtweg eine Art „Quittung" über den Erhalt der Mitgift und die antiken Ringe tragen dann auch folgerichtig meist die Widmung „Pignus amoris habes" – „Du hast meiner Liebe Pfand" – auf der Innenseite. Ein interessantes Detail besteht darin, dass Ehe- und Verlobungsringe bis ins 15. Jahrhundert ein- und dasselbe waren.

Das heißt, der Ring wurde nicht zwingend erst bei der Eheschließung überreicht, sondern bereits vorher an den Finger von Braut und Bräutigam, oftmals auch nur an den der Braut, gesteckt.

Papst Nikolaus I. war es vorbehalten, die ursprünglich heidnische Tradition ins Christentum und damit in unseren heutigen Kulturkreis zu überführen. Historiker nehmen hierfür das Jahr 855 und somit das Mittelalter an. Nikolaus erkannte die sakramentale Bedeutung des Eherings und sorgte wohl auch dafür, dass es zu einem Austausch zwischen Mann und Frau kam und die Verbindung zur Mitgift verloren ging. Eine Segnung der Eheringe vor einer kirchlichen Trauung wird seit dem 12. Jahrhundert vorgenommen; hiermit kann ich in meiner Eigenschaft als Standesbeamter leider nicht dienen.

Dennoch wünsche ich Ihnen an dieser Stelle alles nur erdenklich Gute und eine im besten Sinne des Wortes gesegnete Ehe. Folgen Sie nicht dem Aberglauben, dass ein Ehering niemals abgezogen werden darf, da sonst die Liebe erkaltet, denn nicht alle Symbolik hat einen wahren Hintergrund. So lässt sich der Ehering auch als das sehen, was er zweifelsohne ist: als Schmuckstück, das die Verbundenheit zu einem geliebten Menschen sichtbar macht und zudem schlichtweg wunderschön an den Finger passt.

In diesem Sinne freue ich mich nun darauf, Ihren Austausch der Ringe und damit Ihre Ehe zu bezeugen.

(Trauformel)

4 Was ist die Ehe?

Redeübersicht

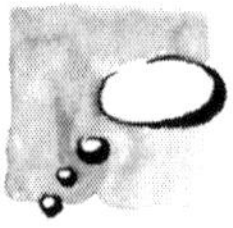

Stimmung	Nachdenklich
Adressaten	Junge Brautpaare, die verliebt und mit Neugierde in die Ehe gehen
Kernaussage	Die Ehe hat viele Seiten und bedeutet für jeden Menschen und jedes Paar etwas anderes.
Kurzinhalt	Die Ansprache beschäftigt sich damit, was eine Ehe sein kann: Ein Bekenntnis, eine feste Entscheidung, ein Buch, an dem zwei Menschen gleichzeitig schreiben. In ihr mischen sich der Wunsch nach Liebe mit dem Willen, alles Kommende, auch die dunklen Momente, gemeinsam zu bewältigen. Die Ehe ist eine Angelegenheit zweier Menschen, an der sonst niemand teilhat. Sie ist immer etwas Individuelles und somit für jeden Menschen und jedes Paar etwas anderes.
Redezeit	Ca. 5 Minuten

Ansprache

Sehr verehrtes Hochzeitspaar, verehrte Hochzeitsgäste, herzlich willkommen in unserem Standesamt. Liebes Brautpaar, Sie beide sind heute hierher gekommen, um sich das Jawort zu geben und Ihre Ehe zu beginnen.

Vielleicht haben Sie vorher darüber gesprochen, wie Sie sich Ihre Ehe vorstellen oder was Sie von der Ehe erwarten. Denn heute sind ja auch andere Formen des Zusammenlebens möglich, und es gibt auch keine vorgegebenen Muster mehr, wie eine Ehe aussehen könnte.

Was also ist die Ehe oder was kann sie sein? Auf diese Frage sind schon eine Fülle von Antworten gegeben worden. Vielleicht macht das ja auch den Reiz der Ehe aus, dass sie so vieles bieten und dass sie für jeden Menschen und damit auch für jedes Brautpaar etwas anderes bedeuten kann.

Dennoch lassen sich natürlich ein paar Antworten geben, die viele Menschen und viele Paare ansprechen. Zumindest möchte ich es in meiner kleinen Ansprache versuchen:

Die Ehe ist das Bekenntnis, zum Partner zu stehen, komme, was da wolle.

Die Ehe ist das Glück, einen Menschen gefunden zu haben, der es ernst meint und sich für einen entschieden hat.

Die Ehe ist ein Pol der Beständigkeit in einem Leben, das so manche Untiefen und Klippen bereithält; sie bietet Verlässlichkeit in den Unwägbarkeiten, die das Leben ausmachen kann.

Die Ehe ist ein Buch, an dem zwei Menschen gleichzeitig schreiben und das zugleich eine Biographie, ein Liebesroman und eine Abenteuergeschichte ist.

Und die Ehe ist etwas sehr Persönliches; eine Übereinkunft, die nur die beiden Eheleute schließen.

Die Ehe ist ein Bund zwischen zwei Menschen, die ihr Leben miteinander teilen wollen, also alles, was sie bewegt und was ihnen begegnet. Diese beiden Menschen fühlen sich durch ihre Liebe verbunden, sie meinen es ernst miteinander, sie sind entschlossen, alles Kommende gemeinsam zu bewältigen.

Die Ehe ist dann das Versprechen, einander beizustehen, was auch immer kommen mag. Beide bekennen sich dazu, den Lebensweg ihres Partners zu teilen, beziehungsweise dazu, einen gemeinsamen Lebensweg zu finden und zu beschreiten.

Ihre Stärke zeigt die Ehe vor allem dann, wenn es gilt, Schwieriges gemeinsam auszuhalten und zu überwinden. Und so bedeutet die Ehe für beide Beständigkeit. Beide können sich aufeinander verlassen; sie bauen sich ein gemeinsames Zuhause, in dem sie sich Geborgenheit geben und wo sie Kraft schöpfen können für den Alltag mit seinen vielfältigen Verpflichtungen.

Die Ehe hat also viele verschiedene Seiten – ganz so, wie ein Buch verschiedene Seiten hat. Man kann die Ehe auch als eine Geschichte sehen, an der zwei Menschen gleichzeitig schreiben. Als ein Buch, das der Roman einer Liebe ist und das manchmal eine Abenteuergeschichte sein kann. Je kreativer beide sind, desto schöner und interessanter wird das Buch – und das gilt bestimmt auch für die Ehe. Fantasie und Einfallsreichtum sind für Autoren genauso wichtig wie für Eheleute.

Liebes Brautpaar, so viele Worte man als Standesbeamter (Standesbeamtin) zur Beschreibung der Ehe auch finden kann, sie bleibt doch immer etwas sehr Persönliches. Sie ist die Angelegenheit zweier Menschen, an der niemand sonst teilhat; sie wird von diesen beiden Menschen geformt und entwickelt. Sie beide, liebes Brautpaar, haben sich gefunden und wollen nun ernst miteinander machen. Und das heißt, dass Sie jetzt anfangen, das Buch Ihrer Ehe zu schreiben und Ihre ganz persönliche Antwort zu finden, was die Ehe ist.

Um Ihre Ehe jetzt zu schließen, darf ich Sie bitten, mit mir aufzustehen …

(Trauformel)

Zum Schluss möchte ich Ihnen beiden noch alles Gute für die Zukunft wünschen.

5 Sich trauen

Redeübersicht

Stimmung	Nachdenklich
Adressaten	Brautpaare, denen gegenseitiges Vertrauen wichtig ist beziehungsweise die mit einer Rede über Wortbedeutungen etwas anfangen können
Kernaussage	Vertrauen, Zutrauen und Sich-dem-anderen-Anvertrauen sind wesentliche Bestandteile einer guten Ehe.
Kurzinhalt	Die Ansprache geht von den Bedeutungen aus, die im Wort „trauen" stecken: „vertrauen", „anvertrauen", „zutrauen". Alle diese Bedeutungen machen wichtige Grundlagen einer guten Ehe aus. Zwei Menschen, die miteinander ihr Leben teilen, müssen einander vertrauen können. Sie brauchen die Gewissheit, es ernst miteinander zu meinen, und sie suchen jemanden, dem sie alles anvertrauen können, was sie beschäftigt. Sie vertrauen sich dem anderen an, denn sie bauen darauf, dass er zu ihnen hält. Und sie trauen es ihrer Beziehung zu, allen Stürmen standzuhalten und immer einen gemeinsamen Weg zu finden. Sie glauben an sich und trauen sich deshalb, den Lebensweg mit seinen Höhen und Tiefen gemeinsam zu beschreiten.
Redezeit	Ca. 6 Minuten

Ansprache

Liebes Brautpaar, sehr geehrte Gäste, ich begrüße Sie ganz herzlich im …er Standesamt.

Wir haben uns heute hier eingefunden, weil Sie beide, Frau … und Herr …, sich trauen lassen möchten oder, anders gesagt, weil Sie sich trauen, Ihren Lebensweg gemeinsam zu gehen. Wie das Wortspiel zeigt, hat der Begriff „trauen" viele Facetten, und all seine unterschiedlichen Bedeutungen kommen bei einer Trauung zum Tragen.

Das Wort „trauen" hat schon früh die Bedeutung von „Vertrauen schenken" angenommen, und seit dem 13. Jahrhundert meint es auch „ehelich verbinden". Mit „trauen" verwandte Begriffe sind ferner „Zutrauen" und „Anvertrauen" und auch „treu" hat dieselbe sprachliche Wurzel. Doch hier und heute, bei Ihrer Trauung, soll es natürlich nicht um Wortgeschichte gehen, sondern darum, dass dieses „trauen" mit all seinen Bedeutungen viel über die Ehe auszusagen weiß.

Denn Vertrauen und Zutrauen und Sich-dem-anderen-Anvertrauen sind wesentliche Grundlagen und Bestandteile einer guten Ehe.

Ohne gegenseitiges Vertrauen lässt sich keine stabile Beziehung aufbauen. Zwei Menschen, die eine Ehe eingehen, wollen sich aufeinander verlassen können, und dazu müssen sie sich als Erstes vertrauen können. Sie brauchen die Zuversicht, dass der andere sie schätzt und achtet und nichts machen wird, was ihnen wehtut. Sie wollen sicher sein, dass der andere nicht mit ihnen spielt, sondern sie ernst nimmt und ihre Wünsche und Vorstellungen in sein Denken und Handeln mit einbezieht.

Sie suchen im Partner beziehungsweise der Partnerin den Menschen, dem sie ihr Vertrauen schenken können. Mit dem sie offen reden und dem sie alles anvertrauen können, was sie bewegt und beschäftigt. Jeder Mensch braucht jemanden, gegenüber dem er sich so geben kann, wie er ist, gegenüber dem er keine Rolle spielen muss. Er braucht jemanden, mit dem er über alles sprechen kann, was ihn freut oder ärgert, wovon er träumt oder was er plant. Gerade heute, wo es in vielen Bereichen nur darauf ankommt zu funktionieren, ist es wichtig, jemanden zu haben, der einen als Menschen in seiner ganzen Vielschichtigkeit sieht. Und es tut gut, jemanden zu haben, der das Anvertraute für sich behält und der einen versteht.

Die Voraussetzung, etwas von sich preiszugeben, ist jedoch, Vertrauen zum anderen zu haben; sich jemandem anvertrauen kann man nur, wenn man Zutrauen hat.

In einer Beziehung vertrauen sich beide einander an, weil sie wissen, dass sie beim jeweils anderen gut aufgehoben sind. Sie wissen, dass der andere für sie da ist, dass er Sorgen und Freuden mit ihnen teilt. In einer Ehe geben zwei Menschen ihre Deckung auf, weil sie bereit sind, sich aufeinander einzulassen und in guten wie in schlechten Tagen zusammenzuhalten. Sie sagen „Ja" zueinander, weil sie vom anderen so angenommen werden, wie sie sind, und weil sie im Zusammenleben ein Ziel ihres Lebens sehen. Sie vertrauen sich dem anderen an, weil sie erfahren haben, dass der andere zu ihnen hält und dass er sie aufmuntert oder stützt, wenn sie dunkle Momente erleben.

Sie trauen nicht nur dem anderen, sondern sie trauen auch ihrer Beziehung etwas zu. Sie trauen sich zu, miteinander den Stürmen der Zeit standhalten und immer einen gemeinsamen Weg finden zu können. Sie sind überzeugt, miteinander klarzukommen, egal, was der Tag so bringen mag; sie gehen davon aus, zusammen immer neue Ziele für sich und ihre Ehe zu entwickeln. Sie trauen den Gefühlen, die sie miteinander verbinden, und sie bauen auf die Stärke dieser Verbindung.

Und das ist vielleicht die beste Voraussetzung für das Gelingen einer Ehe. Denn um etwas zu erreichen, braucht man Zutrauen zu sich selbst. Man braucht den Glauben, es schaffen zu können, aber man braucht auch den Mut, sich darauf einzulassen. Nicht von ungefähr wurde das Wort „trauen" ursprünglich im Sinne von „glauben", „hoffen" und „zutrauen" verwandt.

Zwei Menschen nun, die es miteinander wagen, sie glauben an sich und an ihre Beziehung. Sie haben deshalb die begründete Hoffnung, aus ihrer Ehe etwas zu machen. Und sie trauen sich, sich auf diesen gemeinsamen Weg einzulassen, dessen genauen Verlauf niemand vorher absehen kann. Denn sie trauen sich zu, alle Höhen und Tiefen des Lebens zusammen zu bestehen. Schließlich haben sie Vertrauen zueinander und zu ihrer Verbindung. Ein Vertrauen, das auf ihren gemeinsamen Erfahrungen wie auf ihrer gegenseitigen Wertschätzung und Zuneigung beruht.

Um jetzt zur eigentlichen Trauungszeremonie zu kommen, bitte ich Sie, sich von den Plätzen zu erheben …

(Trauformel)

Zum Schluss möchte ich Ihnen noch herzlich zu Ihrer Trauung gratulieren.

Gleichgeschlechtliche Ehe

1 Reife gleichgeschlechtliche Liebe

Redeübersicht

Stimmung	Neutral
Adressaten	Reife gleichgeschlechtliche Paare
Kernaussage	Eine eingetragene gleichgeschlechtliche Lebenspartnerschaft ist voll und ganz mit einer Ehe vergleichbar.
Kurzinhalt	Die Möglichkeit einer gleichgeschlechtlichen Ehe existiert bereits in zahlreichen Ländern der Welt, und auch in Deutschland werden die Rechte stetig erweitert. Im Alltag macht die Ausrichtung jedoch keinen Unterschied, und die möglichen Probleme sind dieselben wie in einer klassischen Ehe.
Redezeit	Ca. 6 Minuten

Ansprache

Sehr geehrte Damen und Herren, liebe Hochzeitsgäste, liebe Eheleute,

auch im 21. Jahrhundert stellt eine gleichgeschlechtliche Ehe beziehungsweise eine eingetragene Lebenspartnerschaft noch eine Besonderheit dar. Sie beide, die Sie bereits auf einige Lebensjahre zurückblicken können, werden sich noch an Zeiten erinnern, in denen es nicht jedem liebenden Paar möglich war, seine Gemeinschaft auch offiziell zu besiegeln. Schließlich gibt es das Gesetz über die Eingetragene Lebenspartnerschaft bei uns erst seit 2001.

Mir ist bewusst, dass unsere Gesellschaft in diesem Bereich noch einen weiten Weg vor sich hat. Einzelne Teilerfolge wurden jedoch schon erzielt, und wenn Sie sich hier und heute als Lebenspartnerschaft eintragen lassen, dürfen Sie fortan einen gemeinsamen Namen führen, leben güterrechtlich in einer Zugewinngemeinschaft und genießen auch sozial- und steuerrechtlich weitgehend dieselben Möglichkeiten.

Mir ist aber auch bewusst, dass meine Kolleginnen und Kollegen in den Niederlanden, in Belgien, Spanien, Schweden, Dänemark, Kanada, aber auch in Brasilien, Argentinien, Neuseeland und in vielen anderen Staaten weitergehende Möglichkeiten zum Besiegeln einer Partnerschaft bzw. einer Ehe haben. Bedenkt man jedoch, dass die erste gleichgeschlechtliche Ehe erst 2001 in den Niederlanden möglich wurde, hat sich die Weltkugel in den letzten Jahren erheblich weitergedreht. Und wer weiß: Vielleicht ist es heute nicht das letzte Mal, dass Sie vor einem Standesbeamten stehen, und die heute eingetragene Lebenspartnerschaft wird schon in wenigen Jahren durch eine „richtige" Ehe ersetzt.

Liebe Eheleute, seien Sie unbesorgt: ich möchte meine Ansprache nicht zur Diskussion gesellschaftlicher Themen zweckentfremden. Schließlich macht es für Ihre Liebe zueinander keinen Unterschied, ob es nun Ehe oder eingetragene Lebenspartnerschaft heißt.

Der Satz des Schweizer Schriftstellers Max Frisch, der einmal sagte:

Ein Wunderbares ist um die Ehe. Sie ist möglich, sobald man nichts Unmögliches von ihr verlangt,

lässt sich universell einsetzen und enthält für alle Eheleute viel Wahres.

Sie beide kennen sich nun schon seit vielen Jahren und hatten reichlich Zeit, die Stärken und Schwächen des anderen auszuloten. Vermutlich ist es – wie in jeder Beziehung – auch schon zu Auseinandersetzungen gekommen, die Sie partnerschaftlich gelöst haben.

Wenn der Ehealltag einkehrt, läuft man leicht Gefahr, den anderen nach den eigenen Vorstellungen und Wünschen zu formen. Auf der anderen Seite kann es passieren, dass sich ein Ehepartner allzu sehr dem anderen anpasst. Beide Extreme sollten in einer gelungenen Ehe vermieden werden.

Das „Unmögliche", von dem Max Frisch spricht, besteht vielleicht in dem Idealbild, das man sich vom anderen macht. Mehr noch als ein Freund oder eine Freundin, kann der Ehepartner oder Lebenspartner als Dreh- und Angelpunkt des eigenen Lebens fungieren und damit eine zu große Verantwortung aufgebürdet bekommen. Wenn wir keine Schwächen und Fehler des anderen mehr zulassen und ihm oder ihr den nötigen Freiraum verwehren, sind Konflikte vorprogrammiert. Schließlich geben wir mit dem Austausch von Ringen nicht unsere Persönlichkeit auf, sondern bleiben nach wie vor Individuen, die vermutlich auch Interessen oder Hobbys abseits der Partnerschaft haben – und haben sollten.

Der deutsche Schauspieler Heinz Rühmann hat die Anforderungen an eine gelungene Ehe ganz einfach formuliert, als er sagte:

Man ist glücklich verheiratet, wenn man lieber heimkommt als fortgeht.

Das wünsche ich auch Ihnen beiden. Mit dem heutigen Tag tragen Sie die Ringe, die den Bund Ihres Lebens besiegeln. Mögen Sie stets füreinander da sein und Ihnen eine rundum gelungene Ehe bevorstehen.

Für die anstehende Trauzeremonie bitte ich Sie nun, sich von Ihren Plätzen zu erheben.

2 Partnerschaft fürs Leben

Redeübersicht

Stimmung	Neutral
Adressaten	Gleichgeschlechtliche Paare
Kernaussage	Das Gefühl zusammenzugehören ist das A und O jeder Partnerschaft.
Kurzinhalt	Zwei Menschen, die sich füreinander entschieden haben, möchten dies auch offiziell bekunden. Sie wollen sich dem Leben mit all seinen Höhen und Tiefen gemeinsam stellen. Sie vertrauen darauf, gemeinsam das Beste daraus machen zu können. Kitt jeder Partnerschaft ist das Gefühl zusammenzugehören. Es fußt auf Zuneigung und Vertrauen sowie der Erfahrung, sich aufeinander verlassen zu können. Dieses Gefühl trägt die Beziehung. Es wird gestärkt durch alle weiteren gemeinsamen Erfahrungen und schließlich durch die gemeinsamen Erinnerungen.
Redezeit	Ca. 5 Minuten

Ansprache

Liebe Frau (Herr) ..., liebe Frau (Herr) ..., sehr geehrte Gäste, ich freue mich, Sie hier im ... begrüßen zu dürfen.

Die Eintragung einer Lebenspartnerschaft, die Sie heute hierher geführt hat, ist in unserem Land noch keine Routine. Dabei geht es Ihnen beiden wie vielen anderen Paaren. Sie haben sich füreinander entschieden und möchten dies nun auch offiziell bekunden.

Wie für jedes Paar ist für Sie beide der heutige Tag, der Tag, an dem alles amtlich wird, ein ganz besonderer Tag. Er ist sowohl ein Ziel als auch ein Anfang. Denn Sie kommen heute hierher, weil Sie Ihr weiteres Leben miteinander teilen wollen.

Niemand weiß vorher, was das Leben einem bringen wird. Aber Sie wissen, dass Sie allem gemeinsam begegnen wollen. Sie wollen Ihren Lebensweg gemeinsam beschreiten, Sie wollen die Höhen und Tiefen gemeinsam bestehen.

Uns allen ist klar, dass das Leben für uns nicht nur glückliche Stunden bereithält. Jeder Einzelne und auch jedes Paar erlebt schöne wie traurige Momente; jeder erfährt Erfolge und Misserfolge. Diesem Auf und Ab wollen sich zwei Menschen, die sich füreinander entschieden haben, gemeinsam stellen. Sie sind sicher, zusammen das Beste daraus machen zu können. Denn wie heißt es so treffend in einem alten Sprichwort:

Geteiltes Leid ist halbes Leid; geteilte Freude ist doppelte Freude.

Dunkle Stunden lassen sich besser zu zweit bewältigen und dunkle Wolken verschwinden schneller, wenn man sie zu zweit verjagt. Umgekehrt macht es natürlich einfach mehr Spaß, sich gemeinsam über die schönen Seiten des Lebens zu freuen. Und jedes Paar vertraut darauf, zu zweit mehr helle Stunden zu erleben.

In guten wie in schlechten Tagen zusammenzubleiben und zusammenzuhalten, das ist das A und O jeder Partnerschaft. Und ihr Kitt ist die Überzeugung zweier Menschen, dass sie zusammengehören.

Komme, was da mag – wir halten zusammen. Dieses Gefühl gibt Stärke und Rückhalt. Dieses Gefühl der Zusammengehörigkeit ist ein festes Fundament. Es setzt Energien frei, um sich allen möglichen Herausforderungen zu stellen und gemeinsam Höhenflüge zu unternehmen.

Jedes Zusammengehörigkeitsgefühl fußt auf Zuneigung und Vertrauen. Es fußt auf der Erfahrung, sich aufeinander verlassen zu können und zu zweit gut durchs Leben zu fahren.

Das Gefühl der Zusammengehörigkeit trägt die Beziehung, durch Höhen und Tiefen, durch den Wandel der Zeit. Wenn zwei Menschen sich wirklich aufeinander einlassen, dann stärkt auch jeder Konflikt, den beide gemeinsam bewältigen, ihre Partnerschaft. Und selbstverständlich festigt die Beziehung auch jeder Erfolg, den beide zusammen erringen, oder auch die Erfüllung eines lange gehegten gemeinsamen Wunsches. Und schließlich werden die gemeinsamen Erinnerungen zum Kitt, wie die Erinnerung an die erste Begegnung oder an den Entschluss, sich ganz offiziell zueinander zu bekennen.

Damit kommen wir zum wesentlichen Teil dieser Stunde: der Eintragung ins Partnerschaftsbuch. …

Zum Schluss möchte ich Ihnen noch alles Gute für den gemeinsamen Lebensweg wünschen.

3 Aufbruch und Ankommen

Redeübersicht

Stimmung	Nachdenklich
Adressaten	Gleichgeschlechtliche Ehepaare
Kernaussage	Die Ehe für alle ist keineswegs selbstverständlich, sondern muss in vielen Ländern noch erkämpft werden.
Kurzinhalt	Die Möglichkeit zur Ehe zwischen gleichgeschlechtlichen Paaren ist sowohl politisch als auch privat nur der Anfang. Es handelt sich um einen Aufbruch in die Zukunft, der unter anderem in kirchlicher Hinsicht noch nicht möglich ist. Entsprechend sind homosexuelle Ehepaare immer auch Wegbereiter.
Redezeit	Ca. 7 Minuten

Ansprache

Sehr geehrte Damen und Herren, liebe Freunde und Verwandte,

liebes Brautpaar,

endlich – mögen sich manche von Ihnen denken und damit vermutlich nicht die Eheschließung unseres heutigen Paares meinen. Endlich ist es möglich, dass sich zwei liebende Menschen ungeachtet der Gleichgeschlechtlichkeit das Jawort geben können. Vor allem in Deutschland, wo die Ehe unter dem Schutz des Grundgesetzes steht, gab es eine Fülle an Diskussionen.

Dabei könnte man es sich so einfach machen, denn in Artikel 6 steht lediglich, dass Ehe und Familie unter dem besonderen Schutz der staatlichen Ordnung stehen. Von Mann und Frau ist hier an keiner Stelle die Rede. Zwar stellte das Bundesverfassungsgericht in einem viel beachteten Urteil zunächst einmal fest, dass die klassische Ehe gemeint sei, doch bereits seit 2001 sind rechtlich gleichgestellte Lebenspartnerschaften möglich und seit 2017 nun – endlich – auch gleichgeschlechtliche Ehen. Auch hinsichtlich der Auslegung des Grundgesetzes ist vermutlich noch nicht das letzte Wort gesprochen.

Man könnte meinen, man sei nun am Ende einer langen Reise durch die Institutionen angelangt und doch bedeutet ein Tag wie der heutige eher einen Anfang – sowohl im gesellschaftlichen als auch im persönlichen Sinne.

Der griechische Philosoph Platon sagte einmal:

„Die Liebe ist ein Fest – es muss nicht nur vorbereitet, sondern auch gefeiert werden."

Mit Feiern meinte der Denker natürlich weder die nicht zu leugnende politische Bedeutung, die eine jede gleichgeschlechtliche Ehe hierzulande immer noch hat, noch die Hochzeitsfeier oder die Hochzeitsnacht. Das eigentliche Fest einer Ehe ereignet sich jeden Tag aufs Neue und liegt in der Freude, einen Menschen zu lieben und gemeinsam mit ihm in die Zukunft zu gehen. Gemeinsam aufwachen ist dabei nur ein Aspekt, denn es zeigt sich das Schöne einer Ehe vor allem im Alltäglichen und darin, die vermeintlich unbedeutenden Dinge des Alltags miteinander zu teilen. Kleine und große Sorgen landen erst einmal beim Partner oder der Partnerin und können in den meisten Fällen sogleich zerstreut werden. Das Wissen, „dass da jemand ist", ist eine Quelle beständigen Glücks und verdient – auch im Sinne Platons – gefeiert zu werden.

Wohlgemerkt: Das alles ist sowohl theoretisch als auch praktisch auch ohne Trauschein und Hochzeitszeremonie möglich. Es gab sogar eine Zeit, in der die „wilde Ehe" in vielen Kreisen als schick galt und gegenüber dem offiziellen

Jawort bevorzugt wurde. Andererseits entsteht eine Fülle an rechtlichen Nachteilen, wenn zwei Menschen nicht auch offiziell einander angehören und das wird sich auch in Zukunft nicht ändern. Dies war sicherlich auch einer der Gründe dafür, dass der damalige französische Präsident François Hollande den bis heute prägenden Begriff „mariage pour tous" bzw. der „Ehe für alle" prägte und damit explizit über den Terminus der gleichgeschlechtlichen Ehe oder gar „Homo-Ehe" hinausging. Es kommt damit die Gleichberechtigung der Menschen zum Ausdruck, die sich im Rahmen der Ehe auch in den gleichen Pflichten füreinander widerspiegelt.

Wir sprechen also von einem Anfang, der zumindest in den als westlich bezeichneten Staaten gemacht ist. Es existiert allerdings noch eine Fülle an Ländern, in denen Ehen zwischen zwei Liebenden gleichen Geschlechts noch nicht einmal gedacht werden dürfen und wo noch eine Menge Überzeugungsarbeit geleistet werden muss. Das ist nicht unsere Aufgabe, denn auch in Deutschland ist die Offenheit der Eheschließung und die „Ehe für alle" nicht überall angekommen. Ich denke dabei an die Kirchen und Religionsgemeinschaften, die sich abgesehen von einer Reihe protestantischer Glaubensgemeinschaften und einigen progressiven Strömungen innerhalb des Judentums noch eindeutig gegen die „Ehe für alle" positionieren. Ob Sie eine kirchliche Ehe anstreben, weiß ich nicht, und doch wäre es aus meiner Sicht wünschenswert, wenn auch religiöse Menschen irgendwann den „Segen" erhielten.

So schließe ich meine Rede und wünsche Ihnen beiden alles nur erdenklich Gute für die Zukunft. Sie werden bereits jetzt wissen, dass die vermeintlich politische Bedeutung einer Ehe nichts an deren Alltag ändern. Und dieser möge für Sie stets einem Fest gleichen.

(Trauformel)

4 Gleichgeschlechtliche Ehe

Redeübersicht

Stimmung	Heiter
Adressaten	Gleichgeschlechtliche Paare
Kernaussage	Liebe ist das Wichtigste im menschlichen Zusammenleben – egal welches Geschlecht die Liebenden haben.
Kurzinhalt	Noch vor kurzer Zeit wäre diese Ehe durch die Gesetzeslage nicht möglich gewesen – nun ist es den Liebenden möglich, sich und der Mitwelt als Eheleute zu begegnen.
Redezeit	Ca. 6 Minuten

Ansprache

Liebe Hochzeitsgäste, liebe Freunde und Verwandte,

liebes Brautpaar,

es ist mir eine besondere Ehre, Sie hier im Standesamt von … begrüßen zu dürfen! Denn heute darf ich eine Ehe schließen, die noch vor dem 1. Oktober 2017 nicht „Ehe" hätte heißen dürfen, sondern von Amts wegen eine „eingetragene Lebenspartnerschaft" geblieben wäre. Doch die Zeiten haben sich geändert, der Gesetzgeber hat der gesellschaftlichen Entwicklung endlich Rechnung getragen – und Sie können jetzt zu unserer großen Freude das Fest feiern, das Ihrer Liebe entspricht!

Denn Ihre Liebe ist etwas ganz Außerordentliches – nicht wegen des Geschlechts der Eheleute, sondern weil jede Liebe, die so groß ist, dass beide Partner/-innen sie öffentlich geloben und gemeinsam leben möchten, außerordentlich und kostbar ist.

Was nun auf Sie beide zukommt, hat Papst Benedikt der Sechzehnte sehr pointiert zum Ausdruck gebracht:

„Man soll nicht glauben, dass die Ehe einfacher ist als der Zölibat."

Da Sie sich nun aber einmal gegen den Zölibat und für die Ehe entschieden haben, erlauben Sie mir einige Worte, die Ihnen auf Ihrem weiteren Lebensweg als Paar vielleicht ein wenig hilfreich sein können.

Dass Sie sich zueinander bekennen, macht aus Ihnen eine Gemeinschaft, die weit mehr ist als eine behördlich „eingetragene" Form des Zusammenlebens. Sie haben beschlossen, dass für Sie nicht Freiheit ohne Verpflichtungen, sondern die Verpflichtung zur Gemeinsamkeit die erstrebenswerteste Form des Freiseins ist. Ein Zustand, den der wort- und weltgewandte Schriftsteller Oscar Wilde so formuliert:

„Ehe ist gegenseitige Freiheitsberaubung in beiderseitigem Einvernehmen."

Wenn wir den großen Autor beim Wort nehmen, dann kommt es weniger auf die ironische Wendung der „gegenseitigen Freiheitsberaubung" an, sondern auf das „beiderseitige Einvernehmen". Das möge künftig die Voraussetzung Ihrer Entscheidungen, Ihr Halt in allen Lebenslagen, Ihr Ziel bei allem Handeln sein!

Denn die neue Qualität und der tiefere Sinn, den die Eheschließung Ihrer Beziehung verleiht, ist die absolute Ausrichtung auf das Miteinander und Füreinander in allen Dingen. Diese Ausrichtung wird Ihnen ungeahnte Kraft geben – auch wenn Sie hin und wieder Menschen begegnen sollten, die vielleicht Schwierigkeiten damit haben, Sie als „richtige" Eheleute zu akzeptieren.

Wenn Sie Ihre Liebe leben – mit aller Offenheit, mit allem Mut, mit aller Hingabe – dann machen Sie einander das größte Geschenk, das es gibt. Und Sie schaffen ein Beispiel für andere, in denen das Verständnis erst wachsen muss oder die noch nicht den Mut gefasst haben, sich zu ihrer Liebe zu bekennen.

Aber hören wir, ehe wir allzu moralistisch und philosophisch werden, noch einmal auf ein Bonmot von Oscar Wilde:

„Liebe, nicht deutsche Philosophie, ist die Auslegung dieser Welt."

Dass Ihre gemeinsame Auslegung der Welt ein freudvolles, fantasievolles und liebevolles Unternehmen wird, wünsche ich Ihnen gemeinsam mit allen Gästen Ihrer Hochzeit von Herzen!

Um nun Ihre Ehe zu schließen, bitte ich Sie, aufzustehen.

(Trauformel)

Sonderfälle

1 Was lange währt …

Redeübersicht

Stimmung	Heiter
Adressaten	Ein Brautpaar, das sich durch die gemeinsame Nachbarschaft kennen- und lieben gelernt hat.
Kernaussage	Manchmal liegt das Glück so nah. Wenn zwei Menschen bereits Tür an Tür zusammenleben, so stellt sich im Idealfall auch die Liebe ein.
Kurzinhalt	Eine Ehe unter Nachbarn sorgt für viel Vertrautes, das in die Ehe eingebracht wird. Zudem hatte man lange Zeit, den Anderen und dessen Lebensgewohnheiten genau kennen zu lernen.
Redezeit	Ca. 7 Minuten

Ansprache

Liebe Hochzeitsgäste,
liebe Freunde und Verwandte,
liebes Brautpaar,

eine Ehe unter Nachbarn ist in der Tat nichts Alltägliches. Wie oft kommt es vor, dass sich Menschen, die Tür an Tür oder Zaun an Zaun nebeneinander leben, streiten oder zumindest ignorieren. In Ihrer beider Fall muss ich an die Goethes berühmten Vierzeiler „Erinnerung" denken, in dem es heißt:

Willst du immer weiter schweifen? Sieh, das Gute liegt so nah.
Lerne nur das Glück ergreifen, Denn das Glück ist immer da.

Vermutlich hätten Sie dieses Gedicht zu Beginn Ihrer Nachbarschaft in keiner Weise auf sich bezogen. Wer kommt in Zeiten des Internets und einer schier grenzenlosen Mobilität schon auf die Idee, sich ausgerechnet mit dem Nachbarn anzufreunden? Dabei wusste bereits der Freiherr von Knigge, dass man den Menschen in der unmittelbaren Umgebung gleich nach der Familie am ehesten Rat, Tat und Hilfe schuldig ist. Dass sich jedoch aus einer guten Nachbarschaft eine Liebe entwickelt, wirkt fast wie aus einem Drehbuch für einen romantischen Film.

Bei näherem Hinsehen offenbaren sich allerdings auch abseits des Zufalls oder Schicksals, das sie beide zusammen geführt hat, einige nachvollziehbare Gründe für ein gelingendes Zusammenleben. Ich meine damit natürlich nicht nur die Tatsache, dass Sie beim Zusammenziehen nur wenig Mühe haben und vermutlich die Kosten für ein Umzugsunternehmen sparen. Dies erscheint mir eher wie eine Randnotiz, die sich scherzhaft kommentieren ließe.

Wer jedoch seit vielen Jahren nebeneinander lebt, entwickelt eine ähnliche Perspektive wie der andere. Das Wohnumfeld, innerhalb dessen wir uns bewegen, kann durchaus prägenden Charakter besitzen. Ihre täglichen Wege und Einkäufe waren möglicherweise dieselben und auch die Erfahrungen mit der restlichen Nachbarschaft wurden geteilt. Hinzu kommt, dass Sie beide bereits durch die Wahl Ihrer Umgebung und Ihres Stadtviertels oder Orts eine Gemeinsamkeit bekunden. Das kann bei manchen Menschen wenig ausmachen, hat in Ihrer beider Fall jedoch unter anderem dazu geführt, dass Sie sich ineinander verliebt haben.

Integraler Bestandteil der Liebe ist auch das gegenseitige Vertrauen. Sie beide hatten die Möglichkeit, das Leben Ihres Partners zunächst aus der Ferne zu betrachten und dem ehemals fremden Mikrokosmos Schritt für Schritt näher zu kommen. Die räumliche Trennung, die in anderen Beziehungen oftmals noch bis zum Moment des Zusammenziehens herrscht, hat in Ihrer beider Fall in dieser Form nur abgeschwächt existiert.

Hierzu gehört auch, dass Sie gleich zu Beginn erfahren haben, wie sich Ihr Gegenüber im Umgang mit Dritten verhält. Vermutlich werden Sie noch mehr Nachbarn haben und Ihre Einschätzungen gegenüber Herrn X oder Frau Y bestimmt schon das eine oder andere Mal ausgetauscht haben. Anhand so alltäglicher und scheinbar trivialer Dinge gewinnt man einen Blick für den anderen und fühlt sich nach und nach in dessen Art zu Denken und zu Handeln ein.

Zu viel Einklang und zu viel Gemeinsamkeit wird dabei sicherlich nicht aufkommen, denn schließlich haben Sie beide in anderen Bereichen ein komplett unterschiedliches Leben und sorgen damit stets für ausreichend frische Gesprächsthemen und Geschichten.

Für Ihre Freunde und Verwandte bedeutet eine Ehe in der Nachbarschaft vor allem Kontinuität. So ist vermutlich nicht zu erwarten, dass Sie Ihren gemeinsamen Haushalt an einen komplett neue Ort verlegen. Entsprechend dürften sich Ihrer beider Familien und Freundeskreise mittlerweile auch schon kennen gelernt haben, was einen nicht zu unterschätzenden Schritt für das allmähliche Zusammenwachsen in der Beziehung bedeutet.

Beachten Sie jedoch bei allem Vertrauten, das in einer nachbarschaftlichen Ehe mitschwingt den klugen Satz des französischen Schriftsteller Honoré de Balzac, der einmal sagte:

In der Ehe muß man einen unaufhörlichen Kampf gegen ein Ungeheuer führen, das alles verschlingt: die Gewohnheit.

Wenn Ihnen das richtige Maß zwischen Vertrautem und Neuem, zwischen Ruhe und Abwechslung, zwischen Gewohntem und Überraschendem gelingt, dann steht einer langen und erfüllten Beziehung nichts mehr im Wege.

Hierzu wünsche ich Ihnen vor allem die nötige Geduld, Neugier und Toleranz, die in einer Ehe erforderlich sind.

Herzlichen Dank.

2 Willst du mit mir durchs Leben rollen?

Redeübersicht

Stimmung	Heiter
Adressaten	Einer der Partner sitzt im Rollstuhl.
Kernaussage	Das Ja ist ein klares Ja zum anderen, aber auch zur Behinderung, die als Teil des Lebens akzeptiert wird.
Kurzinhalt	Ein gemeinsamer Lebensweg kann von Rollstuhlfahrern so gut wie von Fußgängern gemeistert werden, auch wenn die Schwierigkeiten, die sich einstellen werden, anders und vermutlich auch zahlreicher sein werden. Aber ein Paar, das bewusst Ja zueinander sagt, trotz und mit der Behinderung, geht mit wissenden Augen und Vertrauen auf die Kraft der Liebe in die Zukunft.
Redezeit	Ca. 5 Minuten

Willst du mit mir durchs Leben rollen?

Ansprache

Verehrtes Brautpaar, liebe Familienangehörige, liebe Freunde des Paares,

ich begrüße Sie alle sehr herzlich in unserem Standesamt und freue mich, dass Sie den Weg hierher gefunden haben. Den Weg **zu**einander gefunden haben Sie, liebe Braut, und Sie, der stolze Bräutigam, bereits vor einiger Zeit. Nun wollen Sie es festmachen und besiegeln, dass Sie Ihren Lebensweg künftig gemeinsam beschreiten wollen – womit wir bereits beim ersten Fettnäpfchen wären, in das ich heute ganz leicht hineintreten könnte.

„Einen Lebensweg gemeinsam beschreiten" – das ist ein so schöner und vertrauter Ausdruck, dass man ihn ganz automatisch und ohne tieferes Nachdenken anwendet. Aber es ist so offensichtlich, dass ich nicht versuchen muss, ganz vorsichtig darum herumzureden: Das mit dem gemeinsamen Schreiten durchs Leben ist für Sie kein Thema. Nicht im wortwörtlichen Sinn jedenfalls. Aber ist mit dieser Redewendung wirklich gemeint, dass auf dem gemeinsamen Lebensweg ein Fuß vor den anderen gesetzt wird? Ganz sicher nicht. Und wer schreitet heute auch noch? *„Willst du mit mir durchs Leben rennen?"* würde da für manche ewig Gestressten unserer Zeit wohl besser passen. Und in Ihrem Fall lautete die Frage aller Fragen ja vielleicht: *„Willst du mit mir durchs Leben rollen?"*

Ganz egal, wie und wie schnell sich ein Paar vorwärtsbewegt, wichtig ist doch einzig und allein, dass die Richtung stimmt. Ein gemeinsamer Lebensweg, das heißt, gemeinsame Ziele zu verfolgen, wichtige Entscheidungen miteinander abzuwägen und zu treffen. Das heißt, nicht nur nach den eigenen Bedürfnissen zu schauen, sondern sie in Einklang zu bringen mit denen des Partners. Das funktioniert auf lange Sicht nur, wenn beide nach diesem Prinzip der Achtung des anderen leben.

Mit einer lebenseinschneidenden Behinderung das Leben als Ehepaar zu meistern bedeutet noch einmal eine ganz besondere Herausforderung. Das Leben hält für Sie vermutlich mehr Stolpersteine bereit als für die meisten anderen Paare. (Haben Sie es gemerkt? Das nächste Fettnäpfchen: Stolpersteine. Die sind wohl mehr eine Gefahr für Fußgänger als für Rollstuhlfahrer. Vermutlich wäre die passende Analogie in ihrem Fall, dass das Leben Hemmschwellen für Sie bereithält.) Die Frau mal eben so ins Konzert ausführen, spontan einen Einkaufsbummel (Bummel? Fettnäpfchenalarm!) machen oder ein Wellnesswochenende buchen – mit einem Rollstuhl gilt es immer wesentlich gründlicher zu planen und Freizeitmöglichkeiten sorgfältig auszuwählen.

Aber wem erzähle ich das … Sie, liebe Braut, und Sie, lieber Bräutigam, Sie wissen, worauf Sie sich einlassen, und Sie wollen Ja zueinander sagen ohne Wenn und Aber. Vielleicht wurden in Ihrem Verwandten- und Bekanntenkreis Bedenken geäußert. Bedenken, die immer nur die Nachteile der Behinderung im Blick haben und nicht die Vorteile einer tiefen Beziehung, die auf Liebe und Vertrauen gründet. Denn was auch für alle anderen Paare gilt, das gilt auch für Sie, und für Sie vielleicht nochmal ganz besonders:

„Durch die Liebe werden alle Dinge leichter, die der Verstand als gar zu schwer gedacht."

(Hafis, persischer Dichter, geb. 1326)

Und nun möchte ich alle bitten, sich zu erheben, damit ich die Trauung vollziehen kann …

Nein, stopp, einen Moment bitte – ich wollte das letzte Fettnäpfchen noch auskosten. Natürlich können sich nicht alle erheben. Ich möchte Sie, liebe Gäste, bitten aufzustehen, während Braut und Bräutigam beide zur Zeremonie sitzen bleiben.

Das Jawort geben Sie sich ganz auf Augenhöhe, so wie Sie als Frau und Mann dann auch Ihre Ehe führen wollen.

3 Like! – vom Freund zum Ehepartner

Redeübersicht

Stimmung	Neutral
Adressaten	Junge Brautpaare der Generation Internet und Facebook
Kernaussage	Die Eheschließung ist ein zentraler Meilenstein auf dem gemeinsamen Beziehungsweg von befreundet über verliebt, verlobt bis zu verheiratet.
Kurzinhalt	Kontakte und Freunde hat man im multimedialen Zeitalter viele. Wenn aus einer Freundschaft Liebe wird, die in die Ehe führt, dann signalisiert man durch einen Ring und heute auch über Facebook diesen geänderten Familienstand. Dieses Signal ist wichtig nach außen, aber auch zur Festigung der eigenen Beziehung, die es in Liebe, aber auch in Freundschaft zu pflegen gilt.
Redezeit	Ca. 5 Minuten

Ansprache

Liebes Brautpaar, liebe Gäste,

ich begrüße Sie ganz herzlich hier bei uns im Standesamt. Es ist ein ganz besonderer Tag für Sie, auf den Sie sich schon lange freuen: der Tag, an dem Sie Ja zueinander sagen und an dem der gemeinsame Lebensweg als Ehepaar beginnt. Auch ich habe mich sehr auf diesen Moment gefreut, denn ein junges Paar zu trauen, das ist wohl die schönste Aufgabe im Dienstalltag eines Standesbeamten.

Wenn junge Leute wie Sie ihrer Freude über etwas Ausdruck geben und dem Rest der Welt mitteilen möchten, was ihnen gefällt, dann nutzen sie dazu sehr gerne die modernen Medien. Man drückt den „Gefällt mir"-Button (auf Neudeutsch: „Liken"), man wird zum Fan oder schickt jemandem eine Freundschaftsanfrage. Als Freund bekommt man dann mit, was der andere für Musik mag, worüber er lacht und wofür er sich interessiert.

Dann haben Sie irgendwann gemerkt, dass der andere mehr ist als nur ein Freund, eine Freundin unter den vielen in Ihrer Kontaktliste. Wenn aus Freundschaft Liebe wird, will man dem anderen ganz nahe sein, dann möchte man seine Zeit mit ihm verbringen. Der andere wird zum selbstverständlichen und unverzichtbaren Teil des Alltags. Emotionale, aber auch körperliche Nähe ist jetzt wichtig, nicht nur zu wissen, dass der andere für einen da ist, sondern ihn auch zu spüren, zu sehen, ihn um sich zu haben. Da teilt man nicht nur Neuigkeiten oder Videoclips auf Facebook, da teilt man jetzt jede freie Minute miteinander, die Freuden wie die Sorgen und auch die geheimen Wünsche.

Dass wir jetzt heute hier beisammen sind, das zeigt: Sie wollen künftig nie mehr auf dieses Nahesein verzichten. Sie wollen Ihr weiteres Leben miteinander planen, gestalten und erleben. Das offizielle Ja, das Sie heute mit dieser Eheschließung aussprechen, ist ein wichtiger Meilenstein auf Ihrem gemeinsamen Weg, nein, es ist sogar der wichtigste überhaupt. Dieses Ja hat nicht nur formale Auswirkungen auf Steuern, Versicherungen oder Erbrecht, es hat auch wichtige Signalwirkungen, zum einen nach außen, aber auch nach innen.

Der Ring an Ihrem Finger, der gemeinsame Ehename und auch der Wechsel in Facebook beim persönlichen Status von „befreundet" über „in einer Beziehung" zu „verlobt" und jetzt dann zu „verheiratet", all das verrät Außenstehenden: Die beiden sind vergeben, die beiden gehören fest zusammen, sie sind als Einheit anzusehen. Sie stehen füreinander ein. Wenn ich den einen angreife, dann bekomme ich es auch mit dem anderen zu tun.

Doch auch für Sie beide in Ihrer Beziehung ist dieses Ja, ist die Eheschließung nicht nur eine Formalität, sondern Hilfestellung und Versicherung. In diesem geschützten Raum, der nur Ihnen beiden gehört, ist Platz für viele schöne Momente, für gemeinsame Erinnerungen, für Emotionen, für vertraute Zweisamkeit. Und in brenzligen Situationen, in Krisen und Krankheit schenkt das Ja des anderen Gewissheit, nicht alleine zu sein. Das musst du nicht alleine durchstehen, das schaffen wir gemeinsam. Der Ring am Finger mahnt aber auch: Du hast versprochen, dich nicht bei der ersten Schwierigkeit gleich abzuwenden.

Viele Paare haben sich hier das Jawort gegeben und sich auf den Weg in die Ehe gemacht, doch jedes Mal, wenn ich eine Trauung vornehme, dann ist es etwas Einmaliges. Kein Paar ist wie das andere und keine Ehe gleicht der anderen. Deshalb gibt es dafür auch keine App auf dem Smartphone. Sie müssen und dürfen Ihre Ehe selbst gestalten, formen und zu einer lebendigen Beziehung machen, die Sie beide genießen können. Bei aller Liebe, allen Gefühlen und aller Begeisterung, die Sie darin einbringen, vergessen Sie aber auch nicht, was Friedrich Nietzsche einmal sagte:

Nicht der Mangel an Liebe, sondern der Mangel an Freundschaft macht die Ehen unglücklich.

Seien Sie Ihrem Mann, Ihrer Frau, ein liebevoller und zuverlässiger Ehepartner, aber nehmen Sie sich auch weiterhin Zeit für alles, was Ihnen bisher als Freunde zusammen Spaß gemacht hat. Zusammen lachen und herumalbern, Tanzen gehen, Sport treiben oder mit den anderen Freunden zusammen abhängen. Die Ehe ersetzt nicht die Freundschaft, sie macht sie tiefer, schöner und wertvoller!

Und deshalb bitte ich Sie jetzt, sich zur Eheschließung zu erheben.

(Trauformel)

4 Verbundenheit hilft

Redeübersicht

Stimmung	Neutral
Adressaten	Brautpaare, die im Krankenhaus getraut werden, weil der oder die Verlobte an einer langwierigen Krankheit leidet
Kernaussage	Liebe und gegenseitige Verbundenheit helfen den Menschen über schwierige Zeiten hinweg.
Kurzinhalt	Jeder Lebensweg kennt schöne wie dornige Strecken, Glück wie Unglück, und jeder Mensch muss sehen, mit den Gegebenheiten fertig zu werden und das Beste daraus zu machen. Gute Voraussetzungen dafür hat ein Paar, das sich liebt und vertraut, das weiß, dass es sich aufeinander verlassen kann. Denn Liebe und die Verbundenheit mit einem anderen Menschen geben Kraft und Mut, sie befähigen dazu, Probleme zu bewältigen oder schwierige Situationen zu ertragen.
Redezeit	Ca. 5 Minuten
Besondere Hinweise	Sprechen Sie vorher mit dem/der gesunden Verlobten darüber, wie der Raum aussieht, in dem die Trauung im Krankenhaus stattfindet. Regen Sie eventuell an, das Zimmer für die Heirat vorzubereiten (Stühle aufstellen, Blumen mitbringen). Fragen Sie vorher, ob der/die Erkrankte fähig ist, zur Trauungszeremonie aufzustehen.

Ansprache

Liebes Brautpaar, sehr geehrte Gäste, ich begrüße Sie herzlich zu Ihrer Eheschließung hier im Krankenhaus.

Eine Trauung ist immer ein wichtiger Moment im Leben eines Paares, ganz gleich, wo sie stattfindet. Denn es kommt ja auf die innere Verbundenheit an, nicht auf den äußeren Rahmen. Doch wie ich sehe, ist es Ihnen auch gelungen, dem Krankenhauszimmer einen festlichen Anstrich zu geben, um sich auf den Moment einzustimmen, in dem Sie sich Ihr Jawort geben.

Eine Hochzeit ist immer ein Zeichen dafür, dass zwei Menschen es ernst miteinander meinen und auch offiziell zueinander gehören wollen. Sie fühlen sich miteinander verbunden und wollen ihren Weg gemeinsam gehen.

Der Lebensweg führt die Menschen durch wunderschöne Landschaften, aber auch durch steinige und dornige Strecken. Denn das Leben ist ja ein ewiges Auf und Ab. Neben vielen frohen Stunden erleben alle Menschen auch traurige Momente, neben vielen Erfolgen auch einige Rückschläge. Das Leben ist eben eine Berg- und Talfahrt, der die besten Seiten abzugewinnen sind.

Hierfür liefern einem Paar die gegenseitige Zuneigung und das Zusammengehörigkeitsgefühl die besten Voraussetzungen. Zwei Menschen, die sich schätzen und die sich aufeinander verlassen können, finden leichter einen Durchgang. Auch können sie den schönen Wegen mehr abgewinnen und die steinigen erscheinen ihnen als immerhin begehbar.

Denn die Liebe und das Gefühl von Verbundenheit helfen den Menschen gerade über schwierige Passagen hinweg.

Die Liebe gibt ihnen Halt, Kraft und Mut, sie gibt ihnen Trost. Die Liebe lässt sie einen Sinn in ihrem Leben sehen; die Liebe befähigt sie, schwierige Zeiten auszuhalten.

Diese vielfältigen Wirkungen der Liebe haben den österreichischen Schriftsteller Alfred Polgar einmal zu folgendem Aphorismus angeregt:

Die Liebe ist ein privates Weltereignis.

Also ein Ereignis mit weitreichenden Folgen, ein Ereignis, das einen umkrempelt, ein Ereignis, das einen ganz in Beschlag nimmt. Und für ein Liebespaar ist dann der Partner beziehungsweise die Partnerin der Mittelpunkt der Welt.

Und damit sind beide gewappnet, um den Wechselfällen des Lebens entgegenzutreten. Denn sie geben sich gegenseitig emotionalen Rückhalt und Sicherheit, sie geben sich Unterstützung und Lebensmut. Und deshalb werden sie auch in der Lage sein, das Beste aus den Gegebenheiten herauszuholen und sich an den schönen Momenten zu erfreuen.

Die Ehe ist ein Bündnis zweier Menschen, die sich zueinander hingezogen fühlen und die aus dem, was das Leben bringen mag, das Beste machen wollen. Denn sie fühlen sich durch ihre gegenseitige Zuneigung und ihr Vertrauen miteinander verbunden, sie sehen im Miteinander ihr Glück, und sie wissen, dass sie sich stets aufeinander verlassen können.

Und damit komme ich zur eigentlichen Trauungszeremonie (und bitte Sie, mit mir aufzustehen) ...

(Trauformel)

Ich darf Ihnen zum Schluss noch herzlich zu Ihrer Heirat gratulieren.

5 Kleider machen Leute

Redeübersicht

Stimmung	Nachdenklich
Adressaten	Eheleute, die eine Hochzeitsfeier in ungewöhnlichen Kostümen feiern
Kernaussage	In einer Ehe kommt es immer wieder darauf an, mit Gewohnheiten zu brechen und neue Wege zu beschreiten.
Kurzinhalt	Eine Eheschließung in ungewöhnlichen Kostümen bedeutet einen kraftvollen und individuellen Start in ein gemeinsames Leben. Es ist jedoch so, dass stetige Besonderheit ebenfalls zur Gewohnheit werden kann. Aus diesem Grund sollten Routinen immer wieder hinterfragt werden, um zu einem harmonischen, aber auch spannenden Ehealltag zu gelangen.
Redezeit	Ca. 7 Minuten

Ansprache

Sehr geehrte Damen und Herren, liebe Freunde und Verwandte,

liebes Brautpaar,

die berühmte Modeschöpferin Jil Sander stellte einmal fest, dass Mode die Souveränität des Trägers unterstreicht und sich Uniformen unterordnen. Ich zitiere bewusst ein wenig frei, halte dieses Zitat jedoch für überaus passend. Auf den ersten Blick mag es „nur" als lustig und originell erscheinen, wenn Sie hier und heute Ihrer Individualität durch außergewöhnliche Kleidung Ausdruck verleihen. Es steckt jedoch sicherlich auch dahinter, dass Sie den Rahmen für diesen einzigartigen Tag in Ihrem Leben ganz allein und frei von Konventionen und – um im Zitat zu bleiben – Uniformen feststecken. Ganz sicher aber ist es ein Zeichen von Stärke und Selbstbewusstsein, in dieser Form zu heiraten – und für mich als Standesbeamter bedeutet es eine willkommene und schöne Abwechslung und eine regelrechte Erfrischung.

„Kleider machen Leute" – dieser Satz ist längst im allgemeinen Wortschatz angekommen und gilt zu Recht als „geflügeltes Wort". Sie beide und mit Ihnen Ihre komplette Hochzeitsgesellschaft beweist allerdings, dass auch der Umkehrschluss gilt und Leute die Kleider machen und sich nicht durch eine Kleiderordnung bestimmen lassen. Durch Ihre so unkonventionelle und teilweise farbenfrohe Herangehensweise brechen Sie die Konventionen und unterstreichen, dass Sie sich nicht in die althergebrachten Raster pressen lassen. Der französische Philosoph Jean-Jacques Rousseau stellte einmal fest, dass Geschmack

„die Kunst, sich auf Kleinigkeiten zu verstehen"

darstellt. Der Detailreichtum und die Originalität, die Sie hier und heute zur Schau tragen, lassen sich wahrlich als „Geschmack" im positivsten und eigenständigsten Sinne des Wortes verstehen.

Liebes Brautpaar,

lassen wir uns nicht allein von Äußerlichkeiten blenden, denn natürlich kehrt auch in der Ehe und der Liebe ein gewisses Quantum an Gewohnheit ein. So, wie wir uns zu einem besonderen Tag besonders kleiden, gehört zum Alltag ein alltägliches Gewand. Sie brauchen diesen Satz – je nach Geschmack – gar nicht wörtlich aufzufassen, denn auch, wenn Sie Tag für Tag in augenscheinlich ungewöhnlichem Outfit unterwegs sind, kann dies zur Gewohnheit werden.

Mancherorts heißt es, dass die Gewohnheit der Liebe im Weg steht. Ich möchte dem entschieden widersprechen und im Gegenteil darauf hinweisen, dass das

Geheimnis einer glücklichen Ehe gerade darin besteht, gemeinsam dem Alltag zu begegnen und diesen besonders werden zu lassen.

Der französische Schriftsteller Honoré de Balzac meinte einmal:

„In der Ehe muss man einen unaufhörlichen Kampf gegen ein Ungeheuer führen, das alles verschlingt: die Gewohnheit."

Der Urheber dieses Satzes ist im Jahr 1850 verstorben, sodass wir ihn nicht mehr nach dem Sinn fragen können. Wer sich allerdings die Mühe macht, ein wenig in Balzacs Biografie zu blättern, stellt schnell fest, dass der Dichter erst kurz vor seinem Tod geheiratet hat und es somit nie oder nur für wenige Wochen mit dem vermeintlichen Ungeheuer zu tun bekam. Balzacs Warnung ist somit mit viel Vorsicht zu genießen.

Ihnen beiden wünsche ich, dass Sie es immer wieder schaffen, das Ungewöhnliche im Gewöhnlichen zu sehen und sich auch noch nach vielen Jahren in der Ehe gegenseitig zu überraschen. Bei einem solchen Start in die Ehe stehen die Chancen auf eine abwechslungsreiche und spannende Beziehung wahrlich gut. Hinzu kommt, dass auch Ihr Umfeld offenbar Spaß am Ungewöhnlichen hat und entsprechend in der Lage ist, Impulse zu geben. Es wird also ganz sicher spannend und harmonisch.

(Trauformel)

6 Schule des Lebens

Redeübersicht

Stimmung	Nachdenklich
Adressaten	Eheleute, die sich bereits aus der Schulzeit kennen
Kernaussage	Eine Ehe unter Schulfreunden beweist, dass bereits in jungen Jahren eine schicksalhafte und anhaltende Begegnung gemacht werden kann.
Kurzinhalt	Wenn zwei Menschen bereits in jungen Jahren zueinanderfinden, ist dies ein gutes Zeichen. Es ist keineswegs verpflichtend, dass man sich erst einmal „ausprobiert" und verschiedene andere Beziehungen führt. Geht eine Ehe aus der Schulzeit hervor, so lässt sich davon sprechen, dass in der Schule für das Leben gelernt wurde.
Redezeit	Ca. 7 Minuten

Ansprache

Sehr geehrte Damen und Herren, liebe Freunde und Verwandte,

liebes Brautpaar,

es ist schon interessant, wie sich Zitate im Laufe der Zeit verändern. Der berühmte römische Philosoph Seneca schrieb einmal:

„Non vitae sed scholae discimus",

was übersetzt bedeutet, dass wir für die Schule und nicht für das Leben lernen. Schaut man heute, welchen Leitspruch eine Reihe von Schulen über ihren Pforten stehen haben, so hat sich der Satz komplett in sein Gegenteil verkehrt. Doch was ist nun richtig: Lernen wir allein für die Schule oder auch für das Leben? Eine Frage, die sich insbesondere bei einer Eheschließung wie der Ihrigen stellt.

Gewiss werden Sie beide feststellen, dass viel klassisches Schulwissen heutzutage nicht mehr auf Anhieb präsent ist. Wer weiß noch die Hauptstädte, wer übt sich im Alltag im Berechnen von Quadratwurzeln und wer kennt sich noch mit Photosynthese oder ähnlichen biologischen Phänomenen aus? Zugegeben: Mit solchen Fragen tappt man schnell ins Fettnäpfchen, denn naturgemäß entwickeln sich aus früheren Schulfächern teilweise auch spätere Berufe; doch wird in diesen Fällen eben das vergessen, was nicht mehr benötigt wird: ob das nun Goethes Faust, die Mendelsche Vererbungslehre oder auch das Lösen von Gleichungen ist.

In der Schule lernen wir allerdings auch den Umgang mit Menschen, das Funktionieren in einer Gruppe und zum Teil eben auch das Erkennen, dass man den Partner bzw. die Partnerin fürs Leben bereits gefunden hat.

Manch einer könnte an dieser Stelle einwenden, dass zwei Menschen in einer weitergeführten Schulfreundschaft oder Jugendliebe nicht das „echte Leben" kennenlernen. Diese Einschätzung geht jedoch aus meiner Sicht in eine völlig falsche Richtung. Denn um zu wissen, dass ein Gegenüber genau die richtige Person ist, muss man nicht zahlreiche Alternativen – man gestatte mir diese Formulierung – „ausprobiert" haben. Sie beide haben sich gefunden, ohne jemals auf der Suche gewesen zu sein – und aus meiner Sicht kann es kaum etwas Schöneres geben. Fast käme man auf den Gedanken, Ihre Begegnung als „schicksalhaft" anzusehen; doch ruft man sich die Atmosphäre von Klassenzimmer und Schulhof ins Gedächtnis, so gelangt man schnell wieder auf den Boden der Tatsachen.

Es ist sehr zu hoffen, dass es bei Ihnen beiden nicht so war wie beim französischen Dichter Marcel Pagnol, der in Bezug auf die Schule einmal anmerkte:

„Im Leben lernt der Mensch zuerst das Gehen und Sprechen.
Später lernt er dann, still zu sitzen und den Mund zu halten."

Ich bin allerdings ganz unbesorgt, denn Sie beide machen einen durch und durch selbstbewussten Eindruck und haben sich und anderen bestimmt eine Menge zu erzählen.

Überhaupt werden Sie immer wieder feststellen, dass Geschichten, die einer von Ihnen in größerer Runde oder auch im Freundeskreis erzählt, vom anderen gekannt und vielleicht auch unter einem anderen Blickwinkel berichtet werden. Das kann sowohl für Sie beide als auch für Ihre Freunde sehr unterhaltsam sein, da Paare im Blick auf die Vergangenheit keineswegs immer derselben Meinung sind. Eine Einigung darüber, ob Lehrer XY nun nett oder ein echtes Ekel war, werden Sie vermutlich niemals erzielen, wenn Sie sich nicht bereits zu Schulzeiten darüber einig waren und auch die Sicht auf ehemalige Schulkameraden muss nicht immer dieselbe sein.

Das,

liebes Brautpaar,

ist es dann auch, was eine Ehe wie die Ihrige so spannend macht. Sie haben in einem zentralen Bereich nur scheinbar dieselben Erinnerungen, denn Situationen und Begebenheiten lassen sich sehr unterschiedlich wahrnehmen und verändern sich im Rückblick gerne auch.

Mit der Zeit werden aber so viele neue gemeinsame, aber auch allein erworbene Erinnerungen hinzukommen, dass Ihnen ganz sicher nie die Themen ausgehen.

Den Start in die gemeinsame Zukunft werden Sie dabei niemals vergessen, sodass in Ihrer beider Fall ganz sicher in der Schule für das Leben gelernt wurde.

(Trauformel)

7 Unterwegs kennen- und lieben gelernt

Redeübersicht

Stimmung	Nachdenklich
Adressaten	Ehepaare, die sich auf Reisen kennengelernt haben
Kernaussage	Die Ehe gleicht ebenfalls einer Reise und besteht in täglichen Entdeckungen.
Kurzinhalt	Wer heiratet, begibt sich gemeinsam auf eine Entdeckungsreise. Nicht nur im räumlichen Sinne wird eine Fülle von Dingen hinzugelernt, es wird immer wieder auch unbekanntes Terrain beschritten. Zudem wächst in einer Ehe von zwei Reisefreunden die Fähigkeit, gemeinsam neue Wege zu erkunden.
Redezeit	Ca. 7 Minuten

Ansprache

Sehr geehrte Damen und Herren, liebe Freunde und Verwandte,

liebes Brautpaar,

wenn sich zwei Menschen das Jawort geben, gleicht dies oftmals einem Nachhausekommen. Wir alle kennen das Bild von der Ehe als einem Hafen, in den man einläuft – und oftmals wird davon gesprochen, dass man mit der Hochzeit endlich am Ziel angekommen ist. Um ehrlich zu sein, habe ich grundsätzlich meine Zweifel, ob diese Vergleiche fruchten. Insbesondere bei zwei so reisefreudigen Menschen, wie Sie beide es sind, erscheint mir das Zitat des dänischen Philosophen Sören Kierkegaard passender, der einmal sagte:

„Die Ehe ist und bleibt die wichtigste Entdeckungsreise, die der Mensch unternehmen kann."

Das mag auf den ersten Blick erstaunen, denn schließlich richten sich zwei Menschen nach der Hochzeit erst einmal häuslich ein und bauen ein warmes und gemütliches Nest. Doch wenn das Wort „Reise" nicht unbedingt im räumlichen bzw. geografischen Sinne, sondern bildlich gemeint ist, lässt sich der Satz durchaus verstehen und unterschreiben.

Sie beide kennen sich zwar schon gut, doch wird der gemeinsame Alltag noch eine ganze Fülle an Entdeckungen für Sie parat halten. Die Rede ist nicht immer von großen und gravierenden Themen, sondern vielfach von den kleinen Details, die das Zusammenleben maßgeblich prägen. In den meisten Fällen handelt es sich um Entdeckungen, die uns mit Freude erfüllen oder den eigenen Erfahrungshorizont bereichern. Ich kann Ihnen allerdings nicht verhehlen, dass die Entdeckungsreise „Ehe" hier und da unkomfortabel sein kann und so manche Bequemlichkeit aus dem Singledasein aufgegeben werden muss. Wohlgemerkt: Sie beide sind sehr reiseerfahren und werden das problemlos meistern, doch eine Herausforderung stellt das gemeinsame Leben in jedem Fall dar.

Wer denkt, dass Entdeckungen nur am Gegenüber gemacht werden, sieht sich getäuscht. Indem wir uns mit einem anderen Menschen konfrontieren, schauen wir wie in einen Spiegel und entdecken auch uns selbst. Die Analogie zu einer Reise passt auch hier, denn vielfach sind es Facetten, die im vorherigen Leben gar nicht zum Vorschein kamen, oder Eigenschaften, die schlichtweg nicht benötigt wurden. Beispiele hierfür können das Finden gemeinsamer Lösungen bei der Einrichtung der eigenen vier Wänden, eines Konzepts für die Kindererziehung oder auch die leidige Diskussion um die „Finanzpolitik" sein. Ich bin fast sicher, dass Sie auch schon Themen haben, in denen die Entdeckungsreisen bereits gebucht sind. Ebenfalls einer Reise gleicht das gemeinsame Älterwerden. Es ist schließlich nicht so, dass wir immer gleich bleiben, sondern sowohl die eigenen Standpunkte als auch die des Gegenübers verändern sich über die Jahre und gleichen sich – hoffentlich – einander an.

Liebes Brautpaar,

die Tatsache, dass Sie beide sich auf Reisen kennen- und lieben gelernt haben, stellt ein gutes Omen dar. Sie beide haben ohne den vertrauten Hintergrund zueinandergefunden und sich in einem für Sie beide fremden und neuen Hintergrund gefunden. Gleichzeitig haben Sie sich eine neue Welt erschlossen und sind bereits aneinander gewachsen.

Der französische Schriftsteller André Gide sagte einmal:

„Man entdeckt keine neuen Erdteile, ohne den Mut zu haben, alte Küsten aus den Augen zu verlieren."

Dass Sie diesen Mut aufbringen, zeigt sich bereits in den Umständen Ihres Kennenlernens und mit dem heutigen Tag unterstreichen Sie Ihre Bereitschaft, neue Wege zu beschreiten. So bleibt mir an dieser Stelle nur noch, Ihnen eine rundum gute und lange Reise zu wünschen. Genießen Sie die vielen Entdeckungen und vor allem: Genießen Sie die vielen Reisen, die Ihnen als Ehepaar auf unterschiedlichen Ebenen bevorstehen.

(Trauformel)

8 Licht und Schatten

Redeübersicht

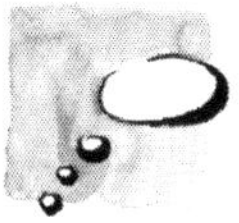

Stimmung	Nachdenklich
Adressaten	Brautleute, von denen einer im Gefängnis einsitzt
Kernaussage	In einer funktionierenden Ehe halten die Eheleute in guten wie in schlechten Zeiten zusammen und können deshalb auch mit Problemen fertig werden.
Kurzinhalt	Das Leben besteht aus Licht und Schatten, aus Glück und Unglück. Niemand ist vor Problemen und schwierigen Situationen gefeit, so wie auch jeder Erfolge hat und ein angestrebtes Ziel erreicht. Doch ganz gleich, ob die Zeiten nun gut oder schlecht sind – zu zweit läuft es im Leben besser. Jeder freut sich, sein Glück mit einem nahe stehenden Menschen zu teilen; jeder ist froh, wenn ihm im Unglück jemand zur Seite steht. Und gerade in schwierigen Phasen braucht man jemanden, der zu einem hält und einen unterstützt. Gegenseitig kann man sich dann Mut zusprechen und den Rückhalt geben, um den Problemen begegnen zu können.
Redezeit	Ca. 6 Minuten

Ansprache

Sehr geehrte Frau …, sehr geehrter Herr …, sehr geehrte Gäste, ich begrüße Sie herzlich zu Ihrer Trauung.

Ihr Hochzeitstag verläuft ein bisschen anders als der der meisten Brautpaare. Doch auf die äußeren Gegebenheiten kommt es bei der Eheschließung ja nicht an, sondern darauf, was ein Paar verbindet.

Das A und O einer Ehe ist es, dass zwei Menschen wissen, dass sie zusammengehören und dass sie in guten wie in schlechten Zeiten zusammenhalten wollen.

Denn das Leben besteht nun mal aus Licht und Schatten. Dunkle Momente und helle Augenblicke, Erfolge und Misserfolge, Glück und Unglück wechseln sich ab. Vielleicht gehören sie sogar zusammen, wie es in der chinesischen Philosophie anklingt. Dort bilden solche Gegensatzpaare, die auf einen gemeinsamen Ursprung zurückgehen, ein durchgängiges Merkmal. So werden Yin und Yang einander gegenübergestellt, das passive und das aktive oder das weibliche und das männliche Prinzip.

Doch man muss ja gar nicht die Philosophie bemühen, um zu erkennen, dass Lachen und Weinen zum Leben gehören. Und dass auf ein Unwetter auch wieder Sonnenschein folgt.

Wie wir alle wissen, ist niemand davon ausgenommen, mal mit Problemen und Konflikten zu tun zu haben. Jeder gerät mal in Situationen, mit denen er allein nicht so gut klarkommt; jeder ist froh, wenn er dann Aufmunterung oder Unterstützung findet. Jeder erlebt jedoch auch, dass er ein Ziel erreicht oder ein Wunsch in Erfüllung geht, dass er erfolgreich ist und Anerkennung findet.

Jeder Mensch freut sich dann, wenn jemand sein Glück mit ihm empfindet. So wie er auch froh ist, wenn ihm in schwierigen Zeiten jemand zur Seite steht. Jeder sucht nach einem Menschen, der Glück und Unglück mit ihm teilt, der zu ihm gehört und zu ihm steht. Denn zu zweit lässt sich alles viel leichter bewältigen.

Nun ist es natürlich einfach, gut miteinander auszukommen, wenn es einem gut geht und alles glatt läuft. Was in einer Ehe zählt, ist jedoch, auch zusammenzuhalten, wenn die Dinge nicht so gut aussehen. Gerade dann brauchen wir einen Menschen, der uns versteht und der die schwierige Phase mit uns durchsteht. Gerade dann braucht ein Paar die Gewissheit zusammenzugehören. Dann findet es in der Ehe den Rückhalt, der ihm die Kraft und den Mut gibt, den Problemen zu begegnen.

Denn es ist ja wichtig, den Blick auch bei Konflikten nach vorn zu richten. Jeder braucht den Willen, das Pendel wieder zum Guten ausschlagen zu lassen; niemand darf in dunklen Stunden die Hoffnung aufgeben. Denn jeder braucht die Hoffnung als Grundlage, um eine schwierige Phase durchzustehen oder etwas zu verändern.

Auch hierbei kann ein Paar sich viel geben. Es kann sich gegenseitig Zuversicht vermitteln und darin bestärken, auf die Zukunft zu hoffen. Es kann gemeinsam nach Auswegen suchen und die Lösungen zusammen umsetzen. Beide fühlen sich dann durch das gemeinsame Ziel verbunden und können deshalb auch mehr bewirken als jeder für sich allein.

Denn zu zweit geht nicht nur alles leichter, sondern auch besser. Blickt man zu zweit einem Problem ins Auge, sieht es schon nicht mehr so groß aus; sucht man zu zweit nach Lösungen, fällt einem mehr oder schneller etwas ein. Zu zweit lässt sich auch eher über ein Missgeschick lachen. Und zu zweit freut man sich auch mehr, wenn man das Ziel erreicht hat.

In einer Ehe werden zwei Menschen zusammenhalten, egal, wie viel Licht oder wie viel Schatten das Leben ihnen bringen mag. Denn sie fühlen sich einander zugehörig. Und sie wissen, dass sie zu zweit mit allem besser fertig werden als allein. Denn sie können sich gegenseitig Kraft und Hoffnung geben und ihre Lebensziele gemeinsam angehen.

Um Ihre Ehe nun zu schließen, bitte ich Sie, sich von den Plätzen zu erheben …

(Trauformel)

Bevor Sie jetzt den Heiratseintrag unterschreiben, möchte ich Ihnen noch herzlich zu Ihrer Heirat gratulieren.

9 Doppelt hält besser

Redeübersicht

Stimmung	Romantisch
Adressaten	Paare, die es nach vorangegangener Scheidung ein zweites Mal miteinander versuchen
Kernaussage	Wenn zwei Ehepartner nach einer Scheidung erneut zueinanderfinden, lassen sich einmal gemachte Fehler vermeiden.
Kurzinhalt	Auch wenn zwei Ehepartner bereits Abschied voneinander genommen hatten, gleicht die Wiederaufnahme einer Beziehung einem Anfang und hat auch dessen Zauber inne. Wichtig ist dabei, aus den Erfahrungen der vorangegangenen Beziehung zu lernen und an eventuellen Enttäuschungen zu wachsen.
Redezeit	Ca. 6 Minuten

Ansprache

Sehr geehrte Damen und Herren, liebe Hochzeitsgemeinde,

doch vor allem: liebe Braut und lieber Bräutigam,

in seinem berühmten Gedicht „Stufen" wählte der Dichter Hermann Hesse die Worte:

„Es muss das Herz bei jedem Lebensrufe
Bereit zum Abschied sein und Neubeginne"

Selbstverständlich weiß ich nicht, welchen Lebensruf Sie seinerzeit gehört haben, als Ihre Beziehung eine Pause einlegte. Viel interessanter ist in diesem Zusammenhang aber auch der Aspekt des Neubeginns, den der Verfasser des Gedichts einige Zeilen später betont, wenn er schreibt:

„Und jedem Anfang wohnt ein Zauber inne"

Vermutlich hat nahezu jedes Brautpaar, das vor mir steht, bereits Abschied und Neubeginn erlebt. Beides gehört zum Leben und Lieben und ist ein integraler Bestandteil unseres Menschseins. Der Unterschied zu Ihnen beiden besteht darin, dass Sie sowohl den Abschied als auch den Neubeginn gemeinsam durchlebt haben. Daraus erwächst ein enormer Vorteil, denn Sie wissen nun, wie Ihr Gegenüber mit Krisen umgeht und wie Sie diese gemeinsam meistern können.

Zugegeben: Nur Sie allein können beurteilen, ob und wie sich der Zauber des Anfangs zwischen Ihrer ersten Ehe und dem heutigen Tag verändert hat. Es ist jedoch anzunehmen, dass Ihre Beziehung durch die vorangegangenen Erfahrungen im besten Sinne des Wortes gereift und gewachsen ist.

Johann Wolfgang von Goethe sagte einmal sinngemäß:

„Versöhnt man sich, so bleibt doch etwas im Gedächtnis."

Das mag beim ersten Hören zum Nachdenken anregen, stimmt aber auch hoffnungsvoll. Doch kommt es stark darauf an, was genau im Gedächtnis haften geblieben ist und wie man gemeinsam damit umgeht. Dass Sie beide nicht nachtragend sind und eventuell erlittene Verletzungen längst verziehen sind, versteht sich von selbst. Warum sonst sollten Sie sich hier und heute erneut das Jawort geben?

Nichtsdestotrotz werden Sie sich viele Erinnerungen an Ihre erste Ehe bewahrt haben. Hierzu gehören hoffentlich vor allem positive Dinge und die zahlreichen

Aspekte, die das Gegenüber so liebenswert gemacht haben und immer noch machen.

Noch vorteilhafter ist es allerdings, wenn Sie auch die Probleme der Vergangenheit nicht vergessen, sondern das gemeinsam erworbene Wissen dazu nutzen, einmal gemachte Fehler zu vermeiden und an ihnen zu wachsen.

Sie werden gewiss festgestellt haben, dass sich in den Jahren Ihres getrennten Lebens einiges verändert hat. Man bleibt sich und seinem Charakter in weiten Teilen treu und doch sind Menschen glücklicherweise in der Lage, sich zu verändern und alte Gewohnheiten über Bord zu werfen.

Sie beide haben festgestellt, dass Ihre Trennung keinen Bestand haben soll und das Leben ohne den anderen nicht so verlockend ist wie ein erneuter Schritt in eine gemeinsame Zukunft. Ich bin dabei der festen Überzeugung, dass sich die Fehler aus der Vergangenheit nicht wiederholen werden.

Ebenso wie anlässlich Ihrer ersten Hochzeit, liegt auch dieses Mal viel Ungewisses und Spannendes vor Ihnen. Halten Sie es dabei mit dem Schriftsteller Franz Kafka, der einmal feststellte:

„Wege entstehen dadurch, dass man sie geht."

Auch wenn in Zukunft nicht immer alles eitel Sonnenschein sein wird, haben Sie aus der Vergangenheit gelernt, dass immer ein Weg existiert und dass es vor allem darauf ankommt, sich zueinander und zum gemeinsamen Leben zu bekennen.

Mögen Sie in den Jahren Ihrer Ehe niemals den Blick für den anderen verlieren und stets in gegenseitigem Respekt zueinander stehen.

(Trauformel)

10 Romeo und Julia

Redeübersicht

Stimmung	Romantisch
Adressaten	Für Paare, deren Ehe gegen den Widerstand der Familien oder einzelner Familienmitglieder geschlossen wird
Kernaussage	Die Liebe kann Gräben überwinden und sollte auch gegen den Widerstand der Familien in eine Ehe münden.
Kurzinhalt	Auch wenn die Vorzeichen für eine Ehe nicht perfekt sind, lohnt es sich, für seine Liebe zu kämpfen. Wie bei Shakespeares „Romeo und Julia" überwindet die Liebe jedes Hindernis und erweist sich am Ende als stärker. In manchen Fällen kommt es zu einem späteren Zeitpunkt auch zu einer Versöhnung und zum Einverständnis der Eltern und/oder Verwandten.
Redezeit	Ca. 6 Minuten

Ansprache

Sehr geehrte anwesende Gäste, liebe Freunde, liebe Verwandte,

liebes Brautpaar,

die Tatsache, dass Sie hier und heute vor mir stehen, lässt sich mit Fug und Recht als einen Triumph der Liebe ansehen. Anders als manche andere Ehepaare mussten Sie für Ihr Glück kämpfen und für Ihr Zusammensein regelrecht Opfer bringen. Da Ihre Familien gegen Ihre Verbindung waren oder vielleicht noch sind, mussten Sie möglicherweise verschiedene Argumente gegeneinander abwägen, um zu dem Schluss zu kommen, dass Sie füreinander geschaffen sind. Vielleicht hilft Ihnen, dass bereits ein so kluger Mann wie Blaise Pascal die Liebe höher einschätzte als alle Überlegung. Pascal, der sowohl als Mathematiker als auch als Philosoph einer der großen Denker des 17. Jahrhunderts war, sagte einmal:

„Ein Tropfen Liebe ist mehr als ein Ozean Verstand."

In Ihrer beider Fall ließe sich eher von einem Ozean an Liebe sprechen, der Sie den Vorrang gegenüber Ihren Familien und Kritikern gegeben haben. Glauben Sie mir: Sie haben richtig entschieden und das lässt sich nicht nur emotional, sondern auch vom Verstand her erklären. Erwachsene Menschen haben nun einmal das Recht und auch die Pflicht, für sich selbst zu entscheiden. Und einen Lebensweg kann man nicht von außen planen oder vorzeichnen, sondern muss ihn beschreiten. Das geht manchmal sehr glatt und manchmal eben nicht, doch gibt es keinen Grund, den Hindernissen auf dem Weg zum gemeinsamen Glück nachzugeben oder diese zu umgehen.

Möglicherweise hat auch bei Ihren Familien, die Ihre Verbindung zurzeit noch kritisch sehen, die Liebe eine Rolle gespielt. Oder das, was dafür gehalten wird. Hier ließe sich mit einem noch älteren Denker, nämlich Konfuzius, dagegenhalten, der hierzu sagt:

„Was du liebst, lass frei. Kommt es zurück, gehört es dir – für immer."

Diese Freiheit, liebe Braut und lieber Bräutigam, haben Sie sich nun genommen und das war die richtige Entscheidung.

Gewiss haben Sie in den vergangenen Monaten und Jahren immer wieder den Vergleich zu Romeo und Julia gehört. Oder Sie sind unweigerlich selbst darauf gekommen, denn kaum ein anderes Liebespaar hat so konsequent der Umgebung getrotzt wie diese beiden. In der Tragödie aus der Feder William Shakespeares geht es um zwei verfeindete Familien, deren Kinder sich lieben.

Um ehrlich zu sein, lässt sich dieser Vergleich nur in puncto Intensität der Liebe halten, nicht aber in den Konsequenzen. Romeo und Julia haben es – vermutlich auch aus dramaturgischen Gründen – nicht geschafft, sich aus den Fesseln ihrer Umgebung zu lösen, was Ihnen mit viel Mut und Leidenschaft gelungen ist. Wieso ich dennoch auf dieses berühmte Drama zu sprechen komme? Ganz einfach, weil sich hierin einige der schönsten Sätze zur Kraft der Liebe finden.

So bringt es Romeo im Garten der Familie seiner geliebten Julia auf den Punkt, als er sagt:

„Kein Hindernis aus Stein hält Liebe auf, was Liebe kann das wagt sie auch."

So haben Sie es gewagt und gehören mit dem heutigen Tag auch höchst offiziell zusammen. Sie werden feststellen, dass nun einiger Druck von Ihnen abfällt und Ihre Beziehung durch die gemeinsam durchgestandenen Konflikte merklich gestärkt wurde.

Mit ein wenig Geduld werden Sie durch die Kraft Ihrer Liebe auch das scheinbar steinerne Hindernis der familiären Ablehnung überwinden und mehr Verständnis erfahren.

Wer weiß, ob nicht gerade die heute vollendeten Tatsachen zu einem Umdenken bei Ihren Familien führen und letztlich in einer Versöhnung münden.

Ich würde es Ihnen ebenso wünschen wie eine lange und erfüllte Ehe.

(Trauformel)

11 So fern und doch so nah

Redeübersicht

Stimmung	Romantisch
Adressaten	Paare in einer Fernbeziehung
Kernaussage	Auch wenn es häufiger räumliche Distanz zwischen dem Paar gibt, kann eine Ehe innig geführt werden.
Kurzinhalt	In hektischen Zeiten, die beruflich zu vielen Reisen zwingen, ist die Ehepartnerschaft Fixpunkt und Ruhepol. Moderne Kommunikationsmittel können hierbei unterstützend sein.
Redezeit	Ca. 6 Minuten

Ansprache

Liebes Brautpaar, sehr geehrte Gäste,

ich begrüße Sie herzlich hier in unserem Standesamt.

Von nah und fern sind Sie heute zusammengekommen, um die Vermählung von … und … zu feiern. Diese beiden haben beschlossen, einander in Zukunft der Fixpunkt ihres Lebens zu sein. Und das ist wichtig. Denn die Zeit ist schnelllebig, die Chancen flüchtig, die beruflichen Anforderungen werden täglich komplexer, die große Gefahr, die uns Menschen droht, ist, uns in Rastlosigkeit zu verlieren.

Doch die Sachzwänge eines reiseintensiven Berufslebens müssen nicht zwangsläufig in Hektik und Stress umschlagen, häufige Entfernung muss nicht vorprogrammierte Entfremdung bedeuten. Wenn das Herz wirklich weiß, wo es zu Hause ist, dann bleibt auch die Seele gesund. Eine Verbindung, die in tiefer Liebe gründet, überwindet jede Distanz.

Das ist am Anfang dichterisch gestaltet so, wie es in Shakespeares Schauspiel der frisch verliebte Romeo seiner Julia auf den Balkon zuruft:

„Der Liebe leichte Schwingen trugen mich,
Kein steinern' Bollwerk kann der Liebe wehren;
Und Liebe wagt,
was irgend Liebe kann!"

Aber wenn das erste „Bollwerk" überwunden und die Nähe zum Partner „auf leichten Schwingen" erst einmal hergestellt ist, beginnt ein neuer Abschnitt, in dem die Liebenden lernen, welchen Wert es besitzt, miteinander vertraut zu werden und sich aufeinander verlassen zu können.

Jetzt geht es um das wahre Füreinander-Dasein, das einer Partnerschaft Rückhalt und Dauer gibt. Und wenn daraus das sichere Gefühl erwächst, sich mit dem geliebten Menschen fürs ganze Leben verbinden zu wollen, dann kommt es zu einem Tag wie dem heutigen, an dem Sie, …, und Sie, …, Hochzeit halten!

Was aber kommt nach dem Jawort? Zunächst hoffentlich ein rauschendes Fest für alle Anwesenden! Aber dann – wenn der „All-Tag" nach der „Hoch-Zeit" einsetzt, wenn die beruflichen Verpflichtungen die neue Qualität Ihrer Verbindung auf die Probe stellen, wenn Sie mit häufiger räumlicher Entfernung voneinander zurechtkommen müssen?

Dann können Kommunikationsmittel wie Smartphone, Tablet oder Laptop, die ja oft genug Stressverstärker sind, bewusst genutzt genau das Gegenteil bewirken.

Wenn Sie schon nicht am selben Ort sein können, dann nehmen Sie sich die Zeit und tauschen Sie sich via Telefon und Internet aus. Schaffen Sie sich eine eigene Gesprächskultur, die es Ihnen ermöglicht, Ihre Nähe auch über die Distanz beizubehalten.

Und vergessen Sie nie, wie viele Gelegenheiten zum Feiern Sie haben. Feiern Sie jedes Wiedersehen als Moment des erneuerten Glücks, des eingelösten Vertrauens, der gestärkten Zuversicht für Ihre gemeinsame Zukunft!

Einen solchen Moment bringt pathetisch, poetisch und romantisch der Held in Tom Tykwers Film „Im Juli" auf den Punkt. Nachdem er endlich wieder bei ihr ist, gesteht er seiner „Herzallerliebsten":

„Ich bin Tausende von Meilen gegangen, ich habe Flüsse überquert, Berge versetzt. Ich habe gelitten und Qualen über mich ergehen lassen. Ich habe der Versuchung widerstanden und bin der Sonne gefolgt, um Dir gegenüberstehen zu können und Dir zu sagen: Ich liebe Dich."

Einem solchen Geständnis ist außer dem Jawort wenig hinzuzufügen. Ich bitte deshalb Sie und alle Gäste, sich zu erheben, um Ihre Ehe zu schließen.

(Trauformel)

Ich wünsche Ihnen, dass Sie sich – egal wo Sie sich gerade befinden – immer so nahe sind wie heute!